本书得到中央高校基本科研业务费专项资金（D5000210959）、
国家自然科学基金（71273204，71573205）资助

生态脆弱区
退耕还林工程的减贫机制研究

任林静 黎洁 ◎ 著

中国财经出版传媒集团
经济科学出版社
Economic Science Press

图书在版编目（CIP）数据

生态脆弱区退耕还林工程的减贫机制研究/任林静，黎洁著. --北京：经济科学出版社，2021.2
ISBN 978-7-5218-1681-5

Ⅰ.①生… Ⅱ.①任…②黎… Ⅲ.①退耕还林-关系-扶贫-研究-中国 Ⅳ.①F326.2②F126

中国版本图书馆 CIP 数据核字（2020）第 116866 号

责任编辑：王柳松
责任校对：王苗苗
责任印制：王世伟

生态脆弱区退耕还林工程的减贫机制研究
任林静 黎 洁 著
经济科学出版社出版、发行 新华书店经销
社址：北京市海淀区阜成路甲 28 号 邮编：100142
总编部电话：010-88191217 发行部电话：010-88191522
网址：www.esp.com.cn
电子邮箱：esp@esp.com.cn
天猫网店：经济科学出版社旗舰店
网址：http://jjkxcbs.tmall.com
北京季蜂印刷有限公司印装
710×1000 16 开 14.25 印张 200000 字
2021 年 2 月第 1 版 2021 年 2 月第 1 次印刷
ISBN 978-7-5218-1681-5 定价：56.00 元
(图书出现印装问题，本社负责调换。电话：010-88191510)
(版权所有 侵权必究 打击盗版 举报热线：010-88191661
QQ：2242791300 营销中心电话：010-88191537
电子邮箱：dbts@esp.com.cn）

前　言

　　生态脆弱区不仅生态环境复杂、稳定性差、恢复功能弱，而且，由环境引起的生态贫困问题显著，面临生态保护和扶贫发展的双重需求。研究环境与贫困的关系及其相互作用，对实现生态保护和扶贫发展的双赢目标有重要意义。退耕还林工程等生态补偿政策联结了生态系统和生计系统，除了提供生态服务、改善生态环境的目标之外，还具有减贫、改善人类福祉的效应，对同时发挥生态功能和扶贫功能具有重要作用。中国"五个一批"工程[1]、精准扶贫战略、生态扶贫方案、乡村振兴战略等均表明，生态补偿已经成为中国农村扶贫攻坚战略的重要抓手，同时，也是生态扶贫模式的重要创新。因此，本书以生态补偿政策与减贫的重大现实问题为立足点，基于生态脆弱区的特殊情境对退耕还林工程的减贫机制及其影响因素展开深入研究，在分析框架的构建、调研数据的收集、理论研究与实证研究、政策建议等方面充分考虑了生态脆弱区的特点，引入了与生态脆弱区密切相关的生态效益、生态服务、生

---

[1] 中华人民共和国国务院新闻办公室. 精准扶贫脱贫的基本方略是六个精准和五个一批 [EB/OL]，[2015 - 12 - 15], http://www.scio.gov.cn/xwfbh/xwbfbh/wqfbh/2015/33909/zy33913/Document/1459277/1459277.htm.

态服务依赖、多维贫困、土地依赖等核心概念和核心指标，考察生态系统与生计系统之间的作用关系，为生态补偿与贫困的相关理论和政府决策提供支撑与参考。

本书基于已有生态补偿政策与减贫的理论研究和实证研究，提出退耕还林工程减贫机制的分析框架，利用陕西省安康市和延安市两个调查区域退耕还林成果巩固期以及交替期两个政策时点的农户调查数据，系统地研究了退耕还林工程对减贫的瞄准机制、作用机制和维持机制；同时，关注地块和农户的异质性对减贫机制的影响，以及不同政策阶段和不同区域间的差异。本书的主要结论和创新点，主要体现在以下四个方面。

第一，基于环境与贫困、生态保护与减贫、生态补偿政策与减贫等关系的论证，以及生态补偿政策的相关研究和分析框架，结合生态脆弱区的具体情境，提出了退耕还林工程减贫机制的分析框架。该分析框架突出了退耕还林工程基于生态补偿机制对生态系统和生计系统的连接作用，政策的影响和可能的减贫路径不仅体现在引起每个系统内部的变动，还体现在两个系统之间的相互作用。同时，此分析框架系统地呈现了退耕还林工程在瞄准、作用和维持三个环节亟待分析的关键问题与减贫机制，为丰富生态补偿与贫困相关的理论研究、实证研究，为促进生态补偿机制在中国农村扶贫发展过程中的政策创新，及发挥生态补偿政策在扶贫方面的独特优势和长效性提供了思路。

第二，剖析了退耕还林工程在多元目标之间的瞄准机制，即退耕还林工程对地块和农户的瞄准在生态、成本和益贫（对消除贫困有益）等目标之间权衡的规律，尤其是多维贫困对农户参与新一轮退耕还林工程的作用效果、内在机理，以及不同决策自主权分配下瞄准过程及瞄准结果的差异。研究表明，贫困农户参与新一轮退耕还林工程仍面临来自经济、技术、粮食安全、权利等方面的诸多障碍。农户决策自主权对退耕还林工程的瞄准效果和多元目标的实现有重要作用。生态补偿对象瞄准及优化机制的研究和实践尚处于起步阶段，生态补偿目标瞄准理论和方法研究是未来重要的创新内容。随着退耕还林工程的推进和发展，对政策瞄准的设计与实施进行反思尤为重要。本书在首轮退耕还林工程研究的基础上，融入了新一轮退耕还林的瞄准实践与瞄准经验，推进了以退耕还林工程为例的生态补偿政策的研究进程。

第三，深入研究了退耕还林工程对参与农户减贫的作用机制，包括对收入减贫的直接作用机制，以及通过影响非农劳动力转移和农林业生产效率的间接作用机制。退耕还林工程对收入增长与公平分配有重要作用，但对非农劳动力转移和农林业生产技术效率提升的作用存在诸多阻碍，尤其是经济贫困和多维贫困的农户。此外，从退耕还林工程的本质出发，在农林业生产研究中引入了农户生态服务供给以及对生态服务依赖的探讨，为生态系统与生计系统跨学科融合研究提供了实证基础。

第四，发现了影响退耕还林工程实施及成果可持续的关键因素，尤其是多维贫困、土地依赖程度对农户退耕林地管护行为和复耕决策的重要影响。收入贫困或资产贫困有利于退耕还林成果的可持续性，而阻碍因素主要在于农户缺乏决策自主权、技术支持和粮食安全保障等。同时，从区域尺度、时间尺度上对农户生态保护行为的可持续性进行了分析，为相关理论的丰富与完善以及实践中生态补偿政策与扶贫政策更有效地协调，提供了有价值的参考。

任林静

2020年5月

目 录

第一章　绪　论 …………………………………………………… 1
　　第一节　研究背景 ………………………………………………… 1
　　第二节　概念界定 ………………………………………………… 10
　　第三节　研究设计 ………………………………………………… 18
　　第四节　数据和方法 ……………………………………………… 22

第二章　文献综述 ………………………………………………… 31
　　第一节　环境与贫困的关系研究 ………………………………… 31
　　第二节　生态补偿政策与减贫的分析框架研究 ………………… 39
　　第三节　退耕还林工程对减贫的影响研究 ……………………… 48

第三章　退耕还林工程减贫机制的分析框架 …………………… 67
　　第一节　框架提出的必要性和可行性 …………………………… 67
　　第二节　框架提出的理论基础和理论思路 ……………………… 71
　　第三节　框架阐释、适用性与验证思路 ………………………… 77

第四章　退耕还林工程对减贫的瞄准机制研究 ………………… 89
　　第一节　研究设计 ………………………………………………… 89
　　第二节　描述性统计分析 ………………………………………… 103
　　第三节　研究结果 ………………………………………………… 110

第四节　本章小结 ………………………………………… 117

第五章　退耕还林工程对减贫的作用机制研究 ………… 120
　　第一节　研究设计 ………………………………………… 120
　　第二节　描述性统计分析 ………………………………… 141
　　第三节　研究结果 ………………………………………… 145
　　第四节　本章小结 ………………………………………… 159

第六章　退耕还林工程的维持机制研究 …………………… 161
　　第一节　研究设计 ………………………………………… 161
　　第二节　描述性统计分析 ………………………………… 170
　　第三节　研究结果 ………………………………………… 178
　　第四节　本章小结 ………………………………………… 187

第七章　结论与展望 ………………………………………… 190
　　第一节　主要结论 ………………………………………… 190
　　第二节　主要创新点 ……………………………………… 193
　　第三节　政策建议 ………………………………………… 195
　　第四节　研究展望 ………………………………………… 199

参考文献 ……………………………………………………… 201

第一章 绪 论

第一节 研究背景

一、现实背景

生态系统的概念最早由坦斯利·A. G. (Tansley A. G.) 提出，是指人类赖以生存和发展的自然资源和环境的载体。[①] 然而，人口、社会与经济的发展逐渐超出了生态系统的承载能力，人口、社会与经济发展和生态退化之间的矛盾日益突出。国内外学者愈加关注生态系统服务和自然资源利用之间的关系，探究森林、草地、水域等生态系统的产品与服务的变动规律。联合国于2000年提出了千年发展目标（millennium development goals，MDGs），旨在于2015年完成"消灭极端贫穷与饥饿、普及小学教育、确保环境的可持续能力"等八项目标；2001年，在全球范围内启动了千年生态系统评估（millennium ecosystem assessment）。这项大型国际性研究计划为建立生态系统与人类福祉之间的联系迈出了第一步，为通过保护生态系统、增加生态服务供给来改善人类福祉提供了基础支持，目前，已被广泛地应用于各项研究、政策决策与政策评估；同时，也掀起了全球生态系统服务与人类福祉研究的热潮。[②] 2015年，中国在减少贫

---

① Tansley A. G. The Early History of Modern Plant Ecology in Britain [J]. Journal of Ecology, 1947, 35 (1-2): 130-137.

② 刘秀丽. 退耕还林对农户福祉的影响——以黄土高原土石山区山西宁武县为例 [M]. 北京：中国环境出版社，2014.

困、推进卫生、教育等方面提前完成了千年发展目标,但在保护资源环境与生物多样性方面仍存在挑战。2015 年,联合国通过了可持续发展目标(sustainable development goals,SDGs),为世界发展下一个 15 年提出了消除贫穷、保护陆地生态系统等 17 项目标。从国际形势和国际背景可以看出,生态系统服务与人类福祉的融合研究,是实现可持续发展目标的重要基础、重要支撑。

中国在发展历程中也一直面临着生态环境保护和扶贫的双重挑战。首先,是生态系统退化问题。虽然中国自然资源总量丰富,但生态脆弱区资源环境承载压力过大,生态退化引起的自然灾害频发。其次,环境污染严重。水、大气和土壤等污染严重影响社会经济可持续发展,成为党和人民关注的重点。生态文明建设在可持续发展中的地位日益突出,并逐渐融入政治、经济、文化和社会建设的方方面面。再次,生态环境问题与贫困问题交织。中国的贫困问题一直以来呈现出贫困地区、少数民族聚集区、生物多样性富集区、生态环境脆弱区交织的"多区耦合"特点,面临严峻的人口、资源、环境与发展的矛盾。[1][2] 最后,贫困人口是生态产品和生态服务的主要提供者,是生态建设和环境保护的重要主体,其决策和行为直接关系到生态保护政策和生态保护项目实施的效果。因此,生态脆弱区贫困问题,需从生态保护和减少贫困两个角度统筹考虑。[3]

作为环境外部性成本内部化的有效手段,生态补偿及其影响机制的研究备受国内外学者关注。生态补偿,一方面,可以反映生态资源的价值;另一方面,可以弥补农户实施生态保护行为的成本,有助于提升贫

---

[1] 王金南等. 构建中国生态保护补偿制度创新路线图——《关于健全生态保护补偿机制》解读. 环境保护, 2016 (10):14-18.
[2] 黄祖辉, 姜霞. 以"两山"重要思想引领丘陵山区减贫与发展. 农业经济问题, 2017 (8):4-10.
[3] 孔凡斌. 鄱阳湖生态经济区环境保护与生态扶贫问题研究 [M]. 北京:中国环境科学出版社, 2011.

困地区农户保护生态的积极性，减缓贫困。① 中国的退耕还林工程是世界上规模最大的生态补偿政策，旨在通过政府的经济补偿激励农户将坡度高、退化严重的耕地或荒地还林还草，以修复生态系统、减少土壤侵蚀和洪涝风险。退耕还林工程是农村土地改革历史上一个重要转折点，是国家为了补偿经济发展带来的环境恶化而开展的重大变革，发展路径从"要温饱"转向"要环保"。②

退耕还林工程于1999年在陕西、甘肃和四川三省进行试点，2002年推广至全国，在生态环境改善、产业结构优化、农村经济发展等方面发挥了关键作用。从2007年开始，退耕还林工程重点转向退耕成果的巩固和退耕户生计的保障，如延长退耕补助时间，开展基本农田建设、补植补造等专项项目。到2015年，中央政府已累计投入4056.6亿元，共退耕还林900万公顷，造林205万公顷，年森林覆盖率增长3%，直接惠及3200万农户、1.24亿农村人口，取得了显著的生态效益、经济效益和社会效益。③ 2013年，延安地区④率先开展了新一轮退耕还林工程。

2014年《新一轮退耕还林还草总体方案》的批准，标志着中国新一轮退耕还林工程的正式启动，旨在到2020年将全国具备条件的坡耕地（约170万公顷）和严重沙化耕地（约113万公顷）全部退耕还林还草。⑤ 因此，2015年成为退耕还林政策交替的特殊时期，即第一轮退耕还林结束、延长期成果巩固和新一轮退耕还林启动的关键阶段，如图1-1所示。

---

① 孔凡斌. 中国生态补偿机制：理论、实践与政策设计 [M]. 北京：中国环境科学出版社，2010.
② 钟兴菊. 地方性知识与政策执行成效——环境政策地方实践的双重话语分析 [J]. 公共管理学报，2017，14（1）：38-48.
③ 中华人民共和国国家发展和改革委员会. 我委等五部门联合召开全国退耕还林还草工作现场经验交流会议 [EB/OL]，[2015-08-07]，http://www.ndrc.gov.cn/gzdt/201508/t20150807_744790.html.
④ 本书涉及的延安地区是指以地形、地貌等地理特征为依据，包括延安以及与其在地理上具有相似性和连续性的区域，不限于延安市行政区划的范围。涉及延安市的内容则强调以行政区划为界，特指在延安市行政区域开展的调研工作和数据统计情况。
⑤ 中华人民共和国国家发展和改革委员会等. 新一轮退耕还林还草总体方案（2014~2020）[Z]. 北京，2014.

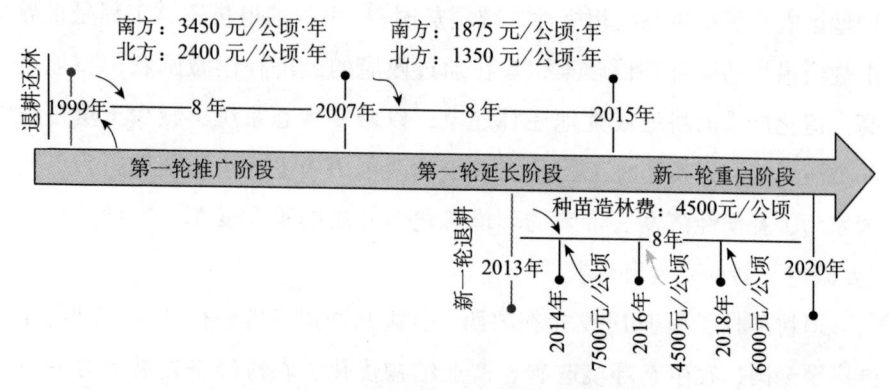

图 1-1 退耕还林工程进展和补偿方案

资料来源：笔者绘制。

涉及生态和经济双重脆弱群体，生态补偿的政策实践大多基于多元化目标。为此，新一轮退耕还林工程在目标瞄准、补偿方案、实施模式等方面做了新的调整。

首先，新一轮退耕的瞄准设定更为严格，以有效地实现生态目标和粮食安全。如退耕地必须为耕地红线之外25°以上的非基本农田，或严重沙化的、重要水源地的15°~25°坡耕地。鉴于贫困户和地块条件之间存在较高的相关性，严格的瞄准设定更有助于在地理上瞄准贫困户。[1][2] 同时，新一轮退耕任务的分配强调向贫困地区、建档立卡贫困村的贫困人口倾斜，以充分发挥退耕还林工程的扶贫作用，加快贫困地区脱贫致富。[3]

其次，新一轮退耕补偿标准与补偿期限均有所降低，且补偿方案更加单一，不区分地区。如图1-1所示，退耕还林补助资金分3次发放，第一年12000元/公顷（其中种苗造林费4500元/公顷）；第三年4500元/

---

[1] Gauvin C., Uchida E. and Rozelle S. et al. Cost-effectiveness of payments for ecosystem services with dual goals of environment and poverty alleviation [J]. Environ Manage, 2010, 45 (3): 488-501.

[2] Barbier E. B. Poverty, development, and environment [J]. Environment and Development Economics, 2010, 15 (6): 635-660.

[3] 中华人民共和国财政部. 关于扩大新一轮退耕还林规模的通知 [Z]. 北京, 2015.

公顷；第五年6000元/公顷。同时，新一轮退耕补偿的导向不再局限于以上补贴收入，而是鼓励退耕户发展具有生态效益和经济效益的林业产业，如允许套种间作经济、林果种植，不再限制生态林比例等。许多退耕户表示不再过度依赖退耕补偿，而是以退耕为契机改善资源利用方式，发展规模化生产。

最后，新一轮退耕强调采用"自下而上、上下结合"的实施模式，赋予地方政府和农户更多决策自主权，中央政府作为引导者提供指导或技术等方面的政策支持。退耕政策自实施以来一直强调农民自愿参与原则，但相关研究表明，第一轮退耕还林主要采用"自上而下、层层分解任务，统一制定政策，政府推行"的实施模式，地块瞄准、树种选择等决策权主要掌握在政府部门手中，农户缺乏参与退耕相关的自主权。[1][2]

鉴于退耕政策在发展、更新过程中逐步趋于融合生态保护和发展目标，展开退耕还林工程的减贫机制研究更能契合现实发展的需求。同样，中国农村扶贫的发展也从制度性改革扶贫阶段、开发式扶贫阶段、扶贫攻坚阶段，发展到多元化扶贫阶段。[3] 中国扶贫开发工作的纲领性文件《中国农村扶贫发展纲要（2011~2020）》强调建立生态补偿机制，加大贫困地区、生态脆弱区和重点生态功能区的生态补偿力度。针对中国贫困问题复杂、多元的特征，精准扶贫战略要求对贫困户和贫困村进行精准识别和建档立卡，并依据贫困区和贫困人口类型提出了"五个一批"工程，包括发展生产脱贫一批、易地搬迁脱贫一批、生态补偿脱贫一批、发展教育脱贫一批和社会保障兜底一批，再次展现了生态补偿机制已经成为中国扶贫攻坚战的重要"抓手"。2015年，中共中央、国务院发布

---

[1] He J., Sikor T. Notions of justice in payments for ecosystem services: Insights from China's Sloping Land Conversion Program in Yunnan Province [J]. Land Use Policy, 2015, 43: 207–216.

[2] Kelly P., Huo X. Do farmers or governments make better land conservation choices? Evidence from China's Sloping Land Conversion Program [J]. Journal of Forest Economics, 2013, 19 (1): 32–60.

[3] 孔凡斌. 鄱阳湖生态经济区环境保护与生态扶贫问题研究 [M]. 北京：中国环境科学出版社，2011.

《关于打赢脱贫攻坚战的决定》,明确提出了精准扶贫战略,强调采取发展特色产业脱贫、引导劳务输出脱贫、结合生态保护脱贫、实施易地搬迁脱贫、着力加强教育脱贫、开展医疗保险和医疗救助脱贫、实行农村最低生活保障制度兜底脱贫、探索资产收益扶贫等多元化的扶贫形式。2018年,中华人民共和国国家发展和改革委员会等六部委联合正式推出了《生态扶贫工作方案》,旨在充分利用贫困人口脱贫与生态保护之间的关系,为协调生态脆弱区的生态保护与扶贫发展提供重要的支撑和参考。同时,生态目标是实现乡村振兴战略总要求的关键。[①] 目前,正是乡村振兴"三步走"战略[②]的第一阶段,以基本形成较为完善的制度框架和政策体系为目标,因此,相关科学问题、政策和制度的研究尤为重要。生态补偿政策契合了中国农村扶贫攻坚战略的重要需求,尤其是为生态脆弱区和集中连片贫困区农村扶贫政策的创新、生态扶贫新模式的探索提供了有价值的参考。

二、理论背景

生态补偿概念的提出,引起了公众对生态系统及生物多样性保护的关注,开始重视探究不同尺度的社会系统与生态系统之间的相互关系。戴利等(Daily et al.,1997)有关自然资本与自然服务的研究,揭开了生态系统服务研究的序幕。[②] 科斯坦萨等(Costanza et al.)认为,生态系统服务是人类从生态系统中获得的利益,体现了生态功能和生态服务的经济价值,并首次评估了全球生态系统价值,代表了生态经济学研究的前沿和里程碑。[③] 千年生态系统评估提出了生态系统服务与人类福祉之间关

[①] 王亚华,苏毅清. 乡村振兴——中国农村发展新战略[J]. 中央社会主义学院学报,2017(6):49-55.

[②] Daily G. C., Myers J. P. and Reichert J. Nature's Services: Societal Dependence On Natural Ecosystems [M]. Washington D. C: Island Press, 1997.

[③] Costanza R., dArge R. and deGroot R. et al. The value of the world's ecosystem services and natural capital [J]. Nature, 1997, 387 (6630): 253-260.

系的分析框架，多个国际团队合作开发的一套生态系统服务和交易的综合评估模型（InVEST模型），为生态服务价值评估和决策过程提供了技术和方法。这些科学理论、分析框架和技术方法能更好地应用于全球范围内多种尺度的政府政策或企业决策，为生态补偿机制应用于政策实践提供支持。如中国基于全国范围内的生态系统评估和生态系统格局，制定了国家生态保护红线框架规划与生态保护政策。[①]

生态补偿机制研究是生态环境保护领域的前沿问题，生态补偿背景下社会系统与生态系统、人类福祉与生态服务之间的关系研究具有重要的科学价值和示范意义。范明明等（2017）探究了生态补偿机制简单逻辑背后复杂的社会—生态系统关系，强调了人类文化、经济活动对维持生态系统的重要性，社会系统与生态系统之间的相互作用机制以及对政策的响应。[②] 冯伟林等（2013）构建了生态系统服务与人类福祉的分析框架，认为生态系统服务及收益的分配与消费是改善人类福祉的关键。[③] 戴利等（2013）总结了自然资本与人类福祉相关的研究进展，以及中国在政策方面的创新与影响。[④] 费希尔等（Fisher et al.，2014）基于社会—生态系统理论，分析了生态系统服务和减贫之间的相互关系，建立了生态系统服务与减贫的概念框架，为理解生态补偿对人类福祉的贡献以及自然科学与社会科学的融合研究奠定了基础。[⑤]

随着社会经济的发展，人们对贫困的认知不再仅局限于物质生活方面。贫困的概念、测度与识别，也逐渐发展为基于人类福祉剥夺的多维

[①] Ouyang Z., Zheng H. and Xiao Y. et al. Improvements in ecosystem services from investments in natural capital [J]. Science, 2016, 352 (6292)：1455 – 1459.

[②] 范明明. 生态补偿理论研究进展及争论——基于生态与社会关系的思考 [J]. 中国人口·资源与环境，2017，27（3）：130 – 137.

[③] 冯伟林，李树茁，李聪. 生态系统服务与人类福祉——文献综述与分析框架 [J]. 资源科学，2013，35（7）：1482 – 1489.

[④] Daily G. C., Zhiyun O. and Hua Z. et al. Securing Natural Capital and Human Well-Being：Innovation and Impact in China [J]. Acta Ecologica Sinica, 2013, 33 (3)：1 – 10.

[⑤] Fisher J. A., Patenaude G. and Giri K. et al. Understanding the relationships between ecosystem services and poverty alleviation：A conceptual framework [J]. Ecosystem Services, 2014 (7)：34 – 45.

度内涵与指标体系。相应地，反贫困战略和反贫困目标也趋于多元化和精准化。戴利等（2013）认为，有关生态系统与多维福祉之间关系的分析和研究，还有较大的深化空间。汤森德·P.（Townsend P.，1979）指出，贫困是一个被侵占、被剥夺的过程。[1] 基于阿玛蒂亚·森（Amartya Sen）的可行能力理论指出，贫困是一个综合了社会、政治、文化、制度等问题的多维度概念，贫困群体是"被剥夺了基本的可行性能力而不是单纯的低收入水平"，而可行性能力涉及基础教育、健康、就业和社会安全等平等方面的可获得性。[2] 目前，广泛应用的收入测度指标或消费测度指标，并不能充分反映贫困状态或社会福利的所有维度。因此，贫困的识别标准和测度方法也从单指标发展为多维度指标，如人类发展指数在收入的基础上增加了健康、教育的指标，多维贫困指数（multi-dimensional poverty index，MPI）涵盖了健康、教育和生活标准3个维度和10个具体指标。[3] MPI由阿尔基尔和福斯特（Alkire and Foster）提出并于《2010年人类发展报告》（Human Development Report 2010）中正式公布，目前，已在许多国家针对妇女、儿童、老年人等不同群体得以应用。[4][5]

三、研究意义

首先，严峻的环境形势提出了经济与环境协调发展的要求，对退耕还林工程的减贫机制研究，契合了实现生态保护与经济发展双赢目标的迫切需求。面对严峻的局势，中国出台了一系列协调环境与发展的政策

---

[1] Townsend P. Poverty in the United Kingdom: A Survey of Household Resources and Standards of Living [M]. Berkeley: University of California Press, 1979.

[2] Sen A. Development as Freedom [M]. Oxford: Oxford University Press, 1999.

[3] Alkire S., Foster J. Counting and multidimensional poverty measurement [J]. Journal of Public Economics, 2011, 95 (7–8): 476–487.

[4] Alkire S., Santos M. E. A Multidimensional Approach: Poverty Measurement & Beyond [J]. Social Indicators Research, 2013, 112 (2): 239–257.

[5] 王小林，[英] Alkire S. 中国多维贫困测量：估计和政策含义 [J]. 中国农村经济，2009 (12): 4–10, 23.

文件，生态补偿机制正是这些举措中的一把利器，作为化解环境外部性问题的有效手段，生态补偿政策利用经济激励的方式引导生态服务的供给行为，依照"谁受益谁补偿，谁破坏谁赔偿"的原则，在追求资源的最优化配置和管理等生态保护目标的同时，给予提供生态服务的限制开发区域的相应补偿。退耕还林工程减贫机制的研究，为实现生态保护与经济发展双重战略目标提供了理论基础和实证基础。

其次，退耕还林工程的减贫机制研究，是对生态补偿相关研究的丰富和完善。笔者写作本书时，在中国最大的学术期刊数据库——中国知网（CNKI）中以"生态补偿"为关键词进行精确检索，共检索到6056篇文献。其中，定性研究多集中于生态补偿机制及相关法律制度等方面，如补偿主体、补偿模式与制度设计、运行机制和途径分析等，定量研究主要包括生态服务价值评估、补偿标准、补偿方式及补偿意愿、生态补偿效果评估以及对农户生计的影响等方面。退耕还林工程等生态补偿政策与减贫的研究，构成了生态服务与人类福祉研究领域的重要组成部分，是政策效果评估的深化研究。目前，生态补偿政策的减贫机制研究，有了一定理论基础和实证基础。在理论上，生态补偿政策可以通过改变土地、劳动力、资本等生产要素的配置，引导农户发展可持续生计；许多实证研究结果也表明，生态补偿政策除了实现生态目标之外，还有缓解贫困、发展区域经济、创造就业机会等衍生效应。但相关研究较为分散，缺乏深入系统的理论分析。因此，探究并明确退耕还林工程的减贫机制及关键影响因素，有助于丰富生态补偿相关理论与实证研究。

最后，退耕还林工程的减贫机制研究对政策的设计、实施及评估等有重要的应用价值。生态补偿机制旨在解决生态服务外部性、实现效率最大化，但考虑到现实需求，生态补偿政策的减贫效应得到重点关注。退耕还林工程的实施多集中在中西部山区，涉及全国一半以上的贫困县和90%的贫困人口。地理上的联系对退耕还林工程提出了更高的要求，为其减贫目标的瞄准提供了客观基础。但是，退耕还林工程在促进劳动力非农转移及可持续性方面的作用较小。① 因此，本书基于微观农户视角探究退耕还林工程的减贫机制，研究结果和建议，一方面，能够为生态补偿政策的设计、实施以及绩效评估等提供有价值的参考；另一方面，能够在实践中促进政府对生态保护和经济发展进行科学合理的决策，构建环境与扶贫政策的协调机制，使环保部门与扶贫部门的联系更加制度化，确保弱势群体在生态保护过程中的利益不受损害。

综上所述，生态保护和扶贫发展是生态脆弱区可持续发展的重要战略目标，在实践中，环境政策可能会对减贫产生不利的影响，减贫政策的实施也可能对环境产生负面影响，如何协调环境与扶贫的关系对实现生态保护和扶贫两大目标具有重要的意义。退耕还林工程等生态补偿政策除了提供生态服务、改善生态环境之外，还有减缓贫困、发展区域经济、创造就业机会等作用。因此，本书旨在探究退耕还林工程的减贫机制及其重要影响因素。本书不仅能丰富生态补偿的相关理论和研究，同时，对生态补偿政策的设计、实施以及绩效评估等有重要的指导意义。

第二节　概念界定

一、生态脆弱区与生态补偿

从20世纪60年代开始，许多国内外学者从生态学角度对生态敏感地带或边缘地带展开研究，这些地区主要位于不同生态系统的交错地带，生态环境差异较大，生态系统复杂且脆弱。与此同时，生态系统的高敏感度与脆弱性又会导致资源利用效率和区域经济发展水平低下。陈健生认为，生态脆弱区是指，在自然、经济和社会等因素的多重作用下，生

---

① 刘越，姚顺波. 不同类型国家林业重点工程实施对劳动力利用与转移的影响［J］. 资源科学，2016，38（1）：93-98.

态系统抵御外部干扰的能力弱化，内在的恢复能力不强；且在现有经济条件和技术条件下，其逆向演化趋势得不到有效控制从而导致生态系统变坏的区域。①

本书中生态脆弱区的概念主要有两个特点：一是生态系统的复杂性、敏感性和脆弱性，主要表现为气候变动大、稳定性较差、恢复功能弱；二是由环境引起的生态贫困问题显著，且呈现出一定特殊性。一方面，脆弱的生态环境不利于农户稳定的生产和生活，致使农户处于持久贫困状态；另一方面，农户所需的生产资料、生活资料会加大对生态系统的扰动，从而形成环境恶化与贫困加剧的恶性循环。有研究表明，中国贫困人口聚集地与生态脆弱区存在极高程度的重合。② 因此，生态脆弱区的生态保护、扶贫发展等政策，需要综合考虑生态环境保护和减缓贫困。

本书在探究退耕还林工程减贫机制的重要性和意义时，在分析框架的构建、调查地区选择与数据收集、各章的理论研究与实证分析以及政策建议的提出等过程中，均考虑了生态脆弱区背景，融入了与生态脆弱区密切相关的生态效益、生态服务、生态服务依赖、多维贫困、土地依赖等核心概念与核心指标，注重考察生态系统与生计系统之间的作用及其对退耕还林工程减贫机制的影响。

目前，国内外对生态补偿的概念并没有统一界定，但都强调其双重属性：自然属性主要表现为，生态系统应对外界干扰时的调节能力和恢复能力；③ 社会属性则主要强调，基于生态资源价值理论对生态服务功能的补偿，或基于环境外部性理论对生态保护相关利益主体的补偿。④ 生态补偿的本质，是优化资源配置、调整生态服务供给者与需求者之间的利益关系，将生态保护成本内部化，实现生态资本的价值和生态服务功能。

---

① 陈健生. 生态脆弱地区农村慢性贫困研究 [M]. 北京：经济科学出版社, 2009.
② 绿色和平组织. 气候变化与贫困——中国案例研究 [R]. 北京, 2009.
③ 环境科学大辞典编委会. 环境科学大辞典 [S]. 北京：中国环境科学出版社, 1991.
④ 俞海, 任勇. 中国生态补偿：概念、问题类型与政策路径选择 [J]. 中国软科学, 2008 (6)：7 - 15.

国外对生态补偿的概念较为全面的论述最早可以追溯到 1993 年，荷兰修建高速公路，以生态补偿原则进行生态恢复、重建或建设（Alix-Garcia et al.，2008）。生态补偿在国外被称为生态系统服务付费或环境服务付费（payment for ecosystem service，PES），是一种以生态系统修复与改善为目的、以内部化外部成本为原则、具有经济激励特征的制度。国际林业研究中心（CIFOR）将生态补偿定义为，生态服务购买者与生态服务生产者针对具体的生态服务，在有保障的前提下进行自愿性交易的过程。① 旺德（Wunder，2008）认为，生态补偿是一种自愿的生态服务交易，且生态服务的内容具有明确定义和可测度性。虽然国内外生态补偿概念在表述上存在一些差别，但其本质和核心目标是相同的，都是对生态服务供给者和生态服务需求者之间的利益关系进行调节，促进生态系统修复以及发挥重要生态功能。

生态补偿的内涵有广义和狭义之分。广义的生态补偿，包含向环境污染者收费和向生态保护者补偿两层含义；而狭义的生态补偿，仅强调生态资本价值或生态保护成本内部化。布尔特等（Bulte et al.，2008）依据项目的目的将生态补偿项目分为三类：（1）污染控制类项目，如减少化肥使用、使用动物粪便；（2）自然资源和生态保护类项目，如森林资源和湿地保护；（3）提供生态服务类项目，如植树造林、固碳。② 齐伯尔曼等（Zilberman et al.，2008）研究了两种与土地有关的生态补偿项目，土地转换项目和土地改良项目。③ 本书研究的退耕还林工程属于土地转换项目，是目前世界上实施时间最长、规模最大、影响最广的生态补偿政策，主要包含四个要素、特征：（1）土地利用转换项目；（2）基于土地

---

① Ferraro P. J., Kiss A. Ecology: direct payments to conserve biodiversity [J]. Science, 2002, 298 (5599): 1718 – 1719.

② Bulte E. H., Lipper L. and Stringer R. et al. Payments for ecosystem services and poverty reduction: concepts, issues, and empirical perspectives [J]. Environment and Development Economics, 2008, 13: 245 – 254.

③ Zilberman D., Lipper L. and McCarthy N. When could payments for environmental services benefit the poor? [J]. Environment and Development Economics, 2008, 13 (3): 255 – 278.

资源和森林资源的生态服务供给；（3）纵向的政府主导型；（4）补偿具有期限性。

退耕还林工程不仅是生态补偿机制的具体体现与具体应用，还是一种生态修复和重建的方式、优化资源管理的模式、生态工程或环境治理的政策工具。在许多研究中，退耕还林工程体现了农村山区种植业生产结构的转变，是农业立体循环生态经济模式中的重要环节，也是中国扩张性财政政策工具的重要组成部分，是拉动国民经济增长的有效措施。[①]同时，退耕还林工程与天然林保护工程、野生动植物保护及自然保护区、京津风沙治理等其他与林业相关的生态保护项目有诸多相似之处。一方面，它们具有一致的核心目标，即维护和修复生态系统、改善生态环境，从而发挥重要的生态功能、提供能够改善全人类福祉的生态服务；另一方面，这些生态保护与建设工程的实质，在于调节和转变人与自然之间的关系，通过不同的规制性措施或市场化手段来缓和经济社会系统与生态系统之间的不平衡，直接关系到农户的资源利用及资源依赖型的生计活动。为此，本书基于退耕还林工程的减贫机制研究，不仅对生态补偿政策有重要启示，对于理解其他生态保护建设工程与人类福祉之间的关系也有重要的参考价值。

二、生态服务与农户对生态服务的依赖

学界已有不少生态服务概念的界定和应用。本书中的生态服务与千年生态系统评估框架中的表述一致，[②]是指人类直接或间接从生态系统获得的收益，包括自然系统和人为管理的生态系统。生态服务分为四种类型：（1）供给服务（provisioning services），如薪柴、竹笋、水果、药材

---

① 李国平，石涵予. 退耕还林生态补偿与县域经济增长的关系分析：基于拉姆塞-卡斯-库普曼宏观增长模型 [J]. 资源科学，2017，39（9）：1712-1724.

② Millennium Ecosystem Assessment. Ecosystems and Human Well-being: Synthesis [M]. Washington DC: Island Press, 2005.

等经济林产品；（2）调节服务（regulating services），如控制水土流失、水资源保护、碳汇、空气净化等；（3）文化服务（culture services）；（4）支持服务（supporting services）。同时，不同类型的生态服务之间，存在权衡与协同的关系。[①]

千年生态系统评估旨在测算生态系统变化的后果，为生态资源的可持续管理提供科学信息，拉开了对生态系统服务价值进行量化研究的序幕。目前，生态服务经济价值的评估方法，主要有市场法、非市场法、横切方法等（Nelson et al., 2009；Bateman et al., 2010）。各种类型生态服务的测算方法有所不同，如供给服务的测算，主要通过实地调研法获得农业产量和其他社会经济活动的收入、支出；调节服务的测算，主要基于生态保护政策的补贴等相关成本或意愿调查法等。需注意的是，支持服务是对其他服务的支持作用，为了避免重复计算，生态服务估算一般只考察供给服务、调节服务和文化服务三种。

为了考察退耕还林工程通过改善生态环境对减贫的间接作用机制，本书测算了退耕还林引起的生态服务变化，以及农户对生态服务的依赖。戴利等（1997）认为，社会对自然生态系统的依赖，既包括人类对最基本的食物、水和能源等供给服务的依赖，也包括对生态旅游资源等文化服务的依赖。人类对生态服务的依赖（dependence on ecosystem services，DES）是指，从生态系统中获得的净收益占从生态系统和其他社会经济活动中获取的总收益绝对值的比例。杨武等（2013）建立了生态服务依赖指数（index of dependence on ecosystem services，IDES），基于微观农户数据考察并量化人类对生态系统服务的依赖程度，发现贫困人口和生计资本较少的农户对生态服务的依赖性更强。较强的生态服务依赖表明，贫困农户因生态退化而处于较高的脆弱性水平，为减贫策略、生态保护项目的优先瞄准、

[①] Zhang W., Ricketts T. H. and Kremen C. et al. Ecosystem services and dis-services to agriculture [J]. Ecological Economics, 2007, 64 (2): 253-260.

不同尺度生态服务变化的风险管理等提供了启示和参考。① 此外，基于农户生计系统与生态系统之间的相互作用，农户的生计行为可以间接反映生态系统的变化。如纯农业活动对生态系统的影响，主要表现为开荒和薪柴采伐；外出务工活动虽然有助于降低水土流失程度，但化肥、农药的大量使用会导致耕地的土壤结构和功能的退化；采矿、修路、建厂等本地非农活动会增加对生态系统的干扰程度，不利于生态修复。②

三、贫困、减贫与减贫机制

（一）贫困

贫困是多属性概念，对贫困内涵的研究也从单维向多维、由静态到动态不断发展。20世纪80年代以前，大多从物质层面和经济学意义上理解贫困，侧重于以收入水平和消费水平来定义贫困、识别贫困。据中国农村贫困的相关标准，贫困是指，缺乏必要的生活资料和生活服务，生活条件低于社会最低标准。但贫困不仅是物质上的匮乏，还包括其他方面，如制度、环境或可行能力的短缺。汤森德（1979）从食物、社会等资源的可及性角度，阐述了贫困的概念。20世纪80年代，贫困的概念得以扩展，如《世界发展报告》中贫困的概念还考虑了能力、人文等因素，将贫困看作福利被剥夺的情况，融入了医疗卫生、人均寿命、识字能力、教育、食品、住房等情况。③ 20世纪90年代，贫困的内涵再次扩展到权利领域，融入了脆弱性、社会排斥等政治因素。④ 让·德雷兹阿玛蒂亚·森从能力和权利的角度，提出了可行能力贫困的概念，认为贫困的本质

---

① Yang W., Dietz T. and Liu W. et al. Going beyond the Millennium Ecosystem Assessment: An index system of human dependence on ecosystem services [J]. PLoS One, 2013, 8 (5): e64581.
② 王成超. 农户生计行为变迁的生态效应——基于社区增权理论的案例研究 [J]. 中国农学通报, 2010, 26 (18): 315-319.
③ 王军, 叶普万. 贫困研究范式的国际转换 [J]. 山东社会科学, 2004 (11): 70-73.
④ 吴军民. 农村贫困家庭生计支持政策效用研究 [M]. 上海: 复旦大学出版社, 2015.

是能力缺乏和社会排斥，其内涵已超出了物质与经济的范畴。[①] 在自然经济条件下，贸易和生产权利的缺失会导致贫困；在市场经济条件下，劳动权利和转让权利的缺失会产生贫困。[②] 人类发展指数包含了政治、法律、社会等非经济因素。[③]

根据贫困的结构性，可以将其分为绝对贫困和相对贫困。绝对贫困是指，维持生存所需的最低收入或最低消费状态，最早由英国的布什和朗特里（Booth and Rowntree）提出。中国农村贫困以满足基本生存所需的人均年纯收入为标准来划定，2011年确定以1500元/人·年为贫困线。相对贫困是一种低于社会平均水平的生活状态，其概念和标准最早源于福斯·V. R.（Fuchs V. R.），并由汤森德·P. 进一步完善。[④][⑤] 如世界银行将收入水平不高于平均收入1/3的人口，划定为相对贫困人口。2020年全面完成脱贫攻坚任务之后中国扶贫发展工作的重点由绝对贫困转向相对贫困。此外，贫困类别或者贫困标准的设定，也要考虑贫困的动态性。据此，贫困可以划分为两种类型，暂时性贫困和慢性贫困。暂时性贫困是指，贫困的生活状态是短期的；慢性贫困是指，贫困人口的生活和福利长期处于低水平状态，[⑥] 如疾病、残疾等健康问题引起的贫困，不仅削弱了家庭有效劳动力的创收能力，而且增加了家庭医疗、雇工等消费支出。

本书研究退耕还林工程对贫困的作用，既考察其对绝对贫困的影响，又分析其对收入分配和相对贫困的影响。目前，关于缩减收入差距或减

---

① [印] 让·德雷兹，阿玛蒂亚·森. 饥饿与公共行为 [M]. 北京：社会科学文献出版社，2006.
② [印] 阿玛蒂亚·森. 贫困与饥饿 [M]. 北京：商务印书馆，2004.
③ 马比双，张恒，于旭. 贫困问题研究综述 [J]. 经济研究导刊，2013（10）：16 - 17.
④ Fuchs V. R. Redefining Poverty and Redistributing Income [J]. Public Interest, 1967 (8): 88 - 95.
⑤ Townsend P. Poverty in the United Kingdom: A Survey of Household Resources and Standards of Living [M]. Berkeley: University of California Press, 1979.
⑥ Jalan J., Ravallion M. Is transient poverty different? Evidence for rural China [J]. Journal of Development Studies, 2000, 36 (6): 82 - 99.

缓相对贫困的研究逐渐受到关注，因此，退耕政策对收入差距的作用机制值得深入研究。此外，本书所研究的贫困，既包含以国家人均年纯收入贫困线测算的收入贫困，也包括以教育、资产、生活标准、食物、健康、权利等测度的多维贫困。该方法还涵盖了对贫困动态性的考虑，其中，对短期贫困的作用，主要体现在风险分担与家庭消费平滑机制，以及贫困脆弱性的降低；对长期贫困或慢性贫困的作用主要体现在生计资产，如人力资本、物质资本、社会资本及其互动（陈健生，2009）。

（二）减贫机制

安格尔森和旺德（Angelsen and Wunder，2003）将减缓贫困分解为减少贫困（poverty reduction）和预防贫困（poverty prevention）两种。减缓贫困是指，将贫困者的生活状态提高到贫困线以上水平；预防贫困是指，通过安全网络、季节性风险防范等措施防止农户陷入（严重的）贫困。[①]费希尔等（Fisher et al.，2014）也对反贫困概念进行了区别。本书的减贫内涵是广义的，包含上述两种情况：一方面，退耕还林工程能够通过定期的、稳定的补偿收入流增加农户收益，通过缩小贫困户与贫困线之间的差距而减缓贫困；另一方面，退耕还林工程能够通过改善生态环境和生计能力而降低风险发生率并增强农户的风险抵抗能力，降低个体或社会群体的脆弱性，防止农户陷入贫困。

《中国百科大辞典》将机制定义为机器的构造和工作原理，后被逐渐应用到生物学、医学、心理学、社会学、经济学、政治学等学科领域，用于表示事物内在的原理、规律，反映事物内在的因果关系。减贫机制的研究，与减贫效应的评估密切相关。减贫机制的研究往往是对减贫效应研究的延伸和挖掘，旨在探究减贫效应产生的内在规律、减贫的作用

[①] Angelsen A., Wunder S. Exploring the Forest-Poverty Link: Key Concepts, Issues and Research Implications [J]. Occasional paper no. 40. Centre for International Forestry Research, Jakarta, Indonesia, 2003.

路径及影响因素。程欣（2018）基于可持续发展系统下农业发展子系统、环境和生态子系统、社会和经济子系统，探索三峡库区系统性减贫与可持续发展机制。① 何春和崔万田从人口的教育水平、身体素质以及劳动生产率三个角度阐述城镇化的减贫机制。② 邵汉华和王凯月从收入分配和经济增长两方面，分析普惠金融的减贫效应及作用机制。③ 何华征和盛德荣基于再生贫困的内生逻辑研究贫困防范机制或返贫路径截断机制，探讨消除原生贫困并维持其成果的内在动力。④

综上所述，减贫机制旨在揭示减贫的内在规律，如各项扶贫发展政策产生减贫效应的原因、作用路径及影响因素。因此，本书的减贫机制研究，旨在探究退耕还林工程对减贫的直接作用路径和间接作用路径以及关键影响因素。同时，本书将减贫机制与政策过程相结合，深入探究退耕还林工程的不同政策环节减贫机制的具体呈现形式，如政策对象识别阶段的瞄准机制、政策实施阶段的作用机制和政策后期发展阶段的维持机制，并在此基础上，分析每个政策阶段减贫机制内各要素及系统之间的关系。

第三节 研究设计

一、研究目标

本书提出了退耕还林工程减贫机制的分析框架，并基于此，对退耕还林工程对于减贫的瞄准机制、作用机制和维持机制进行系统性研究。

---

① 程欣. 基于生态环境和地质灾害孕贫模型的三峡库区可持续发展机制研究 [D]. 武汉：中国地质大学，2018.
② 何春，崔万田. 城镇化的减贫机制与效应——基于发展中经济体视角的经验研究 [J]. 财经科学，2017（4）：52-64.
③ 邵汉华，王凯月. 普惠金融的减贫效应及作用机制——基于跨国面板数据的实证分析 [J]. 金融经济学研究，2017，32（6）：65-74.
④ 何华征，盛德荣. 论农村返贫模式及其阻断机制 [J]. 现代经济探讨，2017（7）：95-102.

具体研究目标包括以下三方面。

第一，综述以往的生态补偿政策评估框架、生态服务与人类福祉分析框架、退耕还林工程的减贫机制及其重要的影响因素研究，结合生态脆弱区的实际情况，构建了退耕还林工程减贫机制的分析框架，为系统地分析退耕还林工程对农户的减贫机制提供了研究思路。

第二，基于退耕还林工程减贫机制的分析框架，对退耕还林工程的瞄准机制、作用机制和维持机制进行研究设计，从微观层面探讨退耕还林工程的减贫路径，以及影响各减贫机制的关键因素，为实证分析提出可供检验的研究假设。

第三，基于大规模的农户和地块调查数据，采用数理统计方法和计量经济学模型，验证分析退耕还林工程的减贫机制，包括瞄准机制、作用机制和维持机制等内容。实证研究旨在解决本书的关键科学问题，如退耕还林工程能否瞄准贫困农户的贫瘠地块，能否改善参与者的福祉状况和贫困状况，以及这种机制从农户层面能否维持，是否具有可持续性。同时，探究影响退耕还林工程减贫机制的关键因素，注重分析微观农户及其所处环境的异质性对减贫机制的影响。

二、研究内容与本书结构

根据研究目标和已有的研究基础，本书有关退耕还林工程减贫机制的研究主要有以下四个方面。

1. 研究问题的提出

从现实背景和理论背景中提出本书研究的关键问题，围绕环境与贫困的关系研究、生态补偿政策与减贫的分析框架研究、退耕还林工程减贫机制研究等主题进行文献综述，总结该领域的研究成果，为分析框架的提出和实证研究奠定理论基础。

2. 分析框架的构建

基于研究问题提出的必要性和可行性论证，以及生态补偿理论、可持续生计理论、生态服务与人类福祉等相关研究框架和分析框架，构建了退耕还林工程减贫机制的分析框架，为研究设计和实证分析提供了验证思路和逻辑支持。

3. 实证研究的展开

基于构建的分析框架，从瞄准机制、作用机制和维持机制三个环节，对退耕还林工程的减贫机制进行具体研究设计，并利用微观调查数据，采用数理统计模型和计量经济模型检验理论假设。其中，瞄准机制研究旨在分析退耕还林工程瞄准贫困农户及其地块的过程及影响因素，该机制是退耕政策发挥减贫效应的前提。基于农户数据和地块数据，从参与资质、意愿、能力及竞争力等方面分析影响退耕瞄准的关键因素，探究不同贫困类型的农户及其地块参与退耕的潜力和阻碍，讨论退耕还林工程如何在瞄准过程中权衡贫困瞄准效率，实现参与公平性。作用机制研究是减贫机制研究的核心内容，重点分析退耕还林工程对参与农户的影响过程，分别从补偿收入、劳动力配置和资源利用改变三个方面分析退耕还林工程对减贫可能的作用路径，不仅考察了退耕对农户收入及收入分配的影响，还通过考察退耕对非农劳动力供给的影响来研究劳动力转移机制的作用，通过考察退耕对土地生产力效率的影响来研究生态系统服务或环境改善机制的作用。维持机制研究主要基于农户行为考察生态补偿机制运行及效果的可持续性，主要包含农户的管护行为和复耕决策两方面内容。

4. 总结与建议的提出

对研究发现进行总结，阐述本书的主要结论和创新点，为生态脆弱区退耕还林工程充分发挥长效减贫效应提出政策建议，讨论本书的局限性以及进一步的研究空间。

本书共分为七章，研究内容及章节结构如图1–2所示。

第一章从现实背景和理论背景出发，提出研究问题；界定其涉及的关键概念；并提出研究目标、研究框架与研究内容，以及实证分析所需的数据和方法等。

第一章 绪 论

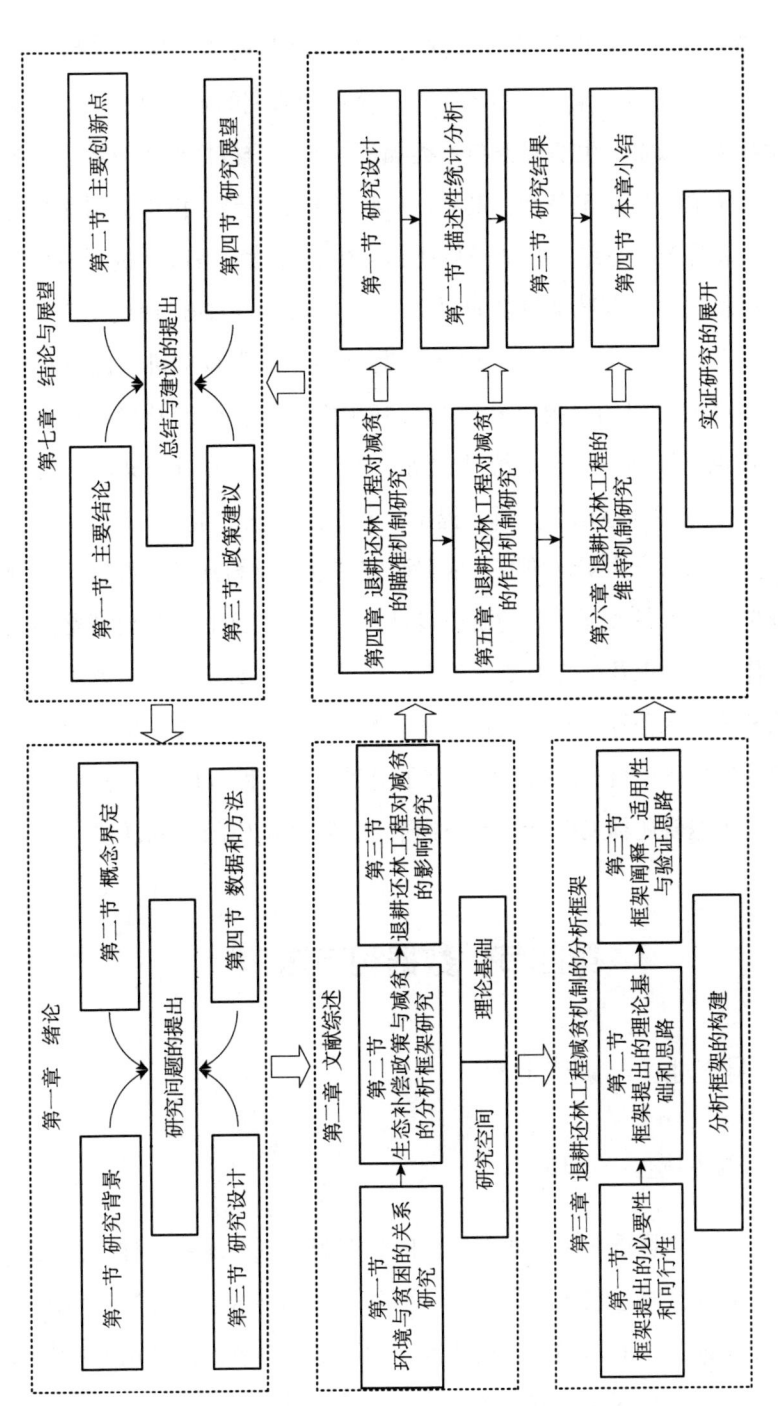

图1-2 本书的研究内容与章节结构

资料来源：笔者绘制。

第二章对相关文献进行综述。首先,对环境与贫困、保护环境与扶贫发展之间的关系展开论述,引出生态补偿机制研究的重要性;其次,对生态补偿政策与减贫、生态服务与人类福祉等研究分析框架进行综述,为本书分析框架的构建奠定基础;最后,从政策瞄准机制、作用机制和维持机制三个重要环节、总结、归纳退耕还林等生态补偿政策减贫机制的相关研究,为退耕还林工程减贫机制的研究设计及实证分析提供理论支持。

第三章为本书的研究设计,构建了退耕还林工程减贫机制的分析框架。在论证框架提出的必要性和可行性基础上,综合生态补偿理论、可持续生计理论、社会—生态系统理论等,提出本书的分析框架。对分析框架进行详细阐述和适用性分析,提出了研究的验证思路。

第四章至第六章为实证研究,依据研究综述和退耕还林工程减贫机制的分析框架,提出各实证章节的研究设计,分析退耕还林工程对减贫的瞄准机制、作用机制以及维持机制,考察农户异质性(如不同收入水平、不同生态服务依赖水平等)对减贫机制的影响。其中,第四章研究了退耕还林工程对减贫的瞄准机制;第五章研究了退耕还林工程对减贫的作用机制;第六章研究了退耕还林工程的维持机制研究。第七章为结论与展望。

第四节 数据和方法

一、调查地区与调查时点

(一)调查地区的选择

本书的调查地区选在中国西部典型的生态脆弱区和退耕还林工程实施示范区——退耕还林建设规模最大的陕西省;考虑到区域差异和环境因素对研究结果可能产生的影响,调查地区分别选择陕西省的南部山区和北部山区。其中,陕南地区覆盖安康市的5个行政区县:汉滨区、石泉县、宁陕县、紫阳县和平利县；陕北地区覆盖延安市吴起县全部9个乡镇。

安康市从1999年开始实施退耕还林工程，至2015年退耕地造林14.27万公顷，荒山造林15.46万公顷，封山育林2.05万公顷，后续产业新建2.36万公顷，改造1.14万公顷。安康市规划新一轮退耕2014年0.43万公顷，2015年0.59万公顷。但是，新一轮退耕要求与基本农田的土地性质有一定冲突，为此，陕西省出台了"双退政策"，即宜林地和农田置换，坡度为15°以下的宜林地转化为基本农田，坡度为25°以上的坡耕地和重要水源区坡度为15°以上的坡耕地转化为非基本农田，并实施退耕还林。以往农户分散退耕发展林业，前期投入资金缺乏，经营管理效益欠佳。新一轮退耕还林则倡导先通过土地流转集中，再基于当地优势统一发展蚕桑、茶叶、水果等林业产业项目，退耕户的收益主要源于土地租金和打工。①

吴起县是全国退耕还林工程实施最早、最快、面积最大、农民参与面最广的地区，是退耕还林工程全国推广的先行示范县和黄土高原地区退耕还林工程实施的典型代表，为政策设计和实施提供了有价值的信息与参考。为应对严峻的生态形势，吴起县于1999年率先开展退耕还林，至2007年共退耕6.26万公顷，2008~2015年实施了巩固退耕还林专项建设项目，在退耕后续产业发展等方面取得了良好成效；并于2013年率先开展了新一轮退耕还林，至2015年共新增退耕面积0.25万公顷。吴起县退耕地主要种植生态林，是保障生态安全的关键地区，退耕后，其生态环境与农户生计状况发生了巨大变化，因此，许多与全球生态环境有关的研究和调查，也都以该地作为考察对象。②

两个调查区域多陡坡山地，均是生态问题和贫困问题交织的地区，面临严重的自然灾害和地质灾害，因灾返贫风险高，是生态建设和扶贫

---

① 黎洁等.西部重点生态功能区人口资源与环境可持续发展研究［M］.北京：经济科学出版社，2016.
② 安康市统计局.2016年安康市国民经济和社会发展统计公报［R］.安康，2017.

发展的重点地区；但两个调查地区在自然地理条件、自然生态资源、社会经济发展、政策环境等方面存在差异。

第一，在自然地理条件方面，安康地区的耕地较破碎，集约利用程度低；延安地区的中低产农田面积大，以园地为主，但安康地区的年平均降水量是延安地区的 2 倍。第二，在自然生态资源方面，安康地区被列入秦岭—大巴山生物多样性保护与水源涵养重要区；延安地区地处半干旱地区，水资源较为稀缺，[①] 属于黄土高原丘陵沟壑水土保持生态功能区，且人文资源和旅游资源较为突出。第三，在社会经济发展方面，安康地区地处国家集中连片贫困区，调查区县均为国家扶贫开发工作重点县和陕西省的省定扶贫开发重点县，2016 年，农村居民人均纯收入（8590 元）低于陕西省同期水平（9396 元）；延安市经济发展情况相对较好，2016 年延安市农民人均纯收入（1.06 万元）、吴起县农民人均纯收入（1.15 万元）均高于陕西省农民人均纯收入。第四，在产业发展方面，安康地区依托当地自然资源的山林经济有较好的发展空间和发展前景；延安地区则基于较好的日照条件与立地条件，以山地苹果、棚栽（日光温室）和养殖等为农业产业发展的重点，以能源为依托的发电、石油、天然气等工业产业的发展占优势。[②] 第五，在地方财政自给能力方面，2016 年，安康市财政总收入 78.3 亿元，地方财政自给率不足 30%，基础设施仍是制约经济社会发展的薄弱环节，在解决贫困问题方面主要依靠中央政府的支持；2016 年，延安市财政总收入 342.56 亿元，地方财政收入 130.55 亿元，财政支出 327.34 亿元，地方财政自给率将近 40%。

以上地方性因素会影响退耕还林工程的实施、农户对生态补偿政策的态度和意愿、退耕还林对农户生计发展的作用等，如调查结果显示，同一时期内两个地区农户复耕意愿有极大差异。因此，为了更全面地探

---

① 何华征，盛德荣. 论农村返贫模式及其阻断机制 [J]. 现代经济探讨，2017 (7)：95 – 102.
② 陕西省政府新闻办公室. 延安市 2016 年 14.34 万贫困人口脱贫取得阶段性成效 [EB/OL]，[2017 – 10 – 13]，http://www.cnr.cn/sxpd/sx/20171013/t20171013_523986217.shtml.

究退耕还林工程的减贫机制，有必要考虑政策实施的具体情境和具体环境，比较陕南地区和陕北地区两个调查区域的研究结果差异。

（二）调查时点的选择

本书的调查时点分别选在 2011 年 11 月和 2015 年 10~11 月。2011 年仅在陕南安康地区进行调查，2015 年，同时在陕南安康地区和陕北延安地区进行调查，图 1-3 展现了调查时点的政策阶段。

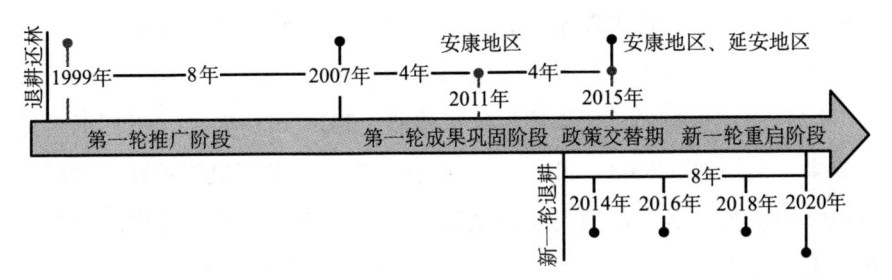

图 1-3　退耕还林政策的发展与调查时点

资料来源：笔者绘制。

2011 年处于巩固退耕还林成果的关键阶段。2007 年，国务院决定，将退耕还林工程转入成果巩固阶段，提出了确保退耕还林成果得到巩固和退耕户长远生计得到有效解决两大目标，延长了对退耕户的直接补助。2012 年 9 月 19 日，国务院常务会议指出，巩固退耕还林成果工作仍处于关键阶段，提出要着力解决退耕户的长远生计问题，其中，要以困难地区和困难退耕户为重点，自 2013 年起，适当提高巩固退耕还林成果部分项目的补助标准。[①] 巩固退耕还林成果专项建设项目主要是指，通过基本口粮田建设、农村能源建设、生态移民、后续产业发展、农民技能培训和补植补造等政策措施，确保退耕成果和退耕户生计的可持续性。这一阶段，越来越多的退耕户面临补偿减半，退耕还经济林的农户也逐渐面临补偿终止的情况，农户的退耕行为能否维持面临考验。

---

① 中华人民共和国国务院办公厅．温家宝主持召开国务院常务会议，听取退耕还林工作汇报［EB/OL］，［2012-9-19］，http：//www.gov.cn/ldhd/2012-09/19/wntent_2228439.htm.

2015年，退耕还林工程进入了政策交替期，政策情境更为复杂，面临首轮退耕补偿到期、延长期退耕成果巩固项目收官、新一轮退耕启动的多重挑战。

（1）首轮退耕补偿到期。有大量参加第一轮退耕及处于延长期的农户面临退耕补助到期的情况，补贴依赖型农户的生计和退耕成果的可持续性面临挑战。第一轮退耕还林工程为提高耕地生产力形成良好的生态基础，但随着退耕规模继续增大，退耕户尤其是全退户的口粮保障面临考验。退耕地区的复耕现象会有扩大趋势，这主要集中在人地资源矛盾大、粮食主产区以及有大量劣质荒地的地区。①

（2）巩固退耕还林成果项目收官检验。2015年是实施《巩固退耕还林成果专项规划（2008~2015）》的收官之年，是考察巩固退耕还林成果专项规划及各专项建设项目实施情况的重要阶段，这些项目措施能否从根本上改善人与自然资源的关系将直接影响退耕还林成果的可持续性。

（3）新一轮退耕还林启动。2015年处于新一轮退耕还林工程全面实施的重要阶段，《关于加快推进生态文明建设的意见》、2016年《政府工作报告》等文件强调了稳定和扩大退耕还林工程的重要性。《新一轮退耕还林还草总体方案》和《关于下达2014年退耕还林还草年度任务的通知》，标志着新一轮退耕还林还草工程的启动实施。新一轮退耕还林工程会对已经退耕的农户尤其是补偿到期的农户产生怎样的影响，工程的推进是否有助于既有退耕成果的巩固等，值得深入研究。本书的调查数据，可以反映政策交替期退耕户的土地利用行为与管护行为。

二、数据收集

（一）调查问卷设计

调查问卷的设计与开发，是基于前期理论研究，根据以往对山区农

---

① 谢晨，张坤，彭伟等.退耕还林工程交替期的政策趋势及需求——2014年退耕还林社会经济效益监测主要结果分析［J］.林业经济，2015（6）：16-22.

户的多次调查问卷和调研访谈的经验积累而成。2011年，安康地区问卷所涉及的信息包括被访者的家庭成员基本信息、农户家庭资本情况与生计情况、与退耕还林工程相关的信息等，其中，生产数据和消费数据均指调查时点前12个月的数据。2015年，安康地区和延安地区调查问卷在之前的基础上添加了结构化的地块问卷，如地块的地理位置、坡度、土壤质量、种植信息、产权、生产力等，地块参与退耕还林工程的信息，如退耕时间、退耕前地块生产力等。虽然地块特征是基于农户主观描述而非现场测度，但是，本书更关注地块特征是如何影响农户实际决策而非精确评估，因此，农户对地块的主观认知更能准确地反映其行为决策。

（二）抽样

2011年，安康地区的调查选择了生态脆弱问题和贫困问题突出的5个区县，并结合研究目的，分别选择3个与森林生态、扶贫和搬迁相关的乡镇作为调查对象，在15个调查乡镇中随机选取了12个一般行政村，并补充了3个参加退耕还林项目较多的一般行政村，增加了10个有移民安置点的行政村；在25个调查村内再随机抽取村小组，一般农户样本则是在村小组整群抽样的基础上随机抽取的。最终，此次调研共涉及15个乡镇，25个行政村，共发放问卷1570份，回收1410份，其中，有效问卷1404份，回收率达89.8%，有效率达99.6%。

2015年，安康地区的调查根据研究目的和试调研情况，选择了2011年曾经调研过的汉滨区、宁陕县、紫阳县作为调查地，三县均属于国家扶贫开发工作重点县和退耕还林工程的重点实施县，且部分地区有实施新一轮退耕还林工程和巩固退耕成果专项建设项目。在此基础上，综合交通条件、自然环境和试调查情况，选择了3个县（区）的18个样本村（社区）展开调研。最终，本次调查实际发放800份问卷，回收数量为669份，有效问卷657份，问卷回收率和问卷有效率分别为83.63%和98.20%。

2015年，延安地区的调查选择了有新一轮退耕还林实施或巩固退耕成果专项建设项目的行政村，但试调研结果发现，许多样本家庭主要劳动力外出务工，老人和小孩难以高质量完成问卷，开展完全随机抽样难度大。因此，在正式调研中，我们随机选择主要劳动力未外出务工的农户进行调查。基于该抽样方法可能存在的局限性，调查尽可能覆盖吴起县多个乡镇和行政村，力求新一轮退耕还林实施可能存在的地理偏差和样本偏差最小化。[①] 最终，总共涉及吴起县 9 个乡镇 36 个行政村的 300 个农户，获得 296 份有效问卷和 1536 个地块样本，问卷有效率为 98.67%。为检验调查样本的代表性，将清洗过的数据与吴起县官方报告[②]和以往基于随机抽样的研究数据[③]进行比较，表明它们在人口与社会经济等方面的信息基本相似。

（三）调查的组织和实施

1. 试调研

本书的所有正式调查均是在试调研的基础上开展的。试调研主要是以半结构化深入访谈的形式，在安康市林业局工作人员和延安市吴起县林业局工作人员的配合和协助下，一是了解受调查地区退耕还林工程、巩固退耕还林成果专项建设项目和新一轮退耕还林工程的实施情况；二是通过收集调查地资料和实地考察，结合研究目的，在综合吴起县林业局相关人员意见的基础上，确定可供抽样的乡镇和村，为正式调研做基础工作；三是问卷设计的测试与检验，以保障数据质量。

2. 正式调研

首次正式调研是在 2011 年 11 月 27 日 ~ 12 月 4 日，按照预先设计的抽样方案完成了抽样，调查的全过程严格保障被调查者的知情权、自主

[①] Bullock A., King B. Evaluating China's Slope Land Conversion Program as sustainable management in Tianquan and Wuqi Counties [J]. J. Environ Manage, 2011, 92 (8): 1916 – 1922.

[②] 如 2013 ~ 2015 年陕西省国民经济和社会发展统计公报、2012 年吴起县国民经济和社会发展统计公报等。

[③] 如有关吴起县退耕还林的研究（Li H., et al., 2015; Kelly P., et al., 2013; Yang X., et al., 2013）。

意愿，并遵守保密协议。基于农村山区的特殊情况，调研采用"面对面"问答的形式，并由调查员依据被访者的回答，当场据实、客观、准确地填写。第二次调查是在2015年10月28日~11月2日，在延安市林业局及各县林业站的配合下，在吴起县展开了正式问卷调查。第三次调查是在2015年11月16~21日，在安康市人民政府、安康市扶贫局、调查样本的县政府机关等有关单位的支持下，在安康市3个调查县展开调研。

（四）问卷调查的质量控制

为保障调查数据的质量，课题组在问卷调查质量控制的全过程进行了质量控制，如图1-4所示。

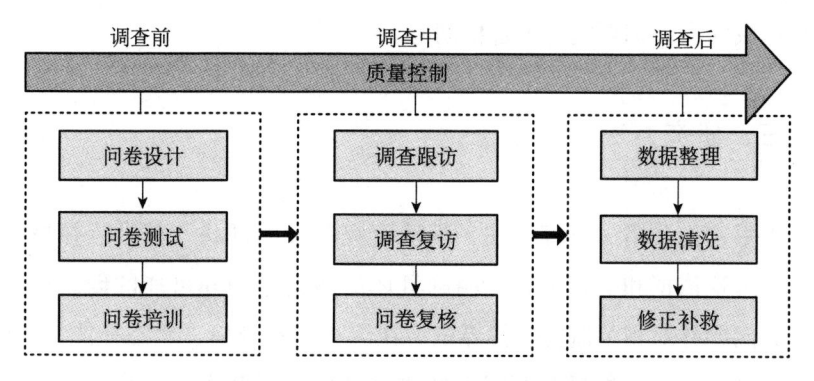

图1-4　问卷调查质量控制的全过程

资料来源：笔者绘制。

1. 调查前的质量控制：问卷设计、试调研、问卷测试与问卷培训

调查问卷的设计建立在综述国内外相关研究及问卷量表的基础上，结合课题组的多次调研经验，通过反复讨论、修改、试调研测试、再修改的过程逐步完善问卷设计，确保问卷的信度和效度。课题组成员前往延安地区和安康地区开展了多次试调查，结合调查地实际情况对问卷进行测试、验证、调整与完善，保障问卷的可操作性和正式调查的可行性。同时，为保证问卷收集的质量，所有调查员从思想、职责、技术上经过严格、系统培训，提前熟悉问卷结构、问卷内容、调查流程、访谈技巧

和填写规范等。

2. 调查中的质量控制：调查跟访、调查复访、问卷复核

在调查过程中，课题组成员采用调查跟访、调查复访等方法来确保调查过程质量，并以问卷复核的方式确保问卷质量，措施包括清点问卷数量、审核问卷、查补问卷缺漏等。

3. 调查后的质量控制：数据整理、数据清洗与修正补救

由课题组成员对问卷数据进行如实、准确、规范地录入。利用数值检验和逻辑检验对录入的数据进行清洗：对于录入不规范、逻辑关系不合理等错误，在尊重原始问卷的基础上进行客观修订；对于缺失或错填的数据，在向调查地充分沟通了解真实情况后进行修正补救；无法补救的数据或问卷，则划定为不合格问卷。

三、研究方法

本书首先采用文献综述法，理清研究领域的现状与前沿，寻找问题研究的理论依据和实证依据，明确具体的研究空间和可能的创新点，提出研究问题并对相关概念进行界定。在综述生态补偿、生态补偿与贫困、退耕还林工程的减贫机制等国内外文献基础上展开理论研究，提出分析框架，细化研究思路；其次，利用农户问卷调查法和访谈法收集研究数据，选择我国西部典型的生态脆弱区——陕西省安康地区和延安山区，采用科学、合理的抽样方法选择调查样本；最后，在实证分析中，主要采用统计学方法和计量经济学方法，如描述性统计分析、多元线性回归、倾向值匹配法、Logistic 回归、Heckman 两阶段回归、分位数回归、三阶段内生样本选择等计量模型，验证理论假设。

第二章 文献综述

第一节 环境与贫困的关系研究

一、环境与贫困的关系

有关环境与贫困之间关系的讨论一直备受关注,生态脆弱区环境—贫困陷阱的形成与它们的相互作用密切相关。既有研究将贫困与环境的关系总结为三个方面。

1. 贫困是导致环境退化的重要原因

缺乏资本和财产,贫困人口的生产、生活对劳动力和自然环境中的资源、能源等有较强的依赖,自然环境是他们赖以生存和发展的重要物质基础。随着人口迅速增长,过度增长的基本需求会超出自然资源环境承载力,造成难以修复的后果。同时,不恰当的经济发展方式和社会发展政策会导致社会资源分配不平等,产生更严峻的贫困问题,从而加剧使用非持续的资源利用方式和开发方式,造成超负荷的环境压力,如土地退化、森林破坏、生物种类减少和水资源缺失。[①] 由此可见,贫困并非是导致环境退化的根本原因,而是在经济发展的同时,资源、收益分配不平等导致贫困人口跟不上社会发展速度,不得不过度利用、开发资源,从而造成环境退化。

---

① 孔凡斌. 鄱阳湖生态经济区环境保护与生态扶贫问题研究 [M]. 北京:中国环境科学出版社,2011.

2. 环境退化是贫困的重要原因之一

环境退化对贫困的影响，一方面，表现为自然灾害的外部冲击，威胁人口健康、正常的生产生活；另一方面，环境退化使得资源更加匮乏并难以获得，土地质量恶化使得农作物生产水平低下，从而造成更多的农民陷入贫困。从更宏观的角度来看，环境退化会限制生产要素的流动与聚集，进而影响区域经济发展甚至国家经济发展的速度和潜力。

3. 环境—贫困陷阱反映了环境与贫困之间复杂的相互作用

世界环境与发展委员会（1987）提出了双向贫困—环境陷阱，贫困人口主要依靠环境资源维持日常生计，环境退化和资源枯竭会进一步加剧他们的贫困、生计困难和不稳定性。贫困陷阱是一个自我加强的慢性贫困或持久贫困的模式。[1] 卡特等（Carter et al.，2007）将贫困陷阱刻画为一个最小的资产边界，如图 2-1 所示，当灾害的冲击使得农户的资产水平低于贫困陷阱边界，农户则无法积累资产并恢复原有的生计水平，从而陷入长期贫困状态。[2] 巴比尔（Barbier，2010）对"贫困—环境陷阱是双向互动过程"的观点进行了修正，认为其包含更为复杂的关系，包括资产贫困、收入机会缺乏或土地、劳动力和信用等关键要素的缺失，以及自然资源的质量和可获得性之间的关系。[3] 该文献基于贫困—环境陷阱模型，分析了发展中国家贫困与自然资源退化之间的关系，认为贫困人口经常集中在脆弱的、不利的环境区域，生计与自然资源利用和生态服务密切相关。贫困与自然资源退化的关系，取决于贫困人口在资本、劳动力和土地市场缺失的情况下做出的一系列复杂选择与权衡，受到外部就业机会、技术、自然资源禀赋的可及性和可获得性的影响。例如，当市场工资水平不高于预期工资水平，加上环境退化，农户会陷入贫困

---

[1] Barrett C. B., Swallow B. M. Fractal poverty traps [J]. World Development, 2006, 34 (1): 1 - 15.

[2] Carter M. R., Little P. D. and Mogues T. et al. Poverty Traps and Natural Disasters in Ethiopia and Honduras [J]. World Development, 2007, 35 (5): 835 - 856.

[3] Barbier E. B. Poverty, Development, and Environment [J]. Environment and Development Economics, 2010, 15 (6): 635 - 660.

—环境陷阱,贫困也可以看作环境退化的结果。在 2017 年欧洲环境与资源经济学家年会上,巴比尔分享了贫困—环境陷阱的动态研究,识别了影响生活在偏远的贫瘠农地区域的农户摆脱贫困的关键环境因素和经济因素,以及使农户跳出贫困陷阱的条件。克雷和麦肯齐(Kraay and McKenzie, 2014)也认为,大多数贫困陷阱源于身处偏远的农村地区,基于地理上贫困陷阱的存在,生活在边缘地区的极度贫困人口尤为脆弱。① 因此,导致农户陷入贫困陷阱的两个关键因素,是低生产力和偏远。

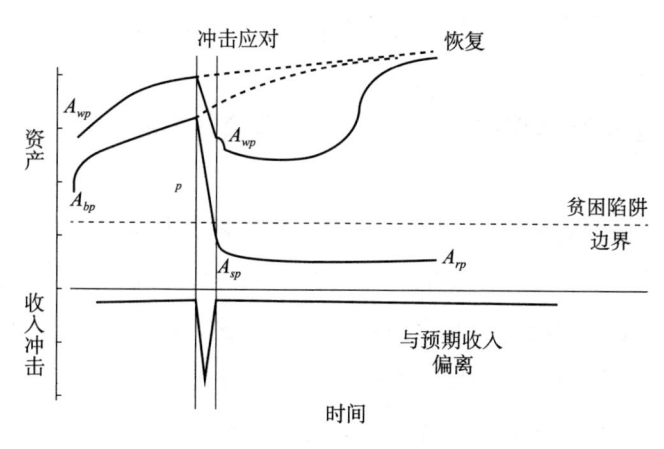

图 2-1 资产冲击与贫困陷阱

资料来源:Carter M. R., Little P. D., Mogues T. et al. Poverty Traps and Natural Disasters in Ethiopia and Honduras [J]. World Development, 2007, 35 (5): 835 - 856, 839. figure 2.

贫困陷阱是一种维持贫困的自我强化机制,贫困陷阱的概念在贫困问题研究领域及政策分析领域颇具影响力。韧性思维(resilience thinking)为理解、分析这些问题提供了新的思路和视角,揭示了人类与其所依赖的生态系统之间的复杂关系。拉德等(Lade et al., 2017)在既有贫困陷阱研究的基础上发展了经典的多维贫困陷阱模型,包含物质资本、自然资本和文化资本等多方面,认为结构或制度上的变革(tansformative

---

① Kraay A., McKenzie D. Do Poverty Traps Exist? Assessing the Evidence [J]. Journal of Economic Perspectives, 2014, 28 (3): 127 - 148.

change）为减贫提供了新的路径，而资本投入仅在一些情境下对减贫是有效的，尤其是当资源退化与贫困密切相关时。①

综上所述，由环境与贫困关系的研究可以看出，在多数情况下，环境问题与贫困问题相互交织、互为因果，仅靠金融投入或技术投入非但不会推动贫困人口摆脱贫困陷阱，反而会引发加剧贫困的生态问题和社会问题，忽略了自然维度和文化维度的干预工具，最终将加剧贫困。因此，统筹解决生态环境问题和贫困问题非常重要且必要，而环境与贫困的关系研究为保护、发展双赢路径的探索提供了思路。

二、生态环境保护、经济发展与消除贫困的关系

针对环境问题和贫困问题，通常分别有两套相对独立的政策体系，这两套政策系统往往相互影响。尤其在政策交替的区域，政策相对独立地实施会引起政策间的相互作用，加大实施成本和实施难度，降低政策效率。纵观中国经济社会发展的战略和发展路径：在经济发展初期，最基本的生存问题尚未解决，往往以环境为代价发展经济，走的是"先发展，后治理"的发展路径；在经济发展到一定水平之后，生态环境的不断恶化一再凸显可持续发展的重要性。从贫困陷阱理论和发展经验可以看出，以资源环境为代价的发展是短暂的、不可持续的。若从长远发展的角度来看，生态保护和经济发展要以某种方式或路径相互协调、相互促进才能实现可持续发展。为了更好地探讨这一关键路径，需要先了解生态保护与经济发展之间的关系。

美国经济学家格罗斯曼和克鲁格曼（Grossman and Krugman, 1955）提出了反映环境质量与经济发展水平之间规律性联系的库兹涅茨曲线。区域经济发展与环境污染之间的关系呈倒"U"形并分为两个阶段：一是

---

① Lade S. J., Haider L. J. and Engstrom G. et al. Resilience offers escape from trapped thinking on poverty alleviation [J]. Sci Adv, 2017, 3 (5): e1603043.

冲突阶段；二是协调阶段。[①] 在经济发展初期，环境受经济影响较弱，污染程度较轻；经济进一步发展会加大对环境的威胁，导致环境恶化加剧；经济发展到一定阶段后，环境恶化速度减缓，并逐渐得到改善。因此，协调环境目标与扶贫目标的重点在于，如何利用政策工具和制度安排缩短环境保护与经济发展的矛盾期，降低临界点或提前进入协调期是统筹环境保护与经济发展的关键。

孔凡斌（2011）将环境保护与经济发展之间的关系总结为两种类型：一是促进关系；二是制约关系。一方面，生态环境是人类赖以生存的前提和物质基础，对经济发展速度和水平、经济发展要素的聚集程度、经济发展潜力及可持续性均有重要影响；另一方面，经济发展会提高生态环境治理意识和治理能力，遵循生态环境变化规律的经济发展模式能够促进生态环境保护和优化，但不合理的经济发展模式会破坏和阻碍生态环境保护。亚当斯等（Adams et al., 2004）将环境保护与减贫关系归纳为四种类型：（1）贫困与环境保护分属独立的政策领域（policy realms）；（2）贫困是环境保护的制约因素；（3）环境保护不应该向减贫让步（compromise）；（4）减贫依赖于资源的保护。[②]

此外，微观农户生计与生态环境的相互关系，是人地系统科学的研究热点。农户的生计策略决定了自然资源的利用方式及利用效率，同时，也反映了人类对生态系统的扰动程度。生计策略是指，人们为了实现生计目标而采取的行动和选择，包括生产活动、投资策略、生育安排等。埃利斯等（Ellis et al., 2003）将生计策略划分为以自然资源为基础的活动和以非自然资源为基础的活动。[③] 在生态脆弱区，农户不合理的生计方式已经成为影响生态环境最主要、最直接的因素，如森林和草地等生态

[①] 李国平，石涵予. 退耕还林生态补偿与县域经济增长的关系分析：基于拉姆塞-卡斯-库普曼宏观增长模型［J］. 资源科学，2017，39（9）：1712 - 1724.

[②] Adams W. M., Aveling R. and Brockington D. et al. Biodiversity Conservation and the Eradication of Poverty ［J］. Science, 2004, 306（5699）: 1146 - 1149.

[③] Ellis F., Mdoe N. Livelihoods and Rural Poverty Reduction in Tanzania ［J］. World Development, 2003, 31（8）: 1367 - 1384.

系统退化。斯库恩斯（Scoones，1998）将农户生计策略分为扩张型、集约型、多样型和迁移型四种类型，[①] 并探讨了不同生计策略对生态环境的影响。张芳芳和赵雪雁（2015）从生计视角分析生态脆弱区农户生计策略与自然资源保护之间的关系，提出了农户生计转型的生态效益分析框架，认为政策与制度变化是影响农户生计转型的重要驱动因素，其中，农户土地利用方式或能源利用方式的转变，是政策影响生态环境的重要中介。[②]

综上所述，生态环境保护与经济发展互为物质基础，具有相互协调、相互促进的可能性，但在经济欠发达地区，寻求发展的需求更为强烈，行为决策往往会与生态环境保护相对立，且通常没有能力承担环境治理的各项成本，从而陷入环境—贫困陷阱。生态脆弱区生态系统的自我调节能力差、人口的自我发展能力弱、环境问题与贫困问题交织。因此，在该地区生态建设或扶贫攻坚过程中，不能一味地强调生态效益与经济效益的统一，要看到经济发展给生态环境带来的压力，以及强调为生态环境保护而放弃的经济效益。具体到微观生态保护的执行者或落实者，农户生态保护行为与农户生计发展之间的矛盾主要体现在，土地资源是农户尤其是贫困农户重要的生计资产，而生态保护行为对资源可及性和利用施加的限制或约束，会影响农户原有的收入水平和生活水平。同时，对生态脆弱区的贫困农户来说，生计方式调整会使其承担较大的风险，他们的脆弱性较高，应对外部冲击和风险的韧性较低。

由此，相对独立的环境政策与扶贫政策不能有效地调节生态脆弱区贫困人口在生态环境保护与扶贫发展之间的关系，反而会因为两类政策的相互影响而损失效率。因此，建立能够协调两个目标的政策工具尤为重要。生态补偿制度是环境保护与经济发展冲突阶段的产物，弥补了环境的外部不经济，有效地协调了区域间、流域间、不同人群间经济发展

[①] Scoones I. Sustainable Rural Livelihoods：A Framework For Analysis [R]. Working Paper 72, Brighton, Institute of Development Studies, 1998.

[②] 张芳芳, 赵雪雁. 我国农户生计转型的生态效应研究综述 [J]. 生态学报, 2015, 35 (10): 3157-3164.

权利和生态保护责任的平衡，能够缩短环境库兹涅茨曲线到达峰值的时间，降低曲线峰值的高度，优化曲线形态。①② 同时，生态补偿政策往往涉及生态脆弱区和限制或禁止开发地区贫困人口的生计及区域经济发展问题，许多研究探讨了其在减贫方面的积极作用，为有效地协调生态保护与扶贫发展之间的关系提供了可能。③

三、生态补偿政策与减贫的关系

生态补偿政策与贫困和减贫之间的关系，主要有以下三个特征。

一是在空间地理上耦合。生态补偿政策是重要的生态修复工具和资源管理工具，其实施范围和作用对象与贫困地区和贫困农户在地理空间上存在较强的耦合。生态功能重要的区域多位于偏远的贫困山区，且许多贫困者集中在农村区域、流域上游高坡度地区或生物种类多样的森林边缘地区。④ 如我国的退耕还林工程主要集中在中西部山区，涉及全国一半以上的贫困县和90%的贫困人口。⑤ 这一地理联系为生态补偿政策减贫目标的瞄准和实现提供了客观基础。

二是政策作用主体重合。侵蚀风险高、土地产出率低的陡坡、高地经营者多为贫困农户，而贫困农户对自然资源的过度开发会对环境产生负外部性，同时，造成农户长远的损失。⑥ 生态补偿政策可以优化资源管

---

① 李国平，石涵予. 退耕还林生态补偿与县域经济增长的关系分析：基于拉姆塞-卡斯-库普曼宏观增长模型 [J]. 资源科学，2017，39（9）：1712-1724.

② 巩芳. 生态补偿机制对草原生态环境库兹尼茨曲线的优化研究 [J]. 干旱区资源与环境，2016，30（3）：38-42.

③ Landell-Mills N., Porras I. T. Silver Bullet or Fools' Gold? A Global Review of Markets for Forest Environmental Services and their Impacton the Poor [R]. London: International Institute for Environment and Development，2002.

④ 黄祖辉，姜霞. 以"两山"重要思想引领丘陵山区减贫与发展. 农业经济问题，2017（8）：4-10.

⑤ 李小云，左停，靳乐山等. 环境与贫困：中国实践与国际经验 [M]. 北京：社会科学文献出版社，2005.

⑥ Lade S. J., Haider L. J., Engstrom G. and Schluter M. Resilience Offers Escape from Trapped Thinking on Poverty Alleviation. Science Advances. 2017（3）：e1603043.

理使农户受益，为他们摆脱对自然资源的依赖提供机会；同时，能以提供生态服务的形式，使当地其他农户甚至全球受益。[①]

三是政策需求和政策目标多元化。作为资源管理手段创新，生态补偿政策在扶贫目标方面的潜在贡献成为研究者和决策者关注的重点。生态补偿政策的诸多实践表明了其在缓解贫困、改善人类福祉等方面的潜力，减贫效应评估是生态补偿政策影响评估的重要方面。巴乔拉等（Pagiola et al., 2005）认为，虽然生态补偿项目不是以减贫为目标而设计的，但是，结合当地有利条件可以设计出发挥协同作用的生态补偿方案。巴比尔（2010）认为，发展中国家通过改善农业生产决策可以产生正的环境外部性，关键在于生态补偿政策的设计如何综合环境和减贫两大目标。齐伯尔曼（2008）同样认为，通过政策设计可以实现环境质量改善和减贫双重目标，根据具体情境可以发挥积极的分配效应，但是，需要在环境目标和分配目标之间进行权衡。

然而，生态补偿政策能否发挥减贫作用，还需进一步探究。早期，巴乔拉等（2005）将生态补偿政策与减贫的研究归纳为两个具体问题：一是贫困农户能够在多大程度上参与生态补偿，包括生态服务的生产或购买；二是贫困的生态补偿参与者能否从项目中获益以及贫困的非生态补偿参与者能否间接获益（衍生效应）。旺德（Wunder, 2008）将生态补偿与贫困关系的研究总结为四个问题：一是贫困农户能够在多大程度上参与生态补偿，包括生态服务的生产或购买；二是贫困的生态服务提供者，能否从生态补偿中获益；三是贫困的生态服务购买者能否从生态补偿中获益；四是非生态补偿参与者是否会受到生态补偿的影响，即生态补偿的衍生效应。[②] 既有文献多对前两个问题进行分析，很少分析生态服务购买方以及非生态补偿参与方受生态补偿的影响。内田等（Uchida et

---

① Yang H., Yang W., Zhang J., Connor T. and Liu J. Revealing Pathways from Payments for Ecosystem Services to Socioeconomic Outcomes. Science advances. 2018 (4): eaao6652.

② Wunder S. Payments for environmental services and the poor: concepts and preliminary evidence [J]. Environment And Development Economics, 2008, 13 (3): 279–297.

al.，2007）认为，寻求生态补偿项目对贫困农户的影响机制，应该从两个具体的目标出发：一是影响贫困农户参与生态补偿项目的决定因素；二是生态补偿项目对参与农户的收入、资产和劳动力配置的影响。

第二节 生态补偿政策与减贫的分析框架研究

生态补偿政策与减贫的关系研究，多从政策对贫困户的瞄准机制和作用机制两个方面展开，为提出退耕还林工程减贫机制的分析框架，从三个方面综述、归纳生态补偿政策与减贫相关的分析框架：（1）政策瞄准机制与成本收益分析框架；（2）政策与农户生计分析框架；（3）生态服务与人类福祉分析框架。

一、生态补偿政策的瞄准与影响的分析框架

在生态补偿政策对贫困农户的瞄准方面，巴乔拉等（2005）将影响农户参与生态补偿政策的因素归纳为三个方面：资质、意愿和能力，如图2-2所示。

巴乔拉等（2005）认为，生态补偿政策的瞄准机制是最重要的减贫机制，即政策不能将贫困的土地承包经营者排除在外。通过项目设计及结合当地条件降低交易成本，解决土地产权不稳定等问题，使贫困群体能够参与生态补偿政策，才有可能从中受益。由此可见，瞄准机制是生态补偿减贫机制的首要环节，是其充分发挥减贫效应的前提和基础。同时，从收入和非收入两方面考察了生态补偿政策对不同利益主体贫困的影响：收入影响强调补偿收入和机会成本、交易成本的净收益；非收入影响则强调生态补偿对相关制度和社会资本的构建，增强了基层的话语权。[①] 此

---

① Kerr J. Watershed Development, Environmental Services, and Poverty Alleviation in India [J]. World Development, 2002, 30 (8): 1387-1400.

外，还有间接影响，如劳动力需求、土地产权以及经济林产品可及性等方面的变化。研究生态补偿对减贫的作用机制，并不是说生态补偿是减贫的"万灵药"，其减贫作用的发挥也会遇到诸多阻碍，但是，通过改善政策和制度设计可以达到更好的效果。

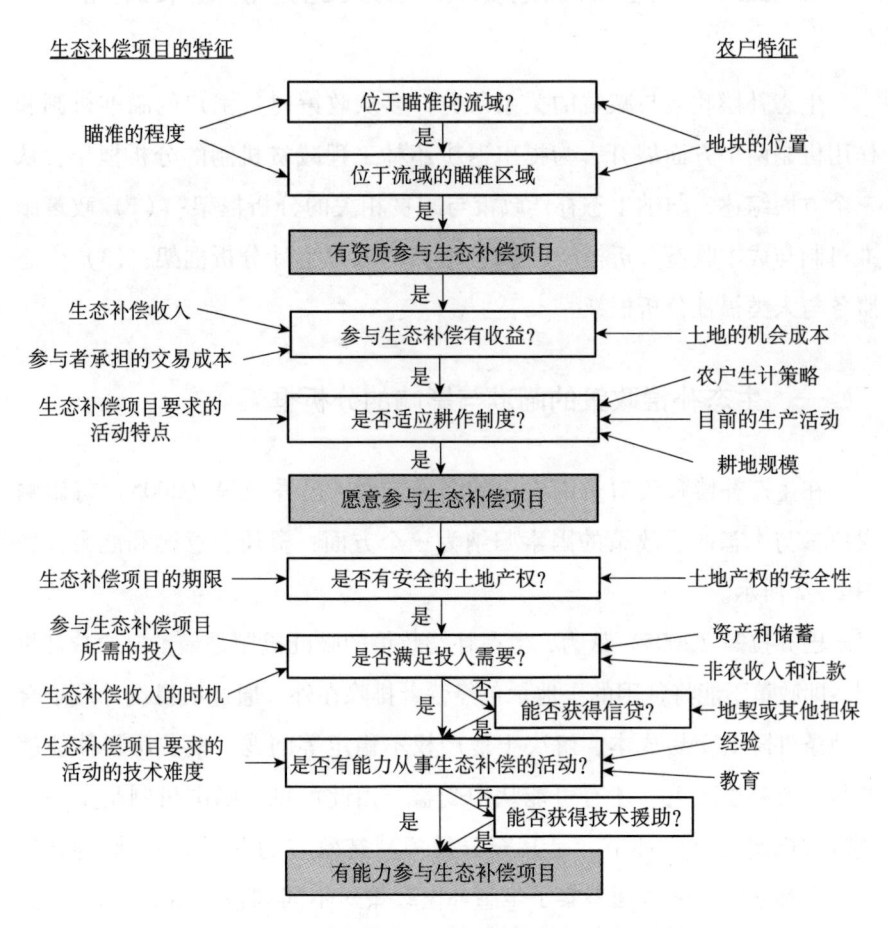

图 2-2 农户参与生态补偿政策的瞄准逻辑

资料来源：Pagiola S., Arcenas A., Platais G. Can Payments for Environmental Services Help Reduce Poverty? An Exploration of the Issues and the Evidence to Date from Latin America [J]. World Development, 2005, 33 (2): 237-253, 243 = figure 1.

二、生态补偿政策与农户生计分析框架

许多研究文献基于可持续生计分析框架对政策的影响进行评估，生态补偿政策也不例外。该框架以生计资本为基础的分析工具，提供了分析贫困的思路和扶贫创新的切入点，同时，强调了政策环境对农户五大生计资本的可持续性、多维度福祉的影响，可以应用到具体的政策情境，如生态补偿政策。可持续生计分析框架主要反映了可持续生计产生的过程，包括生计后果、生计策略、制度过程和组织结构、资源可及性、产权、生计资产、背景趋势等要素。图2-3反映了各要素之间的相互作用。其中，制度因素和背景因素是农村减贫的关键，或直接作用于生计后果，如收入或健康，或作用于生计资本，为增收奠定基础。

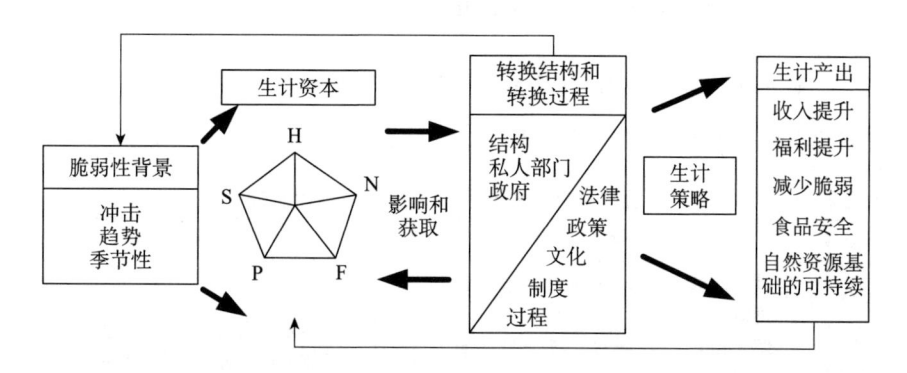

图2-3 可持续农户生计分析框架

资料来源：DFID. Sustainable Livelihoods Guidance Sheets [R]. UK: Department for International Development, 1999, 1, figure 1.

可持续农户生计分析框架及其变形，为生态补偿政策对农户生计系统的影响提供了诸多思路和视角，对其他分析框架的建立有突出的贡献。如施雷肯伯格等（Schreckenberg et al., 2010）建立了自然保护区社会评估框架，在五大生计资本基础上增加了第六种资本——政治因素或法律

因素，并在社会资产中融入文化因素，以生态服务来反映自然资产。[①] 但是，这个框架并未反映要素间的因果关系，仅是各种因素的罗列。同时，可持续生计分析框架过分重视可以量化的资产，如人力资本、自然资本、金融资本、物质资本和社会资本等，并没有充分考虑政治因素，缺乏引起贫困的潜在原因，如权力、排斥等的分析，不利于分析政策影响的政治经济过程。可持续生计框架倾向于针对微观农户，而不是跨尺度分析。与其他政策不同，生态补偿政策有其独特的地方，不仅涉及生计系统，更重要的是，以改善农户生计活动来改善生态系统，因此，生态补偿的减贫机制还需考虑生态系统的作用。

三、生态服务与人类福祉的分析框架

（一）环境服务市场对贫困群体的影响

兰戴尔·米尔斯（Landell-Mills，2002）从新制度经济学和市场的角度分析了生态补偿对贫困农户生计资本的影响，如表2-1所示。

表2-1　　　　环境服务市场对贫困农户生计资本的影响

生计资本	潜在收益	潜在风险
自然资本	改善管理和新市场机会，增加森林价值 使土地产权合法化，增加自然资本价值 其他自然资本的正向副效应，如土壤肥力与农业、减少森林火灾、改善空气质量等	因资源竞争增大而失去所有权和使用权 强制采伐限制使森林失去使用价值 其他自然资本的负向副效应，如速生林替换天然林会增加碳汇，但会破坏水质
物质资本	基础设施发展，如交通、市场基建、研究和健康护理等	为提供环境服务而拆除公路等基础设施 会为市场参与者投入基建加大不公平

[①] Schreckenberg K., Corrigan C. and Franks P. et al. Social Assessment of Conservation. Initiatives: A Review of Rapid Methodologies [R]. London: International Institute for Environment and Development, 2010.

续表

生计资本	潜在收益	潜在风险
人力资本	教育和培训，如环境管理、企业发展、项目管理、市场影响、谈判等 改善健康，如多样的饮食，水量和水质、空气质量的改善，健康诊所的投资，增加医疗可支配收入	不恰当的教育资源分配阻碍技能发展 贫困户无法获得教育、技术发展的机会，且只能从事低水平的工作 贫困户被排除在收集林产品之外，降低可支配收入和健康水平
社会资本	市场刺激权利正规化，增加产权安全 提高社区管理能力、组织能力和处理问题的能力 以森林为基础的文化遗产保护	市场排斥无产权的贫困者，降低产权安全 受益者和受损者分歧加大有损合作 商品化损害地区价值体系和文化遗产
政治资本	通过改善自主能力及与私人部门和公共部门的联系来增加指正代表性和话语权	市场会增加资源利用的竞争性并将贫困者排斥在外，失去政治代表权
金融资本	环境服务销售收入 相关就业收入，如非木质林产品、薪柴、木材、生态旅游、交通等通过多样化改善收入安全和收入稳定性	环境服务进入市场成本高，排除贫困者 与森林开发相关的收入会受到新的限制 贫困者因缺乏必要的技术和资产而被市场排斥，降低了安全性

资料来源：Landell-Mills N., Porras I. T. Silver bullet or fools' gold? A global review of markets for forest environmental services and their impact on the poor [R]. London: International Institute for Environment and Development, 2002, 214: Table 16.

考虑到公平问题，同时，为了保障市场的可持续性，需要分析环境服务市场如何影响贫困脆弱群体的收益流和生计资产，包括从森林获得的直接收益和间接收益。从经济、社会和环境三方面分析环境服务市场所带来的成本与收益，重点剖析对贫困农户重要生计资产的影响。可以发现，环境服务市场所带来的潜在收益具有普适性，且提供了更多获取收益的途径，贫困群体进入环境服务市场还要承担诸多潜在风险。

（二）生态系统服务与人类福祉的概念框架

生态系统服务与人类福祉关系的研究，多基于千年生态系统评估框架。千年生态系统评估的宏观框架清晰地反映了不同时间尺度、空间尺度生态服务对人类福祉的作用，以及引起生态系统和福祉变化的直接影响因素和间接影响因素。其中，福祉包含五个维度：安全（security）、良好生活的物质基础（basic material for a good life）、健康（health）、良好的社会关系（good social relations）、选择自由和行动自由（freedom of choice and action）。千年生态系统评估的微观框架，则重点表现了生态系统服务对人类福祉的作用及其复杂性，图2-4详细呈现了每种生态系统服务对各种福祉的作用及强度，以及这种作用如何通过社会经济因素进行调节。许多有关生态系统服务与人类福祉的评估框架，都是以千年生态系统评估的宏观框架、微观框架框架及关键要素为基础发展的，如生态系统与生物多样性的经济（the economics of ecosystems and biodiversity，TEEB）评估框架等。

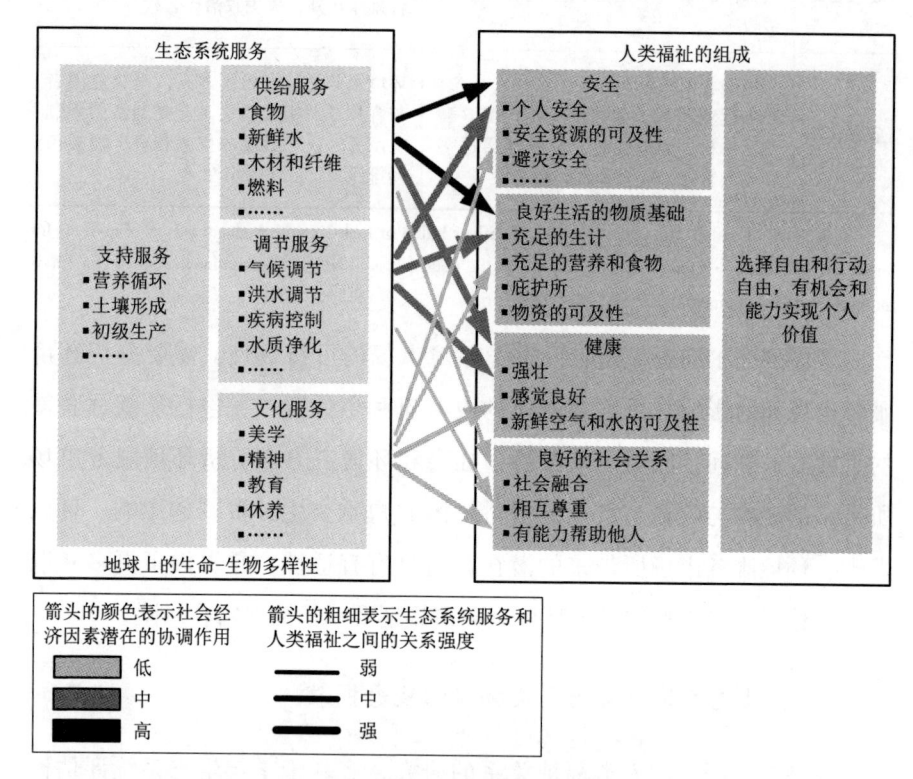

图2-4 千年生态系统评估的微观框架

资料来源：Millennium Ecosystem Assessment. Ecosystems and Human Well-being: Synthesis [M]. Washington DC: Island Press, 2005, 6: figure A.

(三) 生态系统服务与减贫的概念框架

社会—生态系统方法融合了自然科学和社会科学，复杂系统科学和动态、非线性、不确定性、边界等观点，为理解社会—生态系统中生态系统服务与减贫之间的关系提供了新的思路和视角。不同的生态服务对人类福祉的贡献有差异，且农户从生态服务中收益能力差异化，贫困群体对生态产品或生态服务的可及性会面临约束。随着社会—生态系统科学的发展，费希尔等（2014）进一步建立了生态服务—减贫的概念框架（ecosystem services and poverty alleviation，ESPA），如图2-5所示。该框架反映了生态服务对减贫和人类福祉的影响过程，强调人们对生态服务的获得与控制、社会分层，突出了生态系统服务、人类福祉和贫困之间的关系，为多学科、政策研究提供基础，有助于减贫和可持续生态系统管理的政策应用型多学科研究，以实现环境可持续发展和减缓贫困的双重目标。

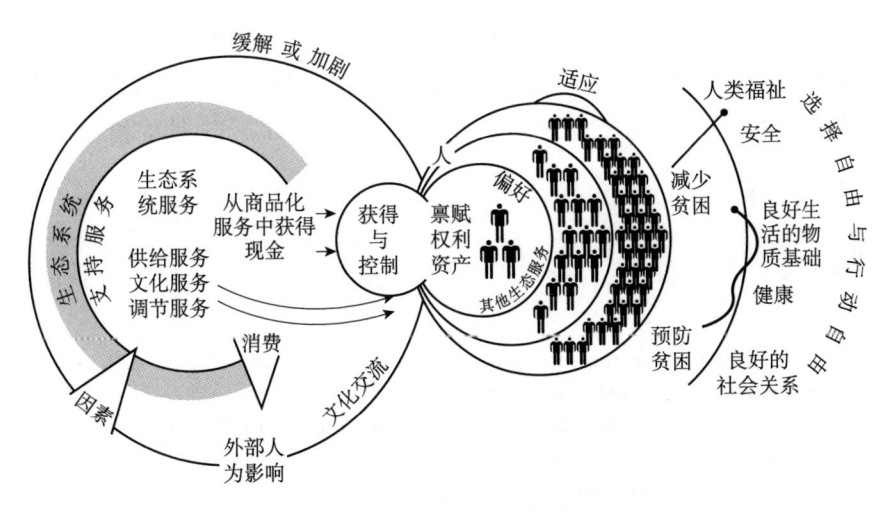

图 2-5 生态服务—减贫的概念框架

资料来源：Fisher J. A., Patenaude G., Giri K. et al. Understanding the Relationships Between Ecosystem Services and Poverty Alleviation: A Conceptual Framework [J]. Ecosystem Services, 2014 (7): 34-45, 36: figure 1.

（四）基于空间尺度的生态系统服务与人类福祉分析

为了从空间尺度上理解人与自然之间的关系，探究生态补偿对人类福祉的贡献，国内外学者开展了人与自然耦合系统的研究，揭示了人与自然系统的四个关键要素：间接因素、直接因素、生态系统服务和人类福祉，研究了它们之间相互关系的概念框架，[1] 并随后建立了生态补偿远程耦合综合评估框架（telecoupling framework for integrated assessment of PES programs），[2] 见表2-2，识别了具体研究背景下的生态补偿项目研究的缺陷和空间，评估了生态补偿项目在不同距离下、不同耦合系统中的折中效应和协同效应。[3]

许多文献基于具体的政策背景，对生态系统服务、人类福祉与减贫的评估框架进行调整。如研究以退稻还旱项目为例，建立了生态补偿政策供给系统和接收系统的分析框架，反映了以政策为核心，发送系统和接收系统之间的耦合作用，以及对生计资产和生计活动的影响。[4] 再如研究基于社会—生态系统的理念，在移民搬迁工程（relocation and settlement program, RSP）的背景下，建立了不同时间尺度和空间尺度的政策评估框架，分析了政策对土地利用、生态系统服务和不同利益相关者的作用。[5]

---

[1] Liu J., Dietz T. and Carpenter S. R. et al. Complexity of Coupled Human and Natural Systems [J]. Science, 2007, 317 (5844): 1513-1516.

[2] Liu J., Hull V. and Batistella M. et al. Framing Sustainability in a Telecoupled World [J]. Ecology and Society, 2013, 18 (2): 26.

[3] Liu J., Yang W. Intagrated assessments of payments for ecosystem services programs. Proc Natl Acad Sci U S A, 2013, 110 (41): 16297-16298.

[4] Zheng H., Robinson B. E. and Liang Y. C. et al. Benefits, Costs, and Livelihood Implications of A Regional Payment for Ecosystem Service Program [J]. Proc Natl Acad Sci U. S. A., 2013, 110 (41): 16681-16686.

[5] Li C., Zheng H. and Li S. et al. Impacts of Conservation and Human Development Policy Across Stakeholders and Scales [J]. Proc Natl Acad Sci U. S. A., 2015, 112 (24): 7396-7401.

表 2-2　　　　　　　　生态补偿远程耦合综合评估框架

远程耦合框架的元素	生态补偿政策远程耦合元素的定义	有关远程耦合元素的具体研究
发送系统	提供生态系统服务的系统	河北省密云水库流域上游区域
接收系统	接收生态系统服务的系统	北京市
溢出系统	影响发送系统与接收系统间的相互作用或受其影响的系统	其他受退稻还旱项目影响的区域，如河北周边区域
流	生态系统服务和相关物质、能量、信息，如现金补偿等的流动	河北省和北京市之间水和现金的流动与溢出系统的物质/能量/信息流动
代理人	发送系统中生态服务的供给者 接收系统中生态服务的受益者 三个系统涉及的组织和人	河北省退稻还旱的参与农户 河北省的地方政府和北京市的地方政府 溢出系统的代理人
起因	环境因素，如发送系统中生态服务的可获得性；社会经济因素，如接收系统中生态服务的需求；政治因素，如发送系统和接收系统间的协议；技术因素，如生态服务转移的渠道	降低了北京市和河北省的水资源数量和质量；北京市人口增长和家庭数量激增；经济迅速增长；北京市水资源需求增加；河北省与北京市之间的利益诉求不一致；调水技术等
效应	发送、接收、溢出系统中社会经济效益和环境效应；反馈效应	生态服务双方成本、收益与生计环境效应及对补偿收入的反馈作用

资料来源：Liu J., Yang W. Integrated assessments of payments for ecosystem services programs. Proc Natl Acod Sci U S A, 2013, 110 (41): 16297-16298, 16298: Table 1.

整体来看，有关生态补偿政策与减贫研究的分析框架，主要涉及生态补偿政策对贫困群体的瞄准和作用两个过程，且瞄准和作用研究均有相应分析框架。生态补偿对贫困的作用研究，一方面，主要基于公共政策评估的一般框架——可持续生计框架，分析生态补偿政策对农户生计或福祉的影响；另一方面，鉴于生态补偿政策的特殊性，许多研究从人与自然的关系或社会—生态系统角度出发，考察政策引起的资金流和生态服务流对人类福祉或减贫的作用，但是，有关生态系统与生计系统相互作用的实证研究较为缺乏。同时，目前的减贫机制分析框架并未将政策对贫困的瞄准和作用这两个过程纳入同一个框架体系。此外，政策及其作用效果的可持续性研究,是探索并建立长效减贫机制的关键。虽然既有研究将时间尺度和空间尺度纳入政策影响的分析框架中,但在生态补偿政策减贫机制的分析框架中,有关减贫效应维持机制的体现仍比较欠缺。

第三节 退耕还林工程对减贫的影响研究

减贫机制研究是生态补偿政策评估的重要组成部分,有关生态补偿政策效果的经济学评估多从效率与公平的角度展开。如帕斯奎尔·U. 等引入"效率—公平相关性曲线"并提出启发式的概念来阐述效率与公平之间的潜在关系,讨论了不同制度因素下可行的效率与公平的组合形式,强调了制度在效率与公平关系塑造过程中的作用。[1] 然而,以往有关生态补偿的政策研究多关注实施效率而忽视效果的公平性,且对减贫作用关注不够。[2] 因此,本节基于既有退耕还林工程等生态补偿政策的影响研究,总结和归纳退耕还林工程可能的减贫路径和减贫机制,分析退耕还林工程实施前期、中期、后期的研究重点问题和关键问题,探究影响退耕还林工程减贫效应的重要因素。

生态补偿政策实施前期的研究重点,集中在补偿标准与补偿方案设计、参与意愿、受偿意愿、目标瞄准效率等方面,如扎内拉·M. A. 等以巴西水资源生态补偿项目为例,剖析了农户参与的原因及影响因素。[3] 还

---

[1] Pascual U., Muradian R., Rodríguez L. C. et al. Exploring the Links Between Equity and Efficiency in Payments for Environmental Services: A Conceptual Approach [J]. Ecological Economics, 2010, 69 (6): 1237–1244.

[2] Lipper L., Cavatassi R. Land-use change, Carbon Sequestration and Poverty Alleviation [J]. Environ Manage, 2004, 33: S374–S387.

[3] Zanella M. A., Schleyer C. and Speelman S. Why Do Farmers Join Payments for Ecosystem Services (PES) Schemes? An Assessment of PES Water Scheme Participation in Brazil [J]. Ecological Economics, 2014, 105: 166–176.

有学者分析了三峡水库区农户参与新一轮退耕还林工程的意愿、受偿意愿与方式等。[①] 生态补偿政策的目标瞄准研究，旨在以补偿资金效率确定最有效的服务供给者的空间定位，其生态效率、经济效率和扶贫效率直接决定了生态补偿制度的有效性。[②] 生态补偿政策中期或中后期的研究多集中于生态补偿政策的效应评估，包括政策的生态效益、社会经济效益等多个方面，涉及宏观区域、中观县域、微观农户等多个尺度。如李国平等（2017）利用陕西省79个退耕还林县的数据，分析了不同经济增长水平下不同退耕还林规模对县域经济增长的作用。生态补偿政策后期阶段的研究，则旨在探究农户后续土地利用、生态保护行为以及政策实施效果的可持续等方面。因此，以下重点从政策瞄准、作用和维持三个方面探究退耕还林工程的减贫机制。

一、退耕还林工程对贫困的瞄准研究

初期生态补偿的瞄准研究多基于宏观层面的定性分析和理论研究，或基于生态学原理和技术方法对特定生态系统的定量模拟，融合社会经济因素及特定社会群体的研究较少，生态学、信息技术和经济学、社会学等交叉研究较少。近些年，生态补偿的瞄准研究逐渐关注微观领域的探索，对补偿对象的空间瞄准研究也从单目标准则向多目标准则发展，从瞄准效率、瞄准的益贫性、关键影响因素等方面展开了研究。

微观层面退耕还林工程的瞄准研究，基于政策对贫困农户筛选过程的分析。巴乔拉等（2005）将影响农户参与生态补偿项目的主要因素分为三类：（1）参与资质，如项目的目标瞄准程度和土地特征；（2）参与意愿，如项目补贴、交易成本以及农户参与的机会成本；（3）参与能力，

[①] Feng L., Xu J. Farmers´ Willingness to Participate in the Next-Stage Grain-for-Green Project in the Three Gorges Reservoir Area, China [J]. Environ Manage, 2015, 56 (2): 505 – 518.

[②] 戴其文. 生态补偿对象的空间选择研究——以甘南藏族自治州草地生态系统的水源涵养服务为例 [J]. 自然资源学报, 2010, 25 (3): 415 – 425.

如产权的安全性、信贷渠道和技术性支持。旺德（2008）认为，农户参与生态补偿项目需要通过资质、意愿、能力和竞争力的评估和选择，满足一定的条件和标准。只有满足一定条件的贫困农户才可能享受项目的收益，相对于国家扶贫项目来说，生态补偿项目能为贫困农户带来的福利是有限的；一味地追求扶贫效应，会使生态补偿项目受到过分的规制，反而会阻碍生态补偿的效率和实施规模，最终会损害贫困群体的利益。此外，交易费用在农户意愿和竞争力中的意义重大，贫困农户在提供生态服务过程中的交易成本，如签订契约、协调沟通等成本较高，会降低其参与意愿和竞争力。阿利克斯·加西亚·J.等（Alix-Garcia J. et al.）认为，针对贫困进行重点补偿的生态补偿方案效率更好。[①] 洛卡特利等（Locatelli et al.）和旺德·S.认为，生态补偿对未参与生态补偿项目的贫困者的影响不确定，主要是通过土地、劳动力和资本市场产生影响。[②③] 因此，为了有效地发挥项目的减贫效应，就需要提高生态补偿项目对贫困农户的瞄准率。就退耕还林工程而言，其成本效率先要考核的指标为是否具有良好的瞄准性。[④] 石春娜和姚顺波认为，选择合适的退耕还林区及农户是政府投资成本有效性保障的关键。[⑤]

生态补偿政策的瞄准过程，实质上是政策资源的分配过程。就参与资质而言，生态补偿政策的瞄准对贫困人口是有利的。就退耕还林工程的瞄准条件来看，《退耕还林条例》规定了退耕区域的划定条件，如耕地

[①] Alix-Garcia J., De Janvry A. and Sadoulet E. The Role of Deforestation Risk and Calibrated Compensation in Designing Payments for Environmental Services [J]. Environment and Development Economics, 2008, 13 (3): 375 - 394.

[②] Locatelli B., Rojas V. and Salinas Z. Impacts of Payments for Environmental Services on Local Development in Northern Costa Rica: A Fuzzy Multi-Criteria Analysis [J]. Forest Policy and Economics, 2008, 10 (5): 275 - 285.

[③] Wunder S. Payments for Environmental Services and the Poor: Concepts and Preliminary Evidence [J]. Environment and Development Economics, 2008, 13 (3): 279 - 297.

[④] 刘璨, 武斌, 鹿永华. 中国退耕还林工程及其所产生的影响 [J]. 林业经济, 2009, (10): 41 - 46.

[⑤] 石春娜, 姚顺波. 新一轮退耕还林优先区选择研究：一个文献综述 [J]. 林业经济, 2016 (3): 66 - 69.

的坡度大于25°、水土流失严重等，这些条件表明，具有参与资质的耕地大多是坡耕地和偏远山地，而土质好的耕地不能纳入退耕还林实施区域，因此，退耕还林工程对农户的瞄准情况受耕地资源分配的影响。[①] 李棉管（2017）认为，社会政策的瞄准偏差，主要源于技术、政治和文化等多方面的矛盾。[②]

退耕还林工程能够瞄准贫困农户，是其有效发挥减贫效益的前提。客观上，退耕还林工程实施的区域与贫困地区有着密切联系，为了在特定的实施地区能够更多地覆盖贫困农户、达到减贫效果，则需要满足三个要点：（1）在"正确"的地理位置；（2）愿意参与；（3）有能力参与，如有能力进行必要的投资和拥有充分安全的产权（Pagiola et al., 2005）。由既有文献对贫困农户参与生态补偿的决策研究可以看出，生态补偿政策的设计、市场和制度约束、风险因素等都是阻碍贫困农户参与退耕的主要因素。较为完善的生态补偿参与机制设计能够加大贫困农户参与并享受生态补偿减贫效应的机会，如减少对参与者不必要的资质要求、提供技术支持、采用组织和联合的契约方式等提高贫困农户参与项目的能力、降低交易成本等（李小云等，2005）。另外，市场因素和制度因素会约束贫困农户参与生态补偿项目的能力，如信贷市场的缺失或不完善，使得贫困农户缺乏生态补偿初期投资而被排除在项目范围之外（Wunder，2008）；同时，制度的不成熟使拥有较高能力和社会关系的富裕农户，在有限的参与机会中更有优势获得参与权（Bulte et al., 2008）。此外，贫困农户的风险厌恶程度一般比较高，风险是其参与生态补偿项目的阻碍因素，如改变原有农业生产体系所带来的技术风险和产量波动风险以及政府公信度风险等，都会影响贫困农户的参与意愿。[③]

[①] 钟兴菊. 地方性知识与政策执行成效——环境政策地方实践的双重话语分析 [J]. 公共管理学报，2017，14（1）：38-48.

[②] 李棉管. 技术难题、政治过程与文化结果——"瞄准偏差"的三种研究视角及其对中国"精准扶贫"的启示 [J]. 社会学研究，2017（1）：217-241，246.

[③] 王厚俊，李明桥，徐妍. 政府公信度对农户退耕还林行为影响的实证研究 [J]. 农业经济与管理，2010（3）：57-65，81.

退耕还林工程与其他许多生态补偿项目相似，多位于生态脆弱区和经济欠发达的山区，面临环境保护、扶贫发展等多重需求。特别是在发展中国家，边缘地块的经营者和潜在的生态服务提供者主要是贫困农户，他们的土地利用决策与生计决策直接关系到工程实施的效果和可持续性（Barbier，2010）。因此，退耕还林工程的设计和实施不仅应考虑环境效益和成本，还应注重益贫性目标的设计，如项目指标和收益分配对弱势群体的影响。[①②] 在实践中，退耕还林等生态补偿政策能否瞄准生态效益、成本有效性、益贫性等多元目标尤为重要。[③] 退耕还林工程的地块瞄准情况直接关系到工程实施的成果及可持续性，中外文文献也围绕退耕还林工程的目标瞄准展开了诸多研究。一方面，运用地块调查数据评估退耕还林工程多元目标的瞄准情况，认为工程的瞄准效率较好，但成本有效性还有较大的改进空间，强调瞄准高环境效益、低机会成本和贫困农户的重要性；[④] 李彧挥等考察退耕目标瞄准问题，并为地块选择指标体系和评估提出建议。[⑤] 另一方面，分析了退耕工程对农户的瞄准情况，以及农户参与自愿性对其参与程度和参与态度的影响（Démurger et al.，2015）。

以上研究均表明，首轮退耕还林重点瞄准了环境脆弱、生态重要、机会成本较低的地块或农户，环境效益和水土流失治理成效显著；而家庭经济因素并非退耕瞄准的关键因素。此外，既有研究表明，政策的瞄

---

① Zanella M. A., Schleyer C., Speelman S. Why Do Farmers Join Payments for Ecosystem Services (PES) Schemes? An Assessment of PES Water Scheme Participation in Brazil [J]. Ecological Economics, 2014, 105: 166 – 176.

② Kolinjivadi V., Gamboa G., Adamowski J. et al. Capabilities as justice: Analysing the Acceptability of Payments for Ecosystem Services (PES) Through 'Social Multi-Criteria Evaluation' [J]. Ecological Economics, 2015, 118: 99 – 113.

③ Uchida E., Xu J., Xu Z. et al. Are the Poor Benefiting From China's Land Conservation Program? [J]. Environment and Development Economics, 2007, 12 (4): 593 – 620.

④ Chen X., Lupi F., Vina A. et al. Using Cost-effective Targeting to Enhance the Efficiency of Conservation Investments in Payments For Ecosystem Services [J]. Conserv Biol, 2010, 24 (6): 1469 – 1478.

⑤ 李彧挥，高晓屹，郑风田. 退耕还林工程土地选择指标体系研究——基于西南地区农户调查的实证分析 [J]. 中国软科学，2007 (10): 155 – 160.

准策略和瞄准效果,还取决于决策自主权分配以及决策主体的意愿和偏好(He et al.,2015;Kelly,2013)。自愿参与原则是提高生态补偿项目效率的关键,但在退耕还林工程实践中,基于特定政治经济背景,决策自主权分配往往不均衡,地方政府或村级干部掌握更多决策权力,而农户的决策自主权未能得到保障(Xu et al.,2010)。目前,许多研究考察了不同生态补偿瞄准策略对不同相关利益群体的影响,[①]但较少关注决策自主权的分配对瞄准策略及瞄准成效的影响。

二、退耕还林工程对贫困的影响研究

尽管生态补偿项目是改善自然资源管理的机制,而非减贫机制,但许多学者却认为它对缓解贫困有着积极的影响。如退耕还林在保持水土缓解环境压力的同时,促进传统的粗放型耕作模式转变、经济效益提高。[②] 因此,在退耕还林工程实施的中期或后期,考察其对减贫的作用机制尤为重要。

在生态补偿项目对贫困的影响研究方面,巴乔拉等(2005)认为,应从两个层面探讨生态补偿的减贫效应:(1)生态补偿项目是否直接影响贫困的参与者或间接影响贫困的非参与者;(2)生态补偿项目是否有助于减缓国家层面的贫困。而宏观层面的减贫效应取决于微观层面效果以及生态补偿方法应用的程度,即生态项目参与者的规模和通过劳动力、粮食和其他市场产生间接影响的范围。布尔特等(2008)将生态补偿的减贫效应研究总结为两个问题:(1)生态补偿是否使穷人富裕;(2)生态补偿与经济发展轨道是否兼容。旺德(2008)从生态补偿项目的作用对象出发,分别分析生态补偿项目对生态服务生产者、生态服务购买者

---

① Wu J., Zilberman D., Babcock B. A. Environmental and Distributional Impacts of Conservation Targeting Strategies [J]. Journal of Environmental Economics and Management, 2001, 41 (3): 333 – 350.

② 高健琼. 退耕还林与减贫问题研究 [D]. 西安:陕西师范大学, 2011.

以及非参与者三类群体的减贫效应,认为生态补偿对贫困的效应不仅体现在使提供生态服务的贫困户生活好转,还需要考虑到购买生态服务的贫困者和未参与生态补偿项目的贫困者。齐伯尔曼等(2008)从个人生产决策分析出发,分析粮食和生态服务的供给与需求,探究生态补偿项目对城市贫困者、无地贫困农户和拥有土地的贫困农户的影响,寻求环境目标下改善贫困农户福利的路径,认为生态补偿对于土地所有者是有益的,土地资源的配置和土地质量的改善会对农户起到减贫效应,因为土地改良项目提高了劳动力需求,而土地转换项目减少了劳动力机会,所以土地改良项目比土地转换项目在减贫效应上更为有效。

同时,巴乔拉、旺德和齐伯尔曼等也研究了生态补偿对贫困农户的影响,巴乔拉等(2005)和旺德(2008)分别从生态服务提供者、购买者以及非参与者三个角度总结了生态补偿对贫困的可能影响途径,主要涉及从生态补偿获得的收入(补偿资金与机会成本)、农产品价格的变化和劳动力需求的变化三个方面。齐伯尔曼等(2008)认为,生态补偿主要通过农产品输出价格、工资率、补偿资金和环境质量的改善四个方面影响农户福利。他们的结论是相似的,都认为影响结果的要点在于农户的异质性和多样性,且不同项目对参与者的效应和非参与者的效应不同。张芳芳等(2015)认为,生态补偿可以通过生态效益改善农户福祉。因此,以下主要从补偿增收机制、土地利用转变机制、劳动力配置机制和环境质量改善机制等方面对生态补偿的减贫机制进行综述。

(一)补偿增收机制

安特尔和斯托尔沃吉尔(Antle and Stoorvogel,2009),格拉夫·兹文和利佩尔(Graff-Zivin and Lipper,2008)以及巴乔拉等(2008)都认为,设计完善的、专项持续的现金转移,可以促进经济增长和福利收益。因此,大多数生态补偿最为明显的减贫机制在于,它为项目参与者提供了一笔稳定的额外收入,该收入是许多贫困农户福利效用的重要来源;同时,它增加了收入来源的多样性,降低了风险。如亚洲的贫困山区环境服务奖励项目（rewarding upland poor for environmental services，RUPES）、危地马拉的西部高原自然资源管理项目和萨尔瓦多的国家环境管理项目，均是以使贫困农户受益为目标的生态补偿项目。哥斯达黎加奥萨半岛的生态补偿项目。墨西哥的森林水文服务补偿项目以及中国的退耕还林工程等均表明，大多数参与项目的贫困者收入会增加。

然而，巴乔拉等（2005）认为，测度生态补偿参与者的经济收益不能只考虑生态补偿资金数额或其占收入的比例，还需要考量参与项目的机会成本和交易成本。因此，对生态补偿项目补偿方案的设计（包括瞄准机制和补偿标准），直接影响其对贫困农户的收入效应。阿利克斯·加西亚等（2008）认为，依据森林砍伐的风险调整补偿资金的方案可以瞄准高风险地区，比基于环境效益最大化的补偿方案更具减贫效应。此外，生态服务交易双方的地位、组织和信息环境，也会影响贫困农户收入的减贫效应。旺德（2008）认为，生态补偿协议能够产生经济租金，其分配取决于生产者和购买者的谈判能力。通常来说，生态服务的购买者占有谈判优势，反向拍卖等投标工具的使用都使其能够攫取生态服务提供者的租金份额，减少生态服务提供者的收益。因此，提升生态服务提供者的组织水平和信息水平，能够有效地改善其谈判地位，减少租金流失。

（二）土地利用转变机制

生态补偿项目最直接的影响就是土地利用方式转变，从土地规模和土地质量两方面直接影响土地生产力的变化。其中，土地质量除了体现在农林产品的生产力之外，还体现在其生态服务的供给能力（Zilberman et al.，2008）。退耕还林工程属于土地转换类生态补偿项目，土地由农业（粮食生产和养殖）转向其他用途的过程，是农业生产力向生态服务生产力转移的过程。土地改良类生态补偿项目是指，为达到一定的环境目标而改善农业生产活动，如减少化肥的使用等。农户在农业生产过程中提供生态服务，不涉及耕地规模减小，而在于土地质量提升。

利佩尔和卡瓦塔西（Lipper and Cavatassi）认为，土地利用方式转变是改善贫困地区农民收入水平、促进减贫的关键途径。[1] 齐伯尔曼等（2008）认为，生态补偿项目通过降低农产品生产力影响农产品市场，如提高农产品输出价格，增加土地拥有者的粮食收入和无地农户、城市贫困户的生活成本。同时，农户拥有的土地质量和土地规模，会影响生态补偿项目的减贫效应。当土地提供生态服务的价值与农业生产力呈负相关时，拥有较低质量土地的贫困农户倾向于从生态补偿中获得收益；城市贫困户、无地农户或少地农户受经济外部性即粮食价格和工资的影响更大，更容易从项目中受损。虽然生态补偿在改善环境的同时可能会引起粮食价格上涨，但经济全球化和农村市场一体化提供了粮食和收入的可替代来源，会削弱这种影响。且高机会成本，生态补偿项目很少纳入高生产力的土地，这对粮食产量和价格的影响较小（Pagiola et al.，2005）。旺德（2008）认为，生态补偿还可以通过各要素市场和产出市场，对非参与者产生衍生效应。

退耕还林工程所提供的资金和粮食补贴，也有助于土地生产技术效率水平的提升。目前，中外文文献从不同层面研究退耕对农业生产的影响，宏观层面涉及粮食安全、农业生产结构调整等方面；[2][3] 微观层面涉及农户要素投入、产量、农业生产效率等，如建立多元线性模型探究退耕对单位投入产出的影响，[4] 或运用数据包络分析（DEA）的非参数方法或随机前沿生产函数（SFA）的参数回归法，研究农户生产的技术效率及

---

[1] Lipper L., Cavatassi R. Land-use Change, Carbon Sequestration and Poverty Alleviation [J]. Environ Manage, 2004, 33: S374 – S387.

[2] 东梅. 退耕还林对我国宏观粮食安全影响的实证分析 [J]. 中国软科学, 2006 (4): 46 – 54.

[3] 姚顺波, 张晓蕾. 退耕还林对农业生产结构影响的实证研究——以陕北吴起县为例 [J]. 林业经济问题, 2008, 28 (5): 390 – 394.

[4] 夏庆利, 罗芳. 土地利用效率影响因素分析——基于湖北的调查 [J]. 农业经济问题, 2012 (5): 15 – 21.

外生影响因素。①②

（三） 劳动力配置机制

农户参与生态补偿项目的本质，也是劳动力再配置的过程。分析退耕还林工程对减贫的作用机制，除了考察对收入和土地的影响之外，还需探究其对劳动力流动的作用。当前，中国农村贫困的主要原因在于结构性失调，需要进行结构转变。农村剩余劳动力转移已成为农民增加收入、摆脱贫困的重要驱动力，同时，农村劳动力的流动与转移还需以城镇化建设的推进为基础。农村劳动力的就业约束是其陷入贫困的重要原因，就业约束主要源于教育、公共服务、技能、制度等方面。③

内田等（2007）将退耕还林工程对劳动力配置的影响，分为替代效应和收入效应。其中，替代效应体现为农户休耕并将劳动力转移到其他更有效率的生产活动中；收入效应表现为农户不会转移全部解放出来的劳动力去从事生计活动，而是用于休闲。劳动力市场的合并与分离、劳动密集程度，影响生态补偿对劳动力市场状况的作用强度。格鲁姆等（Groom et al.，2010）重点考察了不完善市场条件下农户参与退耕还林后的劳动力再分配状况，一方面，耕地减少对劳动力分配起到了积极的替代效应，促使农业劳动力向非农业劳动力转移；另一方面，退耕补偿带来了一定的收入效应，放松了最小农产品产量对劳动力配置的约束，从而增加了非农劳动力供给。齐伯尔曼等（2008）认为，土地转换型生态补偿项目解放了农业劳动力，增加了劳动力市场的供给，降低了工资率，对农户的工资性收入产生负面影响；而土地改良项目降低了土地生产力而增加了劳动力需求，提高了工资，因此，在分配效应方面，土地改良

---

① 李桦，姚顺波．不同退耕规模农户生产技术效率变化差异及其影响因素分析——基于黄土高原农户微观数据［J］．农业技术经济，2011（12）：51－60．
② 田杰，姚顺波．退耕还林背景下农业生产技术效率研究——陕西省志丹县退耕户的随机前沿分析［J］．统计与信息论坛，2013（9）：107－112．
③ 党国英．贫困类型与减贫战略选择［J］．改革，2016（8）：68－70．

项目比土地转换项目起到了更好的减贫效果。此外，土地分配影响生态补偿的减贫效应，土地较少的农户工资性收入占比相对较高，更易受到劳动力市场变动或者工资率变动的影响。

生态补偿政策还可以通过提升劳动力转移能力而发挥减贫作用。巴乔拉等（2005）、旺德（2008）等认为，生态补偿政策除了为贫困农户提供收入性收益外还增加了非收入性收益，如人力资本、社会资本的增长。厄瓜多尔的水域保护补偿项目对贫困家庭从食物、医疗、教育等多方面进行补偿，1995年，南非地区基于世界野生动物保护基金建立了生态补偿项目，创造了许多就业机会。[1]

作为促进中国农民增收和农村减贫的突出力量，退耕还林工程对非农就业的作用是其经济效益和减贫效应评价的重要方面。评价方法可以运用描述统计对比分析退耕户与未退耕户或者农户退耕前后非农就业状况的变化，或运用计量经济模型分析退耕对非农劳动力供给、非农收入及收入结构的影响等。[2] 然而，问题本身的复杂性、数据来源和研究方法等不同，一些学者发现退耕对非农就业收入及非农劳动力供给均有积极影响，[3] 而一些研究结果表明，退耕并未实现农户收入结构改变，对非农就业的作用不显著，甚至退耕农户收入增长情况和收入结构均不如未退耕农户。[4][5] 易福金和陈志颖（2006）发现，退耕还林能够促进农民个体的非农就业收入，但其对农户外出务工人数影响不明显。内田等（2009）认为，退耕农户之所以更容易得到非农就业机会，是因为退耕还林放松了他们的流动性约束，且初始流动性约束越强的农户受退耕还林对劳动

---

[1] 王立安，钟方雷. 生态补偿与缓解贫困关系的研究进展 [J]. 林业经济问题，2009，29（3）：201 – 205.

[2] 易福金，陈志颖. 退耕还林对非农就业的影响分析 [J]. 中国软科学，2006（8）：31 – 40.

[3] Yao S., Guo Y. and Huo X. An empirical analysis of the effects of China's Land Conversion Program on farmers' income growth and labor transfer [J]. Environ Manage, 2010, 45 (3): 502 – 512.

[4] 李彬彬，吕杰. 辽宁省昌图县退耕还林地区农民收入构成分析 [J]. 沈阳农业大学学报（社会科学版），2012，14（2）：136 – 140.

[5] 黎洁，李树茁. 退耕还林工程对西部农户收入的影响：对西安周至县南部山区乡镇农户的实证分析 [J]. 中国土地科学，2010，24（2）：57 – 63.

力转移的促进作用越大。格鲁姆等（2010）认为，土地流转、信贷市场、土地产权制度以及社会保障制度等的不完善，使农户在寻求非农就业机会时面临较高的风险和交易成本，而退耕还林可以通过放松市场和制度的约束，对非农劳动力转移产生积极效应，实现环境保护和减贫的双赢目标。

此外，退耕还林对非农就业的作用，还会受到内在因素或外在因素的影响。内田等（2009）发现，退耕面积比例越高、参与退耕时间越长的农户受退耕还林对劳动力转移的促进作用越大，但这种促进作用还受到农户初始人力资本和物质资本的影响。此外，退耕还林对非农就业的促进作用，会受到当地经济状况、项目规模以及政府治理的影响。[1]

（四）环境质量改善机制

格拉夫·兹文等（2008）认为，在现有的改善贫困地区农户生计的有效选择中，提高农业生产力是至关重要的组成部分，[2] 而生态补偿项目可以通过环境质量的改善提高土地生产力，保证粮食安全和减缓贫困。如水资源质量的改善，可以促进渔业发展；土壤碳汇项目可以通过提高土壤中的碳含量、有机物质、营养元素等，增强水土保持能力、土质抵抗侵蚀风险能力、农业生产力和持续性。大多数生态补偿项目设计很少涉及购买方的减贫设计（Wunder，2008），其福祉的改善主要体现在项目所带来的环境质量提高，如饮用水的水量波动减少和污染的减少提高了生态补偿项目的购买方的健康水平。因此，进一步探究生态补偿项目所产生的生态系统服务，对改善人类福祉和减贫的间接作用尤为重要。

农户从生态系统中获得的收益可以体现为水和空气质量的改善，食

---

[1] Yao S., Guo Y. and Huo X. An empirical analysis of the effects of China's Land Conversion Program on farmers' income growth and labor transfer [J]. Environ Manage, 2010, 45 (3): 502 – 512.

[2] Graff-Zivin J., Lipper L. Poverty, risk, and the supply of soil carbon sequestration [J]. Environment and Development Economics, 2008, 13: 353 – 373.

物、水和能源的供给以及生态旅游等自然文化服务的提供。但是，生态系统服务的收益在不同群体间的分配往往是不公平的，并且，存在折中效应，如卧龙保护区的生态旅游收益主要流向外来旅游开发公司，而非当地农户。[①] 为了更好地了解这些收益的分配，保护和发展项目需注重方案设计，引导生态服务的收益流优先瞄准特定群体。有关生态服务与人类福祉和减贫的研究，李惠梅和张安录（2013）认为，生态系统服务是人类福祉的载体，人类对生态系统服务产生的供给服务、调节服务、文化服务等功能性活动的自由选择和组合能力，构成了人类福祉。[②] 冯伟林等（2013）从人类福祉的多尺度测度、生态系统服务的分配与消费政策和生态政策过程参与三个方面出发，建立了生态系统服务与人类福祉之间关系的分析框架。苏梅尔斯等分析并总结了生态系统服务对人类福祉四个要素（基本生存需求、经济需求、环境需求和主观福祉）的贡献与价值。[③] 杜赖亚帕·A. K. （Duraiappah A. K.）强调研究尺度、技术和方法对研究生态系统服务与人类福祉之间的关系有重要影响。[④] 杨武等（2013）基于千年生态系统评估框架建立了测度人类福祉的量化指标体系，并量化人类对生态系统服务的依赖程度，发现贫困人口对生态服务的依赖性更强，自然资本以外的生计资本较少的农户对生态服务的依赖性相对更强。拉德等（2017）认为，韧性思维可以更好地理解人类与其所依赖的生态系统之间的复杂关系，并据此提出了经典的多维贫困陷阱模型，系统地探究了不同农业情境下贫困陷阱的产生机制及应对策略。

[①] Liu W., Vogt C., Luo J. et al. Drivers and socioeconomic impacts of tourism participation in protected areas [J]. PLoS ONE, 2012, 7 (4): e35420.

[②] 李惠梅, 张安录. 生态环境保护与福祉 [J]. 生态学报, 2013, 33 (3): 0825 – 0833.

[③] Summers J. K., Smith L. M., Case J. L. et al. A review of the elements of human well-being with an emphasis on the contribution of ecosystem services [J]. Ambio, 2012, 41 (4): 327 – 340.

[④] Duraiappah A. K. Ecosystem Services and Human Well-being: Do Global Findings Make Any Sense? [J]. BioScience, 2011, 61 (1): 7 – 8.

三、退耕还林工程的可持续性研究

能否通过生态补偿政策实现生态系统服务的长期、有效供给和减贫效应的可持续性是许多政策实践面临的关键问题,也是退耕还林工程维持机制研究的核心问题,主要涉及退耕还林工程的生态效果与购买者的支付意愿,政策的实施方式、交易成本与农户参与意愿,可替代性生计与项目后期保护行为的维持三个方面(范明明,2017)。许多生态系统需要管护才能维持平衡,但是,研究和实践往往忽略了管护行为的重要性。[1] 基于微观农户视角,退耕还林工程的维持机制研究主要集中在农户管护行为和维持退耕行为的研究。农户生计既体现了农户利用自然资源的过程、途径和方式,也直接决定了环境保护和经济发展等后果的可持续性。

退耕补偿结束后退耕户的复耕意愿研究,是退耕还林工程可持续性研究的重要内容,对后续政策设计有重要的参考价值。退耕还林工程在历经了十六年的推广实施与成果巩固阶段之后进入了新的政策交替期,补偿群体结构更为复杂,涉及补偿到期农户、补偿减半农户、新一轮退耕户等,他们(尤其是补偿到期农户)的退耕行为是否会因补偿激励的削弱而受到影响,是否会对退耕还林工程的实施以及未来的生态成果造成威胁是亟待探究的关键问题。既有中外文文献围绕农户家庭生计活动及农户特征对复耕原因及复耕意愿的影响因素展开了大量研究,认为农户的家庭人口特征、生计状况及其成本—收益分析、宏观政策等是影响农户复耕意愿和复耕决策的基本因素。[2][3] 停止补助后农户的生计状况,

---

[1] Liu J., Dietz T., Carpenter S. R. et al. Complexity of coupled human and natural systems [J]. Science, 2007, 317 (5844): 1513 – 1516.

[2] Chen X., Lupi F., He G. et al. Factors affecting land reconversion plans following a payment for ecosystem service program [J]. Biological Conservation, 2009, 142 (8): 1740 – 1747.

[3] 孙芳, 冯开文. 农牧交错带农户继续退耕意愿影响因素的实证分析 [J]. 农业技术经济, 2008 (5): 45 – 51.

如家庭收入变化、对未来生计状况的预期等，对其后续土地利用尤为关键。①陈儒等（2016）采用因子得分法估计农户复耕的概率，分析农户复耕意愿、退耕补贴以及本地区其他农户等因素的作用。刘宪（2009）基于前景理论分析提出了退耕户收入多元化对退耕还林可持续发展的重要性。一些学者基于政府和农户的动态博弈模型分析发现，复耕行为不仅取决于退耕前后收入的比较，还取决于退耕后劳动力转移的机会成本大小。此外，家与县城的距离、乡镇与城市的距离等与农户从事非农活动的交易成本有关，也会影响农户的复耕意愿（Chen et al.，2009；孙芳等，2008）。格罗让等（Grosjean et al.，2009）提出了直接评估退耕还林工程可持续性的框架，并基于选择实验数据分析政策后期的农户行为、土地和劳动力决策，认为阻碍政策可持续性的因素包括项目实施的具体缺陷、特定的制度约束，如产权不稳定、土地租赁权的缺乏等。

此外，许多外文文献关注了耕地特征对农户后续土地利用的影响。天气条件、土壤类型（如黏土或砂质）、土地潜在侵蚀性因素或地块特征（如坡度）等反映了农户复耕的预期收益和机会成本，影响农户的复耕意愿。②考虑到交通成本，退耕地与住宅的距离也会影响农户的计划复耕面积（Chen et al.，2009）。政策设计、外部政策环境和区域环境也会对农户复耕行为产生影响，补偿标准、决策自主权、农业税调整、粮食直补等，都会对农户用地模式产生影响（王昌海等，2010）。

农户生计对自然资源的依赖关系一直存在争议，即自然资源对农户来说是安全保障还是贫困陷阱。③已有许多研究表明，粮食安全不仅是影

---

① 王术华，支玲，张媛. 退耕还林后期农户复耕意愿选择研究分析——以甘肃省安定区为例［J］. 林业经济问题，2010（6）：11－14.

② Chen X.，Lupi F.，Vina A. et al. Using cost-effective targeting to enhance the efficiency of conservation investments in payments for ecosystem services［J］. Conserv Biol, 2010, 24（6）：1469－1478.

③ Newton P.，Miller D. C.，Byenkya M. A. A. et al. Who are forest-dependent people? A taxonomy to aid livelihood and land use decision-making in forested regions［J］. Land Use Policy, 2016, 57：388－395.

响退耕还林工程可持续性的宏观社会经济要素，同时，也是影响微观农户复耕决策的关键因素。李桦等（2011）和赵冠楠等（2011）在模型中引入反映家庭粮食安全水平的变量，如单位粮食产量口粮田耕作时间等，验证了其对农户退耕成果巩固和维护意愿的显著影响。此外，诺贝尔经济学奖获得者阿玛蒂亚·森认为，土地在提供食物安全方面的长期价值是不容忽视的。即使不存在全局性的粮食安全问题，过大的退耕面积也有可能导致贫困地区贫困户的粮食赋权问题，构成退耕潜在的主要风险（陶然等，2004；朱有志等，2010）。也有研究表明，土地虽是农户最重要的资源，以土地为基础的农林生产活动构成了农村家庭最主要的收入来源，但是，随着农村市场化改革的深入，工业化与城镇化的推进，城乡联系日益密切，农民收入来源日趋多样化，劳动力就业结构及收入水平、生计类型逐渐发生分化，[①] 农户土地利用及土地依赖程度形成差异。许多生态保护项目旨在通过降低农户对自然资源的依赖实现生态目标，因此，考察政策交替期退耕农户对土地的依赖程度及政策交替对退耕成果可持续性的影响尤为重要。

综上所述，本章从环境与贫困、生态保护与经济发展之间的关系入手，综合既有生态补偿政策的相关研究和分析框架，重点探究了退耕还林等生态补偿政策的减贫机制。贫困农户与生态补偿有着密切关系，大多数生态补偿区域都是贫困地区，反映了探索生态补偿政策减贫机制的必要性和可能性。学者们对生态补偿政策减贫机制及其影响因素的研究可以总结为三点：（1）生态补偿对贫困农户的瞄准机制；（2）生态补偿对贫困农户的作用机制，主要涉及补偿增收、土地利用转变、劳动力配置、环境改善四个方面；（3）生态补偿对农户行为的维持机制。其中，退耕还林工程的瞄准机制是减贫的前提和基础，作用机制是减贫的核心，维持机制是减贫效应长效、可持续的保障。在作用机制中，资金补偿是

---

① 刘同山，牛立腾. 农户分化、土地退出意愿与农民的选择偏好[J]. 中国人口·资源与环境，2014，24（6）：114-120.

最直接的减贫途径,通过稳定的现金流来降低贫困农户的流动性约束,起到减贫效果。而环境改善、土地生产力提高和劳动力配置是间接的减贫机制,通过土地市场、农产品市场、劳动力市场等间接影响贫困农户的福利。资金补偿、土地转变、劳动力再配置、环境质量改善四种机制并非完全独立,而是相互作用的,如作用机制通过促进劳动力资源配置而间接地影响减贫效果。与资金补偿相比,环境改善、土地转变、劳动力配置等机制对农户实现减贫更具有长远意义。

据此,本章总结了退耕还林工程减贫机制研究的重要内容,如图2-6所示。有关退耕还林工程减贫机制的深入研究,还需要关注以下三个方面。

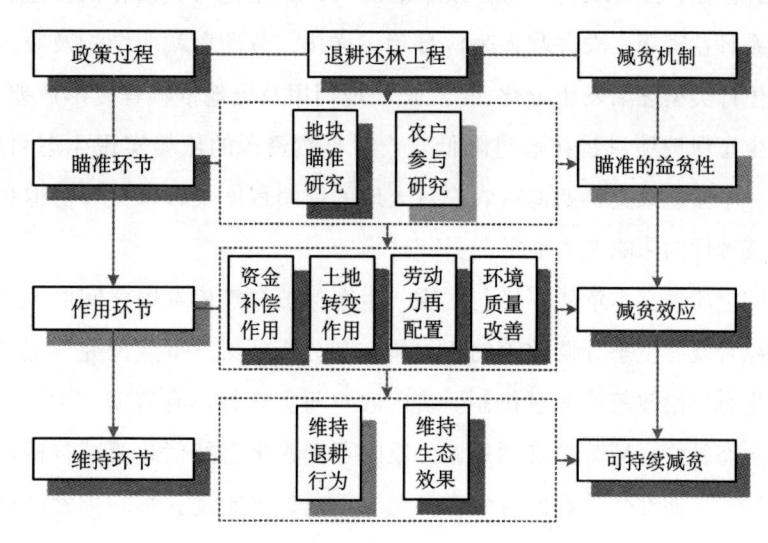

图2-6 退耕还林工程减贫机制研究

资料来源:笔者绘制。

第一,在分析框架上,中外文文献关于生态补偿政策减贫机制的各个阶段均有较多研究,但尚缺乏系统的研究思路和分析框架,相关研究较为分散。退耕还林工程的减贫机制是基于政策过程的研究,而目前的分析框架缺乏动态、时空尺度的考量。生态补偿与减贫的研究多注重政策对贫困户的筛选和影响两个环节,但较少将政策的维持机制纳入分析框架，而维持机制研究对政策实施及减贫效应的可持续性尤为关键。

第二，在理论研究方面，外文文献关于生态补偿与减贫已有较丰富的研究成果，涉及生态服务提供方、购买方以及非参与者的分析，充分考虑生态补偿减贫效应对不同农户作用的差异，为退耕还林工程减贫机制研究提供了重要的理论依据。中文文献侧重于对比分析农户参与生态补偿前后或参与农户与非参与农户的生计状况，探究生态补偿政策对贫困户生计的作用，但对其作用机理缺乏严谨的理论分析和探讨，较少考虑农户异质性、市场约束和制度因素等对生态补偿减贫效应的影响，缺乏生态补偿通过农产品、劳动力市场、生态服务等间接影响参与户和非参与户的研究。

第三，在实证研究方面，目前，已有许多文献关注贫困与生态补偿，未来的重点在于综合贫困、农业生产力、生态服务等数据的实证研究，将空间地理数据与资源决策相关的农户数据相结合，更好地体现生态补偿政策发挥减贫效应的条件和机制，回答"在哪里、什么时候以及怎样，贫困户才能从生态补偿项目中受益。"而目前有关生态服务与人类多维福祉之间关系的探究还不够深入，主要集中在宏观层面上生态服务的量化评估，较少建立其与多维福祉或贫困群体之间的关系。

综上所述，本书的研究空间主要有以下三方面。

（1）综合相关研究和分析框架，提出退耕还林工程减贫机制研究的分析框架。基于社会—生态系统理论与韧性思维，以生态补偿机制为联结，将生态系统和生计系统纳入同一框架下，通过生态补偿机制保障生态系统和人类福祉，不仅呈现每个系统内部的变动和减贫路径，还呈现两个系统间的相互作用，从宏观尺度上生态服务与经济发展的融合、宏观尺度的生态服务与微观尺度的人类福祉或多维贫困的融合两方面来实现生态保护与扶贫发展目标的融合；全面地呈现退耕还林工程实施各个阶段的减贫机制及亟待分析的关键问题。

（2）根据建立的综合分析框架，在考虑生态服务和环境质量的基础上，对退耕还林工程在各阶段的减贫路径和减贫机理进行更为丰富的理论分析和研究设计,为退耕还林工程对农户影响研究的实证模型提供理论基础。从理论上分析减贫机制运行各个阶段的关键问题,如瞄准阶段多维贫困户参与退耕还林工程的机会和阻碍等,分析退耕还林工程减贫的可能途径及方式。

(3)根据理论研究,对退耕还林工程的减贫机制进行实证研究。一方面,本书可以通过收入、劳动力、农林业生产和潜在生态服务供给等数据,深入分析退耕还林工程对减贫的直接效应和间接效应。虽然没有利用空间数据,但是,可以综合地块特征、地理位置等数据对退耕还林工程的瞄准情况等展开分析。另一方面,可以利用统计分析方法,基于农户自然资源决策的微观数据,深入探究贫困户从退耕还林工程中受益的机会和阻碍,鉴于农户异质性、政策设计、市场制度等因素对减贫机制的影响,可以进一步考察不同贫困类型、不同政策阶段以及不同调查地区研究结果的差异。

第三章 退耕还林工程减贫机制的分析框架

本章旨在构建退耕还林工程减贫机制的分析框架。以生态补偿机制的核心逻辑为基础，在框架中融入生计系统和生态系统，以退耕还林工程为纽带建立两个系统之间的桥梁。在既有退耕还林工程等生态补偿政策与减贫的相关研究和分析框架的基础上，结合生态脆弱区的具体情境，提出了退耕还林工程减贫机制的分析框架，基于生计系统和生态系统，关注退耕还林工程对减贫的瞄准机制、作用机制和维持机制，为退耕还林工程减贫机制的理论研究和实证研究提供思路。

第一节 框架提出的必要性和可行性

一、框架提出的必要性

基于第二章对既有相关研究和分析框架的综述，提出退耕还林工程减贫机制进一步研究的空间，据此，从以下五个方面讨论建立退耕还林工程减贫机制分析框架的必要性。

第一，是由生态补偿机制的核心决定的。既然是研究退耕还林工程的减贫机制，则需明确该类政策的本质和特点，从生态补偿机制的核心出发，探究其与贫困的关系以及减贫的可能路径。与其他环境政策或经济社会发展政策不同，生态补偿政策的核心不是针对政策对象采取某项措施或单向的补偿或救济，而是在明确生态服务与产品的基础上建立一个连接供给者和购买者的交易环境。受益者或购买者较难确定或识别成本较高，目前，以政府主导的生态补偿政策是以政府作为购买者的代理人进行统一购买，但实质上生态补偿机制的核心是连接了生态服务的生产者和消费者两个群体，从而实现将环境的外部性内部化的过程。在退耕还林工程中，一方面，供给者通过改变土地利用方式提供生态服务，其生计方式受到了影响；另一方面，需求者因生态服务而改善了福祉。因此，退耕还林工程减贫机制的分析框架中应该体现这一核心的连接作用，以及生态服务产生过程对生态环境和人类福祉的双重作用。

第二，是退耕还林工程与减贫研究在内容上的整合和延伸。在政策的瞄准研究、作用研究和维持研究中，最受关注的是退耕还林工程的影响评估，即探讨参与者从项目中受益的机会和约束。同时，也有对退耕还林工程的瞄准或可持续评估的研究，但相对较为独立。退耕还林工程的减贫机制研究是一个自始至终的过程研究，是否瞄准贫困户，是否对参与的贫困户有益，以及这种收益机制能否持续，均是退耕还林工程建立长效减贫机制的必要环节，对减贫效益的发挥都尤为重要。其中，瞄准机制是前提，作用机制是核心，维持机制是保障，抛开任一环节讨论减贫机制或减贫的意义，效果都会大打折扣。这就是本书要将减贫机制的三个环节明确纳入一个框架之中进行分析的原因。

第三，是社会科学与自然科学融合研究的重要体现。在对退耕还林工程作用机制的研究中，微观层面多注重其对农户收入、劳动力等的直接影响，对生态服务受益者的影响及生态服务变化间接地对减贫或改善农户福祉的影响研究较少。而目前，随着社会—生态系统理论、韧性思维的发展，社会生态科学的前沿研究已经开始关注人类与其赖以生存的生态系统之间的复杂关系，重视量化生态服务与减贫、福祉改善之间的关系及作用，建立了远程耦合社会—生态系统分析框架等（Liu et al.，2013）。因此，将退耕还林工程所产生的生态服务对改善贫困或农户福祉的作用纳入分析框架尤为重要。

第四，是中国西部生态脆弱区贯彻新的发展理念的重要理论支撑。在以生态保护为出发点的退耕还林工程分析框架中，融入减贫机制研究是一个大胆的尝试，也是顺应"绿水青山就是金山银山"①"以生态促发展、生态扶贫、生态补偿脱贫一批"②等新发展理念的要求。

既有研究没有明确提出退耕还林工程的减贫分析框架，从根本上是把扶贫和生态保护看作相对独立的目标，担心顾此失彼，导致政策效率低下。西部生态脆弱区所面临的贫困与发展问题呈现出一定的特殊性，容易形成环境恶化与贫困加剧的恶性循环，需要综合考虑生态保护和减缓贫困。尤其是基于生态退化与贫困、生态保护与减贫、生态服务与人类福祉之间关系的研究，退耕还林工程减贫机制的探讨可以建立在收获生态效益和生态服务价值的基础之上，该框架是绿色发展、生态扶贫等新的发展理念的具体体现和理论支撑。

第五，是对退耕还林工程研究时点和研究尺度的延伸和扩展。政策影响评估很注重研究时点的选择，政策实施的不同阶段所关注的重点会发生改变。无论生态建设还是扶贫发展都是长期奋斗的目标，因此，在政策目标实现过程中，有必要对其各个阶段的关键问题及影响进行分析和把控。退耕还林工程是很好的生态补偿政策的研究对象，不仅在于其规模之大、影响范围之广、投入之巨，而且，其经历了相当长的政策实施、调整与发展过程，为政策的多时点动态研究提供了很好的样本。同时，生态补偿政策综合了生态目标与发展目标，连接了生态系统与生计系统，但在研究尺度上的融合一直以来都存在挑战。怎样将宏观的生态系统服务与微观农户的生计相结合，是目前研究的热点和难点。但不可否认的是，将退耕还林工程的分析框架纳入时间维度和空间尺度的考量，是非常必要的。

---

① 习近平总书记系列重要讲话读本：绿水青山就是金山银山——关于大力推进生态文明建设 [EB/OL], [2014-07-11], http://theory.people.com.cn/n/2014/0711/c40531-25267092.html.

② 中华人民共和国国家发展和改革委员会等. 生态扶贫工作方案 [Z]. 北京, 2018.

二、框架提出的可行性

根据上文的讨论，建立退耕还林工程减贫机制的重要突破，主要在于三个方面：（1）减贫机制运行的三个重要环节的整合；（2）以政策为联结的生态系统与生计系统的融合；（3）在时间尺度和宏观微观尺度上的综合考量。以下从理论、方法工具、数据、研究尺度等方面来讨论分析框架提出的可行性。

第一，生态保护与扶贫发展密切相关，退耕还林工程等生态补偿政策的实施具有双重目标。从本书第二章对环境与贫困关系研究的综述与讨论可以看出，在许多生态补偿政策的目标地区，贫困问题和生态环境退化问题往往交织在一起，环境保护政策与扶贫发展政策相互影响，很难有效地实现各自的目标。生态补偿政策因其自身特性，在修复生态系统、提供生态服务的同时，具有减缓贫困、改善人类福祉的潜力，因而多作为环境保护与扶贫发展双重目标而被设计与实施。因此，本书的分析框架融合了生态目标和减贫目标，重点分析退耕还林工程的减贫机制在其政策逻辑和需求上的可行性。

第二，瞄准机制、作用机制和维持机制共同体现了退耕还林工程发挥减贫效应的三个递进环节，也代表了退耕还林工程减贫机制研究的三个重要内容。其中，瞄准机制是减贫机制的前提和基础，作用机制是减贫机制的核心，维持机制是减贫机制长效可持续的保障。三个机制在框架中的整合是基于以往的研究基础，针对各个机制均有相应的理论研究和实证研究。新的框架使得退耕还林工程减贫机制的分析更具系统性和完整性，且具有一定的理论基础和实证基础。

第三，生态系统和生计系统之间相互作用的分析，属于自然科学研究和社会科学研究的融合，其在理论、方法（工具）、数据、研究尺度等方面均存在跨度，是跨学科研究面临的重要挑战。随着生态补偿政策研究的深入，其涉及的两大系统的融合研究已不可避免。一方面，生态服务与人类福祉研究为两者的联系和相互作用提供了分析框架和理论基础；另一方面，社会—生态系统研究和韧性思维为研究人类与其依赖的生态系统之间的复杂关系提供了新的思路。越来越多的跨学科研究为两个系统的融合提供了可行的路径和发展方向。

第四，退耕还林等生态补偿政策连接了生态系统和生计系统，为跨宏观尺度、微观尺度的研究提供了必要性和可行性，而生态系统和生计系统的融合对研究尺度的确定提出了更高要求。前面研究综述已经提出了二者在研究尺度上的挑战以及发展，为本书分析框架的建立提供了支撑。各时点动态研究的可行性，主要取决于退耕还林工程的实施情况和数据支持。其实施经历了初期瞄准、中期巩固、后期维持以及新一轮开启的过程，因此，全面探讨退耕还林工程的减贫效应及其在各个环节的减贫机制非常适合，也为本书分析框架的应用提供了可能性。

第二节　框架提出的理论基础和理论思路

一、理论基础

基于退耕还林工程对生态系统和生计系统的连接作用，从生态补偿相关理论出发，通过自然资源价值理论、生态资产理论、可持续生计理论、多维贫困理论、社会—生态系统理论、退耕还林工程与减贫研究、生态服务与福祉研究等方面，阐述本书研究框架提出的理论基础，如图3-1所示。

1. 退耕还林工程作为生态补偿政策有着丰富的理论基础

生态补偿的概念源于科斯（Coase）的经济学理论，是指以市场为基础，将环境外部性通过确定环境服务价格、建立市场过程内部化，同时，弥补提供环境服务和改善土地管理的机会成本的过程。生态补偿机制是改善经济效率的主要政策工具。①（1）生态补偿机制以环境服务为媒介，连接了生态环境系统与人的系统；（2）在生计系统内部，生态补偿机制搭建了环境服务供给者与需求者之间的桥梁。自然环境资源价值论、外部性理论、生态资产理论、公共物品理论、可持续发展理论等讨论了生态补偿的合理性，构成了生态补偿丰富的理论基础（孔凡斌，2010；俞海等，2008）。其中，公共物品理论解释了为什么要建立生态补偿机制；外部性理论提出了建立思路；自然环境资源价值论和生态资产理论则提出了计算依据和计算方法；可持续发展理论阐述了最终目标。② 同时，这些理论也为生态补偿政策减贫路径的探索、减贫效应的评估、减贫机制的可持续性研究等，提供了理论支撑。

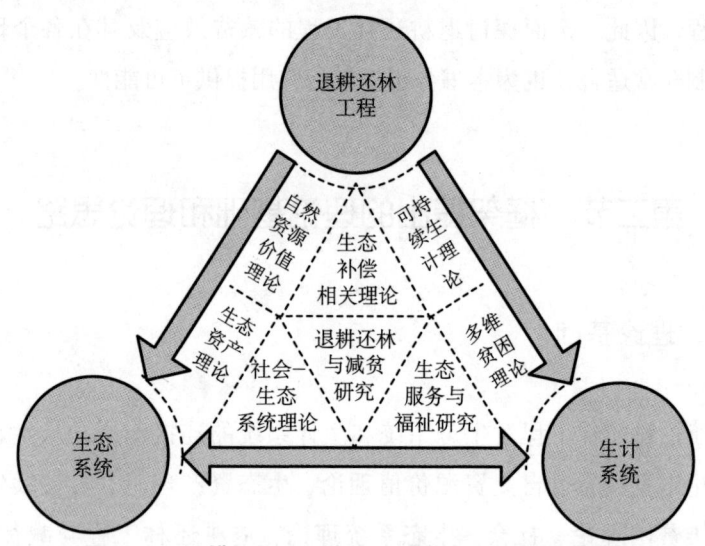

图3-1 退耕还林工程减贫机制分析框架的理论基础

资料来源：笔者绘制。

同时，政策工具虽然在产权明晰的情况下可以实现最优效率，却往

---

① Engel S., Pagiola S., Wunder S. Designing payments for environmental services in theory and practice: An overview of the issues [J]. Ecological Economics, 2008, 65 (4): 663 – 674.

② 李文国，魏玉芝. 生态补偿机制的经济学理论基础及中国的研究现状 [J]. 渤海大学学报（哲学社会科学版），2008 (3): 114 – 118.

往忽略了公平问题,需要进一步考虑收益和成本及收益分配的情况。政策研究如果仅强调效率而缺乏对分配、公正性等问题的考虑,会使得理论与实践产生偏差。公平问题是生态补偿政策设计和实施时需要考虑的关键方面,需同时兼顾生态保护目标与分配公平目标(Engel et al.,2008)。贫困群体往往在自然资源、政策资源、收益分配中不占优势,而生态补偿政策中效率与公平的研究为本书分析框架的构建奠定了基础。

2. 退耕还林工程对生态系统和生计系统的影响评估理论体系和方法

退耕还林工程对生态系统和人的系统起到了连接作用。其中,自然环境资源价值论和生态资产理论为退耕还林工程对生态系统的作用提供了计算依据和计算方法,主要以土地利用及覆盖变化为中介,评估其对生态系统的影响(张芳芳等,2015);而可持续生计理论及分析框架,则为政策或制度对生计系统的影响提供了基础。钱伯斯和康韦(Chambers and Conway,1991)将生计界定为建立在能力(capabilities)、资本(assets)和活动(activities)基础上的谋生方式。英国国际发展署(DFID,1999)开发的可持续生计框架为理解贫困和脆弱提供了概念模型,揭示了制度因素和政策因素影响下生计资本、生计策略及生计后果的变化,为评估生态保护、扶贫发展等政策的社会经济效果提供了重要支撑与指导。然而,考虑到人类福祉的多维性,可持续生计框架中对贫困的刻画相对薄弱。在社会经济发展过程中,贫困不仅是物质生活方面的问题,而且,是一个福祉被侵占、被剥夺的过程。贫困的多维视角源于森(Sen,1999)的可行性理论,是综合社会、政治、文化、制度的多维度概念,被界定为"被剥夺了基本的可行性能力而不是单纯的低收入水平",涉及基础教育、健康、就业和社会安全等平等的可获得性。[1] 戴利等(2013)认为,考虑人类福祉的多维性,可以丰富生态系统与人类生存条件之间的关系。因此,将多维贫困理论应用于退耕还林工程减贫机制的研究,有助于深刻认识生态补偿机制与减贫之间的关系,深入挖掘政策的

---

[1] Sen A. Development as Freedom [M]. Oxford:Oxford University Press,1999.

减贫潜力。

此外,可持续生计框架主要集中在生计系统内部的分析,与其他政策不同,退耕还林工程等生态补偿政策有其独特的地方,不仅直接对生计系统产生作用,更重要的是以改变农户生计活动来改善生态系统,进而对生计系统产生反馈作用。因此,退耕还林工程的减贫机制还需要考虑生态系统与生计系统之间的相互作用,如农户退耕产生的生态服务对其福祉的支持与改善。

3. 社会—生态系统理论、生态服务—人类福祉的研究为生计系统和生态系统之间相互作用的研究提供了有力支撑

作为生计系统和生态系统的连接,退耕还林工程对人与自然资源的关系进行调节,许多研究从人与自然的关系出发,利用社会—生态系统理论考察政策引起的资金流和生态服务流对人类福祉或减贫的作用。社会—生态系统的概念最早由霍林(Holling,1973)提出,反映了人与自然密切联系的复杂系统,旨在研究该系统在外界扰动情况下的适应性和恢复力,为政策对可持续发展的影响研究提供了新的视角。[①] 在社会—生态系统理论中,退耕还林工程作为外界政策,打破了社会—生态系统的均衡,但是,随着对新环境的适应,会达到一个新的均衡。这一适应、循环的过程中,系统依次经历了开发(exploitation)、保护(conservation)、释放(release)和重组(reorganization)四个阶段。以退耕还林工程来理解社会—生态系统的循环过程,其对生态系统和社会系统的影响主要集中在开发阶段,体现为社会—生态系统内各组成部分对政策资源的接收和利用;保护阶段是系统内各组成部分对政策冲击的吸收和适应;而生态系统与社会系统之间的相互作用主要体现在释放阶段和重组阶段,资源和资本等要素得以重组,人与自然之间的关系产生变动并趋于稳定后,进行新一轮的循环;然而,如果资源要素重组后系统趋于崩溃,人

[①] Holling C. S. Resilience and stability of ecosystems [J]. Annual Review of Ecological System, 1973, 4 (1): 23-45.

与自然之间的关系恶化，社会系统将陷入贫困状态。由此，社会系统与生态系统之间的相互关系，也是理解退耕还林工程对减缓贫困作用的关键。

同时，生态补偿政策的研究更强调社会—经济系统与生态系统的融合，提出了人地关系系统、人与自然耦合系统等概念与分析框架。如千年生态评估探究了生态系统服务与人类福祉之间的关系与相互作用、直接影响因素和间接影响因素，生态系统服务与贫困研究的概念框架、生态补偿政策远程耦合评估框架等，均为退耕还林工程减贫机制分析框架的构建提供了重要借鉴和参考。

4. 有关生态补偿政策的理论研究和实证研究

第二章对退耕还林工程等生态补偿政策减贫机制的研究进行了详尽综述，并构建了退耕还林工程减贫机制研究的框架图（见图2-6），反映了退耕还林工程各阶段减贫机制的重要性，为退耕还林工程减贫机制的综合研究以及各阶段子机制的深入剖析提供了丰富的理论支撑和实证基础。

二、框架提出的思路

基于第二章文献综述对生态补偿机制、可持续生计框架、生态服务与人类福祉等方面研究的总结和评述，以及对前文理论基础的梳理，可以得出退耕还林工程减贫机制分析框架提出的思路。

（1）分析框架应体现生态补偿机制的基本逻辑和连接作用。如图3-2所示，生态补偿机制的连接作用是分析退耕还林工程减贫机制的基础，不仅反映了生态服务供给者和需求者之间的互动或交易，还反映了生态系统与生计系统之间的相互作用，明晰了退耕还林工程对农户生计及减贫作用的基本路径。同时，退耕还林工程作为人与自然生态环境之间的互动桥梁，为实现生态功能与扶贫发展功能的结合提供了可能。

（2）分析框架应体现生计系统与生态系统之间的相互作用，反映生态系统在退耕还林工程减贫路径中的间接作用。基于可持续生计分析框架对退耕还林工程的影响分析主要以农户生计为核心展开，该分析框架基于生态系统服务与人类福祉之间的关系，反映了生计系统与生态系统的互动，如生态服务对农户生计、减贫的支持作用。

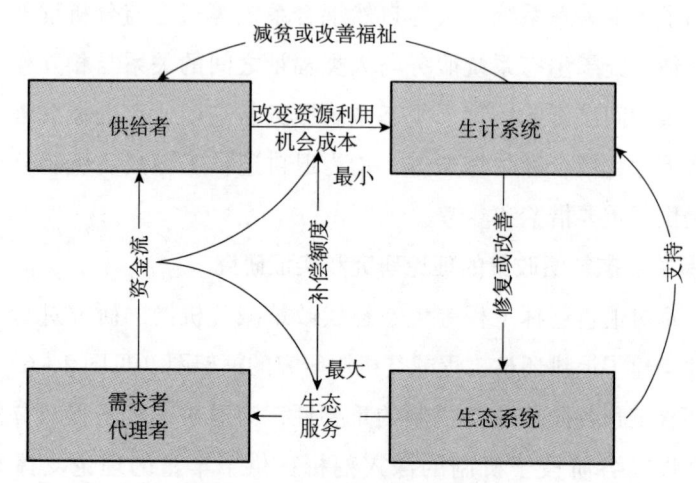

图 3-2　生态补偿机制的连接作用

资料来源：笔者绘制。

（3）分析框架应体现退耕还林工程减贫机制运行的全过程，包括对贫困群体的瞄准机制、作用机制以及维持机制。巴乔拉等（2005）对生态补偿政策减贫机制的研究涉及两个方面：瞄准机制，政策是否以及在多大程度上能够瞄准贫困户；作用机制，政策是否对参与者具有减贫效应。第二章从研究内容上总结和归纳了各政策阶段退耕还林工程与减贫的相关研究（见图2-6）。该分析框架扩展了既有研究的分析框架及研究内容，增加了维持机制研究，即退耕还林工程减贫效应的可持续性研究。

（4）分析框架应体现多维度、多尺度、多时点、多区域研究的综合性。一是多维贫困的考量。结合生态脆弱区的具体实际，基于多维贫困理论和生态补偿政策与人类福祉的研究，退耕还林工程减贫机制的分析框架还应考虑贫困的多个维度，如收入、教育、健康、权利、生活标准、食物、资产等方面。二是地块、个体和农户多维度的研究。三是不同政策时点的比较研究。政策调整和变动，使退耕还林工程减贫机制的研究应针对不同政策阶段的关键问题展开，如政策初期的瞄准机制研究、政策中期的作用机制研究以及政策末期的维持机制研究。同时，政策影响的时滞性以及政策落实的本土化，分析框架还应关注政策作用在时间上的动态变化，包括短期减贫效应和长期减贫效应、减贫机制的可持续性等。四是基于两个调查地区在地理条件、自然资源、社会经济和政策环境等方面的差异，通过对比分析考察区域因素对减贫机制可能产生的影响。

第三节 框架阐释、适用性与验证思路

一、框架的提出与解释

总的来说，减贫机制在不同的政策环节有具体的呈现形式，如图3-3所示。

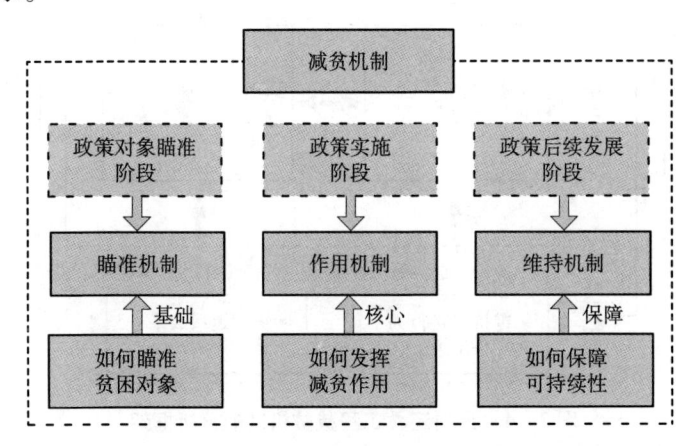

图 3-3 不同政策环节减贫机制的具体呈现形式

资料来源：笔者绘制。

首先，在政策对象瞄准阶段，减贫机制体现为瞄准机制，即退耕还林如何能够瞄准贫困对象，是减贫效应产生的基础，不仅涉及对自然资

源（如土地）的选择，还包括对资源占有者的筛选；其次，在政策实施阶段，减贫机制体现为作用机制，即退耕还林如何发挥减贫作用、改善农户福祉，是减贫效应产生的核心，不仅包括对收入和资本的直接作用路径，还包括对农户劳动力的再配置、土地生产效率、生态服务供给等间接作用路径；最后，在政策后续发展阶段，减贫机制体现为维持机制，即退耕还林实施和成效如何保障可持续性，是减贫效应得以长效的保障，从微观农户角度分析，就是农户生态保护行为的可持续性。因此，退耕还林工程减贫机制的分析框架总体上是由三个政策环节的减贫机制和两个系统的相互作用构成的，如图3-4所示。

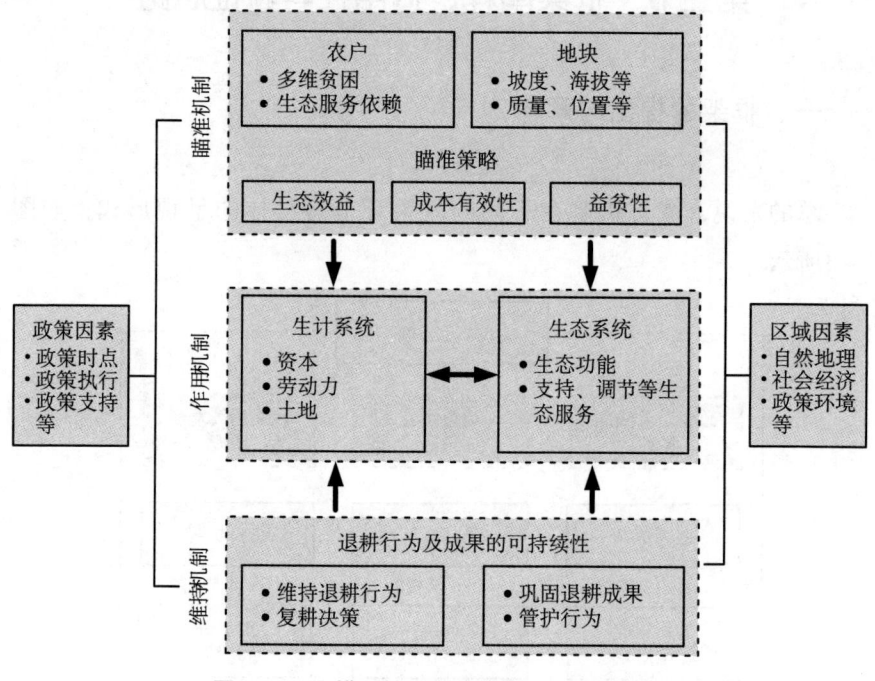

图3-4 退耕还林工程减贫机制的分析框架

资料来源：笔者绘制。

（一）瞄准机制

瞄准机制是退耕还林工程在目标对象瞄准阶段的减贫机制，主要考察政策瞄准是否具有益贫性、瞄准贫困户及其地块的内在机理和影响因素，即在相同的生态效益或生态服务产出情况下，政策能否优先瞄准贫困户的地块或资源。瞄准机制的益贫性所包含的具体研究问题有：退耕还林工程能否瞄准贫困户，能在多大程度上覆盖贫困户或者贫困户在多大程度上能参与退耕，退耕还林工程存在多大瞄准偏差及原因，促进或阻碍贫困户参与退耕还林工程的因素有哪些？分析贫困农户能否参与退耕还林工程从以下三个方面考虑：（1）是否有参与资质（eligibility），主要是由退耕还林工程具体的政策设计和农户承包经营的土地情况所决定的；（2）是否有参与意愿（desirability），主要取决于农户的主观态度和偏好，退耕还林工程强调参与自愿性，自愿性（voluntarism）是生态补偿概念的关键要素之一（Wunder，2008）；（3）是否有参与能力（capacity），主要取决于退耕还林工程要求的复杂性和农户完成工程规定活动的能力，参与退耕往往会受到产权、投入成本、技术、交易成本等方面的约束。在政策资源有限的情况下，参与退耕具有竞争性，因此，能力还包括农户争取有限参与机会和政策资源的能力，而这些限制农户参与能力的因素往往与贫困相关，如产权不明、治安不良、地块碎散、缺乏信用和可及性等。[①] 另外，此处仅考虑被退耕还林工程直接瞄准的情况，即被瞄准农户会参与退耕，不考虑工程的溢出效应对其他未参与群体的间接瞄准。从理论上讲，退耕瞄准的农户应既包含生态服务的提供者，又包含生态服务的受益者。由政府主导的退耕还林工程，受益群体不明确，因而，此处重点考虑退耕还林工程对生态服务提供者的瞄准。

（二）作用机制

作用机制是退耕还林工程在实施以及对政策对象产生影响阶段的减

[①] Pagiola S., Rios A. R., Arcenas A. Can the poor participate in payments for environmental services? Lessons from the Silvopastoral Project in Nicaragua [J]. Environment and Development Economics, 2008, 13 (3): 299 – 325.

贫机制，主要考察退耕还林工程对参与者减贫或福利改善的直接、间接作用路径及影响因素。从退耕还林工程直接给参与者带来的变化出发，其对减贫可能的影响途径有三个。（1）土地等资源利用方式的变化是退耕还林工程实现生态修复与重建的重要手段，因此，土地或其他资源要素的配置会因工程实施而变动。（2）退耕还林工程会给参与者一定的补贴或支持，引起参与者的资本变化。在许多案例中，因为补贴大多可以直接分配到贫困户手中，所以生态补偿收入对农户减贫的贡献最为突出。（3）因为土地或资源利用转变而导致参与者劳动力配置的变动，主要体现为部分农业劳动力得到解放，使得劳动力从资源依赖型的农业部门向非资源依赖型的非农部门转移。而影响退耕还林工程发挥减贫效益的障碍因素主要有贫困户的决策自主权缺失，如兰戴尔·米尔斯和波拉斯（Landell-Mills and Porras，2002）认为，在产权不安全的情况下，有权势的群体更有机会从生态补偿政策中受益。

减贫效应中对收入的影响，是几种途径综合作用的最终结果。几种途径对收入的影响在强度和时效上也有所差异。相对来说，补偿收入的作用时间比较短期，仅在短时间内具有稳定性，尤其是在补贴停止的项目后期，补偿收入的直接作用为零，主要依靠前期资金投入带来的间接收益；而劳动力转移、土地利用或农业生产方面对收入有比较长期的影响，如非农劳动收入增强了物质保障能力和抵抗风险能力，但同时也面临一些风险，如退耕还林工程对非农劳动转移的作用效果会随时间、非农工资变动、生计震荡等因素而减弱（刘越等，2016）。退耕还林工程对农业生产的影响主要体现在几个方面，如发展劳动集约型农业，生态改善、灾害减少与农业生产力提高，农产品市场价格变动。资本和劳动力对土地要素的减少有一定的替代关系，如化肥、农药等的使用提高了农业生产效率。

（三）维持机制

维持机制是退耕还林工程在后续发展阶段的减贫机制，主要考察政策效果如何可持续地发挥作用,对于建立长效减贫机制有关键作用。从微观农户角度来研究退耕还林工程实施和效果的可持续性,关键在于生态服务的提供方在补偿期内是否遵循项目规定进行林地管护和成果维护,以及在补偿终止后是否会终止退耕行为。预算约束等使政府提供的补贴通常有一定期限,而补贴终止并不意味着项目终止,但生态服务的提供方会在政策后期因补贴减少或终止而选择终止退耕行为。许多生态系统只有在管护下才能够维持可持续性,但是,生态保护行为往往忽略了管护的重要性(Liu et al.,2007)。因此,此处重点关注与退耕还林工程生态效益直接相关的供给方行为如何影响工程实施和效益的可持续性,依据政策实施阶段,可分为政策前期和政策中期农户对退耕林地的管护行为和政策后期农户退耕行为的可持续性,两者直接关系到林木成活率、生态效益的发挥及可持续性。

同时,分析框架也可以看作以退耕还林工程为联结,生计系统和生态系统相互作用的过程。

(四)生计系统

尼霍夫和普里斯(Niehof and Price,2001)基于系统的理论和方法来界定生计及生计系统的各要素,建立了农村生计系统的概念框架,包括生计系统的输入、产出、目的、活动、主体、质量、环境等。[①] 巴罗(Baro,2002)认为,生计系统是指,为了构建可持续生计,基于农户可获得的生产方法的本质、程度和质量,以及资源利用和管理的策略而形成的生产系统合集,包含了生产的方法、关系和过程,以及农户的管理策略。[②] 威尔西等(Wilsey et al.,2011)认为,生计系统是农户维持生计所从事各类活动的综合,生计策略是生计系统中特定的生计活动集合,

---

[①] Niehof A., Price L. L. Rural livelihood systems: A conceptual framework [R]. Wageningen: UPWARD, 2001.

[②] Baro M. Food Insecurity and Livelihood Systems in Northwest Haiti [J]. Journal of Political Ecology, 2002, 9 (1): 1-34.

具有多样性和动态性。① 生计系统以系统的视角、思维和方法来理解和分析生计系统内部的运行规律、各要素之间的关系以及生计系统与外部环境的联系与作用。一方面，可持续生计框架揭示了农户维持生计的资产、能力、策略和后果之间的关系和相互作用，为理解生计系统的内涵提供了基础。生计系统可以看作资产、脆弱性背景、制度过程和组织结构、生计策略和后果等一系列要素组成的系统，其中，资产是生计系统的核心；生计系统受到趋势、外部因素扰动、季节性变化等外部脆弱性背景的影响；生计策略是农户实现生计目标的活动和选择的集合；生计后果是各种生计策略的产出。② 另一方面，生计系统的概念更注重系统间的相互影响，无论是不同时空尺度的生计系统间的联系与扰动，还是生计系统与其他系统或外部环境之间的相互作用，都体现出相互影响。生计系统与生态系统之间的关系研究有助于理解和探索生计对生态环境的作用规律，③ 基于生计系统视角探究特定生态背景、经济背景、社会背景下农户资源利用方式与管理方式，自然灾害、市场风险、气候变化等外部因素对农户生计系统的影响，以及考察生计系统的脆弱性和对外界干扰的恢复力和适应力等。④⑤

在本书的分析框架内，退耕还林工程的实施使得参与农户的生计系统中土地、资本、劳动力等主要的生产要素均发生了改变，进而影响其

---

① Wilsey D. S., Hildebrand P. E. Chamaedorea Palm Frond Commercialization and Certification Considered from a Smallholder Livelihood System Perspective [J]. Small-scale Forestry, 2011, 10 (1): 67 – 81.

② Khayyati M., Aazami M. Drought impact assessment on rural livelihood systems in Iran [J]. Ecological Indicators, 2016, 69: 850 – 858.

③ 赵雪雁. 地理学视角可持续生计研究：现状、问题与领域 [J]. 地理研究, 2017, 36 (10): 1859 – 1872.

④ Fraser E. D. G, Dougill A. J., Hubacek K. et al. Assessing Vulnerability to Climate Change in Dryland Livelihood Systems: Conceptual Challenges and Interdisciplinary Solutions [J]. Ecology and Society, 2011, 16 (3): 3.

⑤ Onyekuru A. N., Marchant R. Climate change impact and adaptation pathways for forest dependent livelihood systems in Nigeria [J]. African Journal of Agricultural Research, 2014, 9 (24): 1819 – 1832.

要素配置、生计策略乃至最后的生计后果。同时，生计系统也反映了农户的经济状态，在可持续生计框架中以五大生计资产的方式呈现。本框架为研究退耕还林工程的减贫机制，引入了多维贫困的概念和指标，并将作为农户最主要自然资本的土地单独分离出来，既反映了农户参与退耕还林工程的关键资质因素，又反映了贫困与土地条件和参与资质之间的相关关系。

（五）生态系统

生态系统反映的是生态功能转化并产生生态服务的过程，依据千年生态价值评估的分类，生态系统服务可以分为四类：（1）支持服务，如养分循环、保持水土等；（2）供给服务，如粮食、水、林产品、薪柴等；（3）调节服务，如水质净化、气候、洪涝灾害和疾病控制等；（4）文化服务，如景观、旅游、娱乐休闲设施等（MA，2005）。其中，支持服务对其他三种服务均提供了支持作用，因此，在生态服务价值估算过程中，为避免重复计量只评估后三种生态服务。生态补偿政策的核心是生态服务的生产和供给，虽然不同生态补偿政策对各种生态服务的影响不同，但退耕还林工程无疑是对生态系统的一种扰动。

（六）生计系统与生态系统的连接与互动

退耕还林工程连接了生计系统和生态系统，对生态系统的影响也是通过生计系统的变动，如通过土地或资源利用方式的转变提供生态服务，支持生态系统修复和重建。生态系统同样也对生计系统有支持作用，表现为生态服务对福祉或贫困状况的改善、农户生计对生态服务的依赖。已有研究表明，农户应对生态系统变动的策略主要有两种，一是适应策略（adaptation）；二是减缓策略（mitigation）。在社会—生态系统中，生态退化与贫困之间存在恶性循环，而打破这一贫困陷阱的策略主要有三种：降低农户的脆弱性；避免洪水等自然灾害；两者联合（Lade et al.，2017）。两种策略的出发点不同，减少农户脆弱性的适应策略是从巩固生计系统的角度出发，增强农户抵抗风险和冲击或恢复的韧性；避免洪水等自然灾害的减缓策略是从增强生态系统稳定性角度出发，减少对生态系统的负向扰动，促进生态修复与重建。而退耕还林工程对两个系统同时产生影响，且对系统间的相互作用产生影响，在增强生态系统韧性和稳定性的同时提升农户生计系统的抵抗力。

（七）外部因素：政策差异与区域差异

既有政策评估的分析框架，较少考虑到生态脆弱区的特殊性。一方面，生态脆弱区的农户容易受到自然灾害、疾病、技术变革等外部冲击的影响，是各类生态保护政策与扶贫发展政策聚集的地区。贫困群体对政策的变动和发展更敏感，因此，分析框架展现了退耕还林工程的减贫机制在政策发展过程中的动态变化和在不同区域间的差异。本书涉及政策实施的三个重要阶段：（新一轮）退耕还林工程的瞄准阶段，（首轮）退耕还林工程中期的巩固阶段，以及（首轮）退耕还林工程的后期阶段（政策交替期）。另一方面，生态脆弱区生态环境较为复杂，生态脆弱和环境退化通常伴随区域性贫困现象，容易陷入环境与贫困的陷阱，传统的单一目标的扶贫政策在生态脆弱区难有成效。退耕还林工程等生态补偿政策，成为生态脆弱区消除区域性贫困的重要战略举措之一。然而，既有研究表明，基于不同县域的经济增长水平，退耕还林工程对经济增长的影响差异巨大（李国平等，2017）。本书在数据支持范围内进一步比较了两个调查地区间的差异，自然地理条件、自然生态资源、社会经济发展、政策环境等方面的地方性因素，会影响退耕还林工程的具体实施、农户对生态补偿政策的态度和主观意愿以及退耕还林对农户生计发展方式的作用，但没有涉及宏观尺度区域层面的分析。此外，既有研究充分展现了退耕还林工程对农户影响的多元化，本书重点考察了农户异质性带来的差异，即政策对不同收入水平、不同决策自主权以及不同生态服务依赖程度的农户减贫效应的差异。

综上所述，新的框架既能够清晰、全面地理解退耕还林工程发挥减贫机制的关键环节和可能路径，又能够展现在退耕还林工程影响下生计系统和生态系统及其相互作用在不同尺度上的动态变化，为自然科学与社会科学的融合研究提供分析思路和连接点。

二、框架的适用性分析

退耕还林工程能否实现生态保护和扶贫发展的双赢目标，从其实施起就成为许多研究关注的问题，如贫困户能否参与退耕，退耕还林工程对贫困户会产生怎样的影响，什么样的政策设计可以使贫困群体受益。人们对环境保护政策提出了更高要求，理论上的效率最优并非最佳选择，对公平和效率的权衡对于政策的实施以及政策目标的实现或许更有利。有关退耕还林工程的影响评估，一方面，不乏对政策生态效益、经济效益和社会效益的宏观评估，对土地利用变化和生态服务价值变化的量化；另一方面，多为与政策直接相关的生态服务提供者的土地利用变化、生态转型、收入等影响的研究。而作为退耕还林工程最重要的产出，生态效益或生态服务对微观个体行动的影响，集体行动的成本投入、放弃的收益与巨大的生态价值之间的关系等需纳入同一个分析框架中进行探究，而不是置于以生计系统或生态系统为中心的相对独立的框架中。从退耕还林工程的特性和研究内容角度来看，本框架对系统性地分析以退耕还林工程为首的土地转换型生态补偿政策有较强的适用性。

退耕还林工程实施地区通常为生态脆弱区和集中连片贫困区的重合区域，同时，面临生态保护和扶贫发展的双重挑战和需求。忽略任一目标的政策方案在实施过程中都会遇到阻碍，政策之间也有可能相互牵制，效益难以持续。且这些地区贫困农户的生计对自然资源和生态系统的依赖性很强，缺乏替代生计或收入来源的生态保护行为难以长久，农户参与和投入生态保护的积极性也会变弱。因此，基于该类政策的实施背景和实践经验，综合了生计系统和生态系统的减贫机制框架非常适用于对生态补偿政策的分析。

从国际上的可持续发展目标到中国的可持续发展战略，均体现了综合考虑生态资源保护与扶贫发展的重要性。该分析框架以退耕还林工程为连接，通过两大系统之间的互动，以及系统改善的稳定性等，体现了可持续发展的思想理念，顺应了时代发展的要求以及世界发展的方向。国际前沿领域的研究趋势表明，自然科学与社会科学融合研究、跨学科的合作研究等从理论、数据和方法上为综合框架的提出和改进打下了基础，拓宽了路径，同时，对全过程、动态、多尺度研究提出了更高要求。

此外，基于新的框架对退耕还林工程的减贫机制进行详尽、深入的分析，使其尽可能地发挥其减贫效应，但并非要以其作为单纯的减贫工具而忽略其核心的生态目标和生态服务质量。巴乔拉等（2005）强调生态补偿政策不能仅依据地区经济水平来瞄准，而要在瞄准重点生态功能区和脆弱区的前提下更精确地瞄准贫困群体，使其能够有机会分享生态补偿带来的资源和收益。这也体现了生态补偿政策瞄准机制中资质设计的重要性。同样，退耕还林工程也不能仅选择有能力参与或从事项目要求活动的群体，为了能充分发挥生态补偿的减贫作用，可以通过向弱势群体提供技术支持和援助的方式让他们参与到项目中来，并以生态补偿为契机，改善落后的生产方式和生产力，提升贫困农户的自我发展能力。这也是巩固退耕还林成果专项建设项目实施的意义所在，是分析框架中强调增强生计系统的风险抵抗力和稳定性的重要原因。

综上所述，本书提出了退耕还林工程减贫机制的分析框架，在保留生态补偿机制核心逻辑的基础上，对政策实施的三阶段、政策影响的两系统多时点、多尺度的研究进行整合，具有更强的灵活性和适用性。

三、验证思路

本章提出了退耕还林工程减贫机制的分析框架，在既有退耕还林工程与减贫研究的基础上，综合考虑了生态脆弱区的具体情境，系统性地分析退耕还林工程的减贫机制，后面章节的理论和实证研究将依据此分析框架进行具体的研究设计与验证，具体思路如下。

基于分析框架考察退耕还林工程的瞄准机制，从生态效益、成本有效性和益贫性三个方面考察退耕还林工程的瞄准成效和瞄准机制。首先，分别从地块和农户两个层面探究退耕还林工程对地块的瞄准现状，分析了农户贫困与退耕还林指标、退耕还林收益和退耕自主权分配之间的关系。在此基础上，探究了影响新一轮退耕还林工程瞄准的关键因素，重点考察政策对不同类型贫困农户的瞄准机制，从参与资质、参与意愿和参与能力三个方面探讨了多维贫困指标对农户参与退耕还林工程的影响和机理。

其次，基于分析框架考察退耕还林工程对减贫的作用机制。退耕还林工程的作用机制，主要体现在资金补偿、土地利用和劳动力转移等方面。[①] 其中，退耕补偿收入的作用通常是短期的，往往只能解决短期贫困问题，非农劳动收入和农林业生产效率提升等虽能较为持久地解决农户贫困问题，但由于制度、市场、自然等风险因素而不够稳定；而要解决长期贫困问题，需从农户的产权保障、农村公共服务改善和人力资本提升等方面来分析，如生态补偿对农户的产权明晰与保障也有作用；[②] 巩固退耕成果专项建设项目从各个方面提高了农村的公共品提供水平，如通过技术培训等投入增加农村劳动力的人力资本，通过建设和改善基本农田降低农村社会生产成本，通过能源建设降低农村生活成本等。

由此，本书主要从收入、非农劳动供给和农林业生产三个方面考察退耕还林工程对减贫的作用机制。（1）考察退耕还林工程对减缓收入贫困的作用，包括对绝对收入和相对收入的影响，关注退耕还林工程是否有助于缩小农户间的收入差距。当前的贫困特征表明，绝对贫困得到有效缓解，但相对贫困人口增多，贫富差距增大；相对贫困会造成贫困人

[①] 李国平，石涵予. 比较视角下退耕还林补偿的农村经济福利效应——基于陕西省79个退耕还林县的实证研究 [J]. 经济地理，2017，37（7）：146 – 155.

[②] Liu Z., Gong Y., Kontoleon A. How do Payments for Environmental Services Affect Land Tenure? Theory and Evidence From China [J]. Ecological Economics, 2018, 144: 195 – 213.

群的不平等感、社会不稳定等严重问题。（2）考察退耕还林工程对非农劳动力供给的作用，剖析影响非农劳动力转移的制约因素。（3）考察退耕还林工程对农林生产效率的作用，同时，考虑了土地利用变化对生态服务供给以及农户生计与生态服务之间关系的影响，进一步分析了农户的生态服务依赖对农林业生产效率的影响，为生态系统对生计系统的作用分析提供了实证基础。

最后，基于分析框架对退耕还林工程减贫效应的维持机制进行分析。从退耕户的意愿和行为角度，分析退耕还林工程的可持续性，对比不同退耕林地管护行为和复耕意愿农户之间的差异，进一步分析退耕农户的土地利用和对土地的依赖情况，以及不同土地依赖水平农户的退耕林地管护行为和复耕决策之间的差异。在此基础上，探究农户土地依赖对退耕林地的管护行为以及复耕决策的影响，同时，对比不同政策时点和调查地区退耕户意愿和行为的差异。

第四章 退耕还林工程对减贫的瞄准机制研究

本章分别从地块层面和农户层面分析退耕还林工程的瞄准情况,在描述性统计分析部分,对比分析退耕地块和未退耕地块在生物地理特征、成本有效性、益贫性等方面的差异,以及退耕户与未退耕户在经济财富、成本有效性等方面的差异,初步探究退耕目标瞄准与生态效益、成本有效性和益贫效应之间的关系。在实证分析中,分别建立退耕地块瞄准模型和农户参与退耕模型,分析影响地块瞄准和农户参与退耕还林工程的关键因素,重点探究退耕还林工程对不同类型贫困农户的瞄准机制。

第一节 研究设计

一、分析框架

图 4-1 为退耕还林工程瞄准机制研究的实证分析框架,本章的实证分析主要包括三方面内容。(1) 在地块层面分析退耕还林工程瞄准的生态效益和成本有效性,即工程是否瞄准了生态效益较大、退耕成本较低的地块;(2) 进一步分析不同决策自主权分配对退耕地块瞄准结果的影响;(3) 在农户层面主要研究退耕还林是否瞄准了贫困户,包括贫困户能否公平地、平等地参与退耕还林工程,如任务分配、收入分配和权利分配,以及收入贫困和多维贫困对农户参与退耕还林工程的影响。此外,在分析过程中,注重比较两个调查地区结果的异同。

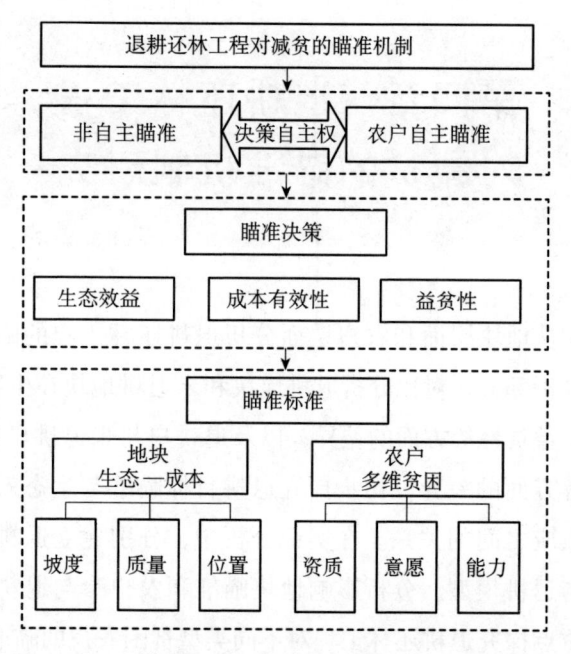

图 4-1　退耕还林工程瞄准机制研究的实证分析框架

资料来源：笔者绘制。

目前，已有许多关于第一轮退耕还林工程瞄准的研究，[①] 但随着政策的推进，政策设计和方案的改变会直接影响瞄准成效。因此，本章重点研究新一轮退耕还林工程的瞄准情况，并利用延安地区的调查数据对比分析了退耕还林工程与新一轮退耕还林之间瞄准情况的差别。关注退耕还林工程对贫困群体的瞄准机制，一方面，瞄准贫困户是减贫机制有效运行的前提，作为国家重大的惠农工程，退耕还林工程的瞄准效率如何，能否瞄准与工程目标一致的农户及其地块尤为关键；另一方面，基于社会排斥理论，贫困农户等弱势群体在社会经济发展过程中总是"逐渐地、不知不觉地被排斥在社会生活主流之外"，在获取有限的资源和政策红利等方面不占优势。因此，本书对贫困的界定不仅包含收入、资产等经济

---

① Liu C., Mullan K., Liu H., et al. The estimation of long term impacts of China's key priority forestry programs on rural household incomes [J]. Journal of Forest Economics, 2014, 20 (3): 267-285.

维度，还基于阿玛蒂亚·森（Amartya Sen）对农户福祉维度剥夺的多维概念增添了其他六个维度，考察不同类型贫困农户的地块是否更具参与资质、是否能被政策所瞄准；在政策瞄准过程中，贫困农户能否获得充分的决策自主权，对其瞄准的生态效益、成本有效性和减贫效应又会产生怎样的影响。

首先，分析退耕还林工程瞄准的一般过程；其次，研究退耕还林工程对贫困群体的瞄准机制，重点分析多维贫困与退耕还林工程瞄准之间的关系；最后，重点探讨农户自主决策权对退耕还林工程瞄准机制的影响。

（一）退耕还林工程的瞄准过程

有关农户参与退耕还林工程的相关研究，可以追溯到其实施早期。假设农户有参与退耕的自主权，则理性农户的退耕决策主要基于退耕后成本收益的最大化预期。在实施退耕还林工程之前，农户的劳动力配置和生产决策取决于农业生产成本和农业劳动力的市场价格，当农业生产的边际劳动力成本等于劳动力的市场价格时，实现劳动力的最优配置和最大化生产收益。在实施退耕还林工程之后，农户生产决策增加了一项选择，即能够产生生态服务的土地利用类型。当农户参与退耕还林工程的收益高于农业生产的最高收益，则农户会参与退耕还林工程。然而，退耕还林工程的瞄准并非完全取决于农户的自主决策，需要综合考虑政策设计和相关的决策自主权情况。既有研究将影响生态补偿项目瞄准的因素，归结为资质、意愿和能力三个方面。

（二）多维贫困与退耕还林工程的瞄准研究

中国农村地区面临贫困成因的多元化、复杂化等贫困状况与挑战，因此，探讨贫困的瞄准问题需要考虑多维贫困与政策瞄准的关系，从用户层面分析多维贫困对农户参与政策的影响机制。为反映农户的多维贫困情况，本书将不能达到某一维度最低界限的农户划为该维度的贫困户，包括收入、教育、健康、食物安全、资产、生活水平和权利七个维度。贫困维度的选择主要基于以下三方面的考虑：（1）千年发展目标、可持续发展目标和《中国农村扶贫开发纲要（2011~2020）》；（2）有关多维贫困的文献以及中国有关贫困的调研实践；①② （3）现有的数据支持。以下从参与资质、参与意愿和参与能力三个方面，探讨不同的贫困维度与生态补偿瞄准之间关系的假设。

1. 贫困与参与资质之间的关系

参与资质主要由生态补偿项目的瞄准标准和瞄准要求决定。生态补偿项目主要在地理上瞄准生态脆弱区或重要生态功能区，为参与项目的地块设定一定的标准，如坡度、土壤质量、地理位置、产权和土地利用类型。许多实证研究表明，主要是地块特征而非经济因素决定了农户是否参与生态补偿项目。③④ 贫困聚集区和生态脆弱区在地理上有着较高的重合度，因此，基于地块的瞄准策略通常对贫困群体是有益的。⑤ 如中国95%的绝对贫困人口生活在生态环境脆弱和敏感的生态保护区。⑥ 但是，生态补偿项目对土地产权的要求，可能会将缺乏产权保障的贫困群体排除在外。⑦

---

① 王小林，［英］Alkire S. 中国多维贫困测量：估计和政策含义［J］. 中国农村经济，2009（12）：4-10，23.

② Ma B., Ding H., Wen Y. Impacts of Biodiversity on Multi-dimensional Poverty［J］. Journal of Agrotechnical, 2017 (4): 116-128.

③ Feng L., Xu J. Farmers' Willingness to Participate in the Next-Stage Grain-for-Green Project in the Three Gorges Reservoir Area, China［J］. Environ Manage, 2015, 56 (2): 505-518.

④ Zanella M. A., Schleyer C., Speelman S. Why do farmers join Payments for Ecosystem Services (PES) schemes? An Assessment of PES water scheme participation in Brazil［J］. Ecological Economics, 2014, 105: 166-176.

⑤ Alix-Garcia J., De Janvry A., Sadoulet E. The role of deforestation risk and calibrated compensation in designing payments for environmental services［J］. Environment and Development Economics, 2008, 13 (3): 375-394.

⑥ 环境保护部. 全国生态脆弱区保护规划纲要［Z］. 北京，2008.

⑦ Bremer L. L., Farley K. A., Lopez-Carr D. What factors influence participation in payment for ecosystem services programs? An evaluation of Ecuador's SocioPáramo program［J］. Land Use Policy, 2014, 36: 122-133.

2. 贫困与参与意愿之间的关系

农户参与生态补偿项目的意愿，在很大程度上取决于他们能否从生态补偿项目中获得收益，即参与成本是否低于生态补偿收益。[①] 生态补偿提供的稳定补贴可以缓解参与农户短期流动性约束，因而对经济贫困的群体更具吸引力。[②] 许多生态补偿项目的补贴标准较为统一、固定，因此，农户的参与意愿主要取决于参与成本，包括机会成本、交易成本等。贫困农户的地块往往质量较差、生产力水平较低，他们从事生态保护如休耕或退耕的机会成本相对较低，因而参与意愿更为强烈。农户的风险偏好同样会影响其意愿和行为。在生态补偿项目中，土地利用变化或采纳新技术带来的风险，可能会影响农户的参与意愿。生态补偿项目的优势之一是能够提供较为稳定的收入流，缺乏资产和生活水平较低的贫困农户的风险应对能力更为脆弱，为避免风险而更偏好低水平但更为稳定的生计方式，更有可能愿意参与补偿项目。[③] 受过良好教育的农户，对于从事生态保护活动有着更高的觉悟和意识。[④]

3. 贫困与参与能力之间的关系

许多研究重点关注有参与资质和参与意愿的贫困农户最终能否参与生态补偿项目。多维贫困可以较为全面地反映贫困农户参与生态补偿项目的潜力和约束，贫困对农户的约束归纳为三个方面。（1）投入约束，即贫困农户没有能力从事生态补偿项目所要求的土地利用活动或土地保护活动。遭遇经济贫困、健康贫困的农户在林地保护、可持续管护、替代生计等方面的经济投入和劳动力投入会面临困难（Pagiola et al., 2008；

[①] Guo H., Li B., Hou Y. et al. Rural households´ willingness to participate in the Grain for Green program again: A case study of Zhungeer, China [J]. Forest Policy and Economics, 2014, 44: 42 – 49.

[②] Zbinden S., Lee D. R. Paying for Environmental Services: An Analysis of Participation in Costa Rica's PSA Program [J]. World Development, 2005, 33 (2): 255 – 272.

[③] Xu J., Tao R., Xu Z. et al. China's Sloping Land Conversion Program: Does Expansion Equal Success? [J]. Land Economics, 2010, 86 (2): 219 – 244.

[④] Zanella M. A., Schleyer C., Speelman S. Why do farmers join Payments for Ecosystem Services (PES) schemes? An Assessment of PES water scheme participation in Brazil [J]. Ecological Economics, 2014, 105: 166 – 176.

Zbinden et al.，2005）。（2）教育约束和技术约束，尤其是在政策要求的措施较为复杂的情况下，贫困会成为较大阻碍。如森林的可持续管理或知识密集型的保护项目，缺乏技术援助的农户较难从事资源管护，这会降低政策成效。（3）有限资源、机会下的竞争力不均衡。收益、成本和权利的分配会向竞争力强的一方倾斜，如决策自主权在农户与政府之间的分配、在农户之间的分配。收入较高、物质资产较丰富的农户拥有较高的内在能力和社会关系，他们在获取有限的项目参与机会过程中更具竞争力（Pagiola et al.，2008）。

（三）瞄准机制中农户决策自主权的影响

瞄准策略的结果，实质上是瞄准主体在生态目标、成本目标和公平目标之间的权衡，不同瞄准主体在对政策的理解、瞄准的出发点和特定目标的偏好等方面的差异，会影响最终的瞄准标准和瞄准效果。以下结合不同的农户决策自主权情境下退耕瞄准的动机和偏好，分析新一轮退耕还林的瞄准效果。

假设农户有决策自主权，退耕地块由农户自主瞄准，则其瞄准过程主要基于农户对退耕地块的收益分析与成本分析。在理性农户的假设下，农户对地块的瞄准，会以实现瞄准退耕的最大经济收益、满足自给需求、重视经济要素等为目标（Kelly et al.，2013）。首先，是退耕地块的直接净收益，包括退耕地块获得的补偿收入、退耕的实施成本、机会成本等。与环境等其他因素相比，退耕补偿收入对农户参与或退出退耕还林工程的决策更为重要（He et al.，2015）。新一轮退耕补偿标准和补偿期限降低，或对农户的参与意愿和地块瞄准产生影响，如选择退耕成本更低的地块，退耕地块的机会成本主要取决于地块质量和生产力。[①] 其次，是地

[①] Cao S., Xu C., Chen L. et al. Attitudes of farmers in China's northern Shaanxi Province towards the land-use changes required under the Grain for Green Project, and implications for the project's success [J]. Land Use Policy, 2009, 26 (4): 1182 – 1194.

块退耕的间接收益，如地块退耕后劳动投入转移到其他生产活动所获得的收益，退耕带来的生态效益、灾害减少对土地生产力的提升等。一般而言，地块位置越偏远，退耕地块能够节约的劳动力、交通成本等就越多；地块坡度越陡，海拔越高，侵蚀风险就越大，退耕后能带来的生态效益就越大。

假设农户无决策自主权，退耕地块由村委会或地方政府划定，则非农户自主瞄准退耕地块的过程，主要基于地方政府对政策实施绩效与实施成本的考量。首先，退耕还林工程是中国重要的生态建设项目而非盈利项目，环境效益是地方政府绩效考核的重要内容。因此，地方政府的瞄准注重地块退耕后的生态效益，在政策实践中也多以地块坡度和地块位置为依据来划定退耕地块；以往实证结果也表明，坡度、距离等地块特征对退耕瞄准起到决定性作用（Zanella et al.，2014；Feng et al.，2015）。其次，退耕还林工程实施过程中，政策宣传、作业设计、技术指导、检查验收等实施经费均由地方政府承担。考虑到有限的经费预算，地方政府倾向于划定特定地块实施退耕，如地块分布较为连片集中、靠近主要公路等（Kelly et al.，2013），而复杂的瞄准方案虽然可能有助于扶贫发展，但会增加项目的实施成本（Démurger et al.，2015；Xu et al.，2010）。最后，中国坡度为25°以上坡耕地集中区域多为连片特困区，实施退耕还林工程的同时面临强烈的扶贫发展需求。考虑到增收目标和扶贫绩效，贫困地区的政府期望以新一轮退耕还林为契机，解放农村劳动力，增加退耕户外出务工收入，[①] 因此，在退耕瞄准过程中会综合考虑农户的发展能力和经济情况。

综上所述，农户自主瞄准和非农户自主瞄准的差异可能体现为，农户自主瞄准的过程更注重成本因素的考量，如倾向于瞄准土壤质量差、机会成本低于补偿收入的地块或倾向于瞄准坡度高、较偏远、灾害风险

---

① 万海远，李超. 农户退耕还林政策的参与决策研究 [J]. 统计研究，2013，30（10）：83-91.

较高的地块;非农户自主瞄准的退耕地块更注重退耕还林工程的实施绩效,如倾向于瞄准能够带来较高生态效益或实施成本较低的地块,或倾向于瞄准能够带来增收效益的地块或农户。

二、计量方法与实证模型

本章先利用描述性统计分析退耕地块与未退耕地块,退耕户与未退耕户在生态效益、成本有效性、益贫性等方面的差异,对比不同决策自主权情境下退耕瞄准的差异。在此基础上,分别建立 Heckman-Probit 两阶段模型和 Logit 回归模型,探究退耕还林工程在地块层面和农户层面的瞄准机制。

第一,利用 Heckman-Probit 两阶段模型来研究退耕地块瞄准模型。以地块是否参与新一轮退耕为二分因变量,采用 Probit 模型分析生态效益、成本、家庭经济财富状况对退耕地块瞄准的作用。因为在退耕还林工程的实际瞄准过程中,部分地块是由农户自主瞄准退耕的,而农户是否有决策自主权具有内生性,会产生样本选择偏误,采用 Heckman-Probit 两阶段模型来考察影响农户(非)自主瞄准退耕的关键因素,步骤如下。

第一阶段为选择模型,即农户决策自主权模型:

$$P(y=1|x) = G(\alpha_0 + \alpha_1 x_1 + \alpha_2 x_2 + \cdots + \alpha_k x_k + \varepsilon) \quad (4-1)$$

在式(4-1)中,因变量 y 为地块退耕能否由农户自主决定,当 y = 1 时,表明该地块退耕由农户自主决定,否则,y = 0;G(*)是累计分布函数;x_1,x_2,$\cdots$,x_k 等是影响农户决策自主权的变量;α 为自变量相应的系数;ε 是随机误差项。农户的决策自主权往往取决于本村政策执行情况和环境,因此,该模型引入了退耕指标分配的公平性、农户参与退耕的自愿性、公共事务的民众参与性等相关变量,见表 4-1。

第二阶段为瞄准模型,分别建立农户自主瞄准模型和非农户自主瞄准模型:

$$z^* = \beta X + \varepsilon \quad (4-2)$$

在式（4-2）中，因变量z*为潜变量，表示地块参与新一轮退耕还林的可能性；β为待估参数；X是影响地块退耕的因素；ε是不可观察因素。地块 i 被退耕的概率函数为：

$$P(z_i^P = 1) = \Lambda(\beta X_i + \varepsilon_i) \quad (4-3)$$

$$z = \begin{cases} 0 & z^* \leq 0 \\ 1 & z^* > 0 \end{cases} \quad (4-4)$$

在式（4-3）中，$P(z_i^P = 1)$为地块 i 被新一轮退耕还林工程瞄准的概率；$\Lambda(\cdot)$表示 Logistic 累计分布函数；在式（4-4）中，z=1时，表示地块参与新一轮退耕还林，否则，z=0。首先，用全样本估计模型；其次，将样本分为由农户自主瞄准地块和由非农户自主瞄准地块两个子样本，引入逆米尔斯比修正样本偏差，分别估计两种情境下退耕地块瞄准模型。

第二，以农户是否参与退耕为因变量，利用 Logit 回归模型来研究贫困对农户参与退耕还林工程的影响。参与退耕还林工程的概率函数为，

$$P(z_j^H = 1) = \Lambda(\gamma V_j + \varepsilon_j) = \frac{e^{\gamma V_j + \varepsilon_j}}{1 + e^{\gamma V_j + \varepsilon_j}} \quad (4-5)$$

在式（4-5）中，$z_j^H = 1$，表示农户 j 参与新一轮退耕还林工程，$z_j^H = 0$，表示农户 j 未参与新一轮退耕还林工程。在农户层面，影响农户参与新一轮退耕还林工程的因素，主要包括新一轮退耕还林工程实施前农户拥有地块的特征和农户的特征（V_j），重点关注不同类型贫困和多维贫困程度对农户参与退耕还林工程的影响；γ向量是待估计参数，ε_j是不可观察因素；模型采用最大似然法进行估计，具体的变量选择见表4-1。

三、变量设计与变量描述

本章研究涉及地块层面和农户层面的关键变量，地块层面包含与退耕瞄准的生态效益、成本有效性等相关的变量，农户层面包含与决策自主权、益贫性等相关的变量；控制变量从家庭人口与土地特征、政策支

持、政策执行、区域特征四个方面来设计（见表4-1）。

表4-1　　　　　　　变量设计和变量描述性统计

变量	变量定义与变量描述	安康地区均值（标准差）	延安地区均值（标准差）
1. 地块退耕特征			
地块是否纳入新一轮退耕还林	1=是；0=否	0.02（0.15）	0.16（0.36）
地块是否纳入退耕还林	1=是；0=否	0.44（0.50）	0.62（0.49）
地块是否由农户自主瞄准	1=是；0=否	0.55（0.50）	0.49（0.50）
2. 地块坡度			
无坡度	1=无坡度	0.13（0.34）	0.64（0.48）
≤15°	1=坡度≤15°	0.09（0.29）	0.05（0.22）
15°~25°	1=坡度15°~25°	0.15（0.36）	0.07（0.25）
26°~35°	1=坡度26°~35°	0.20（0.40）	0.07（0.26）
≥35°	1=坡度≥35°	0.42（0.49）	0.17（0.37）
3. 地块海拔			
低	1=平原	0.30（0.46）	0.23（0.42）
较低	1=山脚	0.52（0.50）	0.04（0.2）
较高	1=山腰	0.09（0.29）	0.23（0.42）
高	1=山顶	0.09（0.29）	0.23（0.42）
4. 地块质量			
好	1=质量中等或较好	0.41（0.49）	0.76（0.43）
差	1=质量差	0.59（0.49）	0.24（0.43）
5. 地块位置			
地块到住宅的距离（千米）		4.18（8.13）	6.27（15.47）
地块到公路的距离（千米）		3.54（7.94）	2.84（9.53）
6. 农户退耕特征			
是否参与新一轮退耕	1=是；0=否	0.16（0.37）	0.47（0.5）
农户是否参与退耕	1=是；0=否	0.70（0.46）	0.99（0.08）
农户决策自主权	1=有瞄准退耕的自主权；0=无	0.56（0.50）	0.49（0.5）
新一轮退耕参与意愿	1=非常不愿意，……，5=非常愿意	4.00（1.10）	3.75（1.10）

续表

变量	变量定义与变量描述	安康地区均值（标准差）	延安地区均值（标准差）
7. 家庭经济财富状况			
收入贫困	人均纯收入≤2600元为1，否则，为0	0.40（0.49）	0.18（0.39）
人均住房面积（平方米）	总住房面积/家庭总人口	40.69（29.91）	31.98（33.84）
人均土地面积（亩）	总土地面积/家庭总人口	5.19（20.52）	13.98（11.35）
人均资产拥有量（个）	资产拥有量/家庭总人口	1.00（0.54）	1.30（0.93）
8. 家庭人口与土地特征			
家庭土地坡度（亩）	高于25°以上的土地面积	12.25（39.79）	20.12（18.86）
生态林比例	种植生态林的地块比例	0.29（1.76）	0.65（0.51）
家庭土地质量（亩）	土壤质量差的土地面积	10.87（37.95）	11.94（18.43）
农户风险偏好	风险偏好得分（3～15）①	8.71（3.23）	9.59（3.52）
家庭老人占比	老人占家庭人口的比例（≥65）	0.10（0.19）	0.11（0.26）
家庭汇款（万元）	家庭打工汇款的总额	1.24（1.72）	1.27（2.02）
9. 政策支持情况			
家庭培训情况（个）	家庭成员接受培训的人数	0.46（0.89）	0.31（0.68）
信贷市场情况	获得贷款的可能性：1 不可能，……5 非常可能	2.57（1.35）	2.08（1.18）
产权安全情况	退耕林地是否颁发产权证	0.83（0.37）	0.57（0.5）
退耕补偿的支持度	（补偿意愿－退耕补偿）/补偿意愿	0.60（0.92）	4.3（9.78）

---

① 农户的风险偏好由三个五级变量（1 完全不同意～5 完全同意）来测度：是否愿意承担风险在村里第一个尝试种植新品种；是否愿意借钱来投资一项收益很高但可能亏本的项目；是否觉得自己所处的环境比较贫困，在生产方面必须冒险才能富裕起来。

续表

变量	变量定义与变量描述	安康地区均值（标准差）	延安地区均值（标准差）
10. 政策执行情况			
退耕指标分配的公平性	本村退耕指标是否分配不均：1＝是；0＝否	0.48 (0.50)	0.28 (0.45)
农户参与退耕的自愿性	本村是否有强制退耕的情况：1＝是；0＝否	0.17 (0.38)	0.21 (0.41)
公共事务的民众参与性	本村集体事务参与程度：1＝很多，5＝很少	3.72 (1.45)	3.83 (1.48)
政策执行的透明性	0＝不公示；1＝小部分公示，……，3＝全公示	1.19 (1.32)	1.38 (1.3)
政策执行的规范性	退耕过程中不规范行为的数量	2.26 (1.91)	1.23 (1.45)
11. 区域特征			
汉滨区	1＝是；0＝否	0.21 (0.41)	—
宁陕县	1＝是；0＝否	0.17 (0.38)	—
紫阳县	1＝是；0＝否	0.62 (0.49)	—
乡镇变量	乡镇到县行政中心距离：1＝较近，……，3＝较远	2.09 (0.79)	1.57 (0.81)

资料来源：笔者根据本课题组的调研数据计算整理而得。

（1）生态补偿项目的生态效益是指，生态服务供给的净增量，主要取决于地块的生物地理特征和人类活动，可用坡度、规模、海拔、到自然保护区的距离等代理变量来反映；在许多政策实践中，坡度等地块特征常被作为预测土壤侵蚀的指标和对象瞄准的依据。[①] 因此，本章以地块坡度和海拔来反映土壤侵蚀风险和参与退耕的资质。地块坡度和海拔越高，土壤侵蚀程度越严重，[②] 该地块被退耕还林工程瞄准的可能性越大。

[①] Wang X., Lu C., Fang J. et al. Implications for development of grain-for-green policy based on cropland suitability evaluation in desertification-affected north China [J]. Land Use Policy, 2007, 24 (2): 417-424.

[②] 邢恩德, 郭建英, 李锦荣等. 退耕还林工程建设对黄土丘陵区县域土壤水力侵蚀的影响——以吴起县为例 [J]. 内蒙古农业大学学报, 2013, 34 (6): 67-74.

（2）生态补偿项目的成本有效性是指，以最低成本获得期望的生态效益，通常用收益—成本法或收益成本比来反映。地块退耕的机会成本可由地块退耕前生产净收益直接测度，① 也可由土壤质量、地块到住宅的距离等地块特征来反映（Démurger et al., 2015）。本章采用退耕前地块净收益和地块质量共同衡量地块退耕的机会成本，并以地块到家的距离和到公路的距离来反映退耕的实施成本。地块退耕的成本越高，被瞄准的概率越小。

（3）生态补偿项目的益贫性一般是指，项目瞄准机制和作用机制对贫困群体或扶贫目标有益（Pascual et al., 2010）。退耕瞄准的益贫性是指，在政策瞄准阶段，贫困群体及其地块具有优先入选的权利。本章从地块层面和农户层面分别分析退耕瞄准的益贫效应和贫困对农户参与退耕还林工程的影响，变量如表4-1和表4-2所示。

表4-2　　　　　　　　　多维贫困测度指标

维度		描述	安康地区均值（标准差）	延安地区均值（标准差）
I	收入贫困	人均纯收入低于国家贫困线时，I=1；否则，I=0	0.39（0.49）	0.23（0.42）
E	教育贫困	E1=1或E2=1时，E=1；否则，E=0	0.12（0.32）	0.27（0.44）
	E1 教育程度	一半以上家庭成员未接受过教育，E1=1；否则，E1=0	0.11（0.31）	0.08（0.27）
	E2 入学情况	至少有一个学龄儿童（5~16岁）没有入学，E2=1；否则，E2=0	0.02（0.14）	0.23（0.42）
H	健康贫困	H1=1或H2=1或H3=1，H=1；否则，H=0	0.53（0.50）	0.51（0.50）
	H1 身体健康	家中至少有一个成员健康状况较差时，H1=1	0.47（0.50）	0.33（0.47）
	H2 残疾情况	家中至少有一个残疾而接收补贴的成员时，H2=1	0.06（0.24）	0.05（0.22）
	H3 医疗消费	家庭医疗消费占总消费支出最高时，H3=1	0.14（0.34）	0.25（0.44）

---

① Komarek A. M., Shi X., Heerink N. Household-level effects of China's Sloping Land Conversion Program under price and policy shifts [J]. Land Use Policy, 2014, 40: 36-44.

续表

维度		描述	安康地区均值（标准差）	延安地区均值（标准差）
L	居住贫困	L1 = 1 或 L2 = 1 或 L3 = 1 时，L = 1；否则，L = 0	0.43（0.49）	0.62（0.49）
	L1 住房产权	农户没有居住房屋的产权时，L1 = 1	0.09（0.28）	0.17（0.38）
	L2 住房结构	农户住房是土木结构时，L2 = 1	0.11（0.31）	0.08（0.27）
	L3 住房面积	人均住房面积小于最低保障房面积（25m²）时，L3 = 1	0.31（0.46）	0.55（0.50）
F	食物贫困	F1 = 1 且 F2 = 1 时，F = 1；否则，F = 0	0.14（0.35）	0.37（0.48）
	F1 耕地面积	人均耕地面积小于基本保障面积（1亩）时，F1 = 1	0.76（0.43）	0.25（0.43）
	F2 食物消费	家庭人均食物消费小于维持人体营养均衡所需的最低食物消费（折合值880元）时，F2 = 1	0.18（0.38）	0.17（0.38）
R	权利贫困	R1 = 1 或 R2 = 1 或 R3 = 1 时，R = 1；否则，R = 0	0.72（0.45）	0.78（0.41）
	R1 公共事务	农户很少参与村级公共事务或集体事务时，R1 = 1	0.46（0.50）	0.64（0.48）
	R2 决策自主权	农户没有参与退耕还林的决策自主权时，R2 = 1	0.32（0.47）	0.26（0.44）
	R3 资源分配	农户认为退耕分配（非常）不公平时，R3 = 1	0.29（0.46）	0.19（0.39）
A	资产贫困	A1 = 1 时，A = 1；否则，A = 0	0.12（0.32）	0.21（0.41）
	A1 物质资产	农户有两个或两个以下耐用品或资产时，A1 = 1	0.12（0.32）	0.21（0.41）
DMP 多维贫困程度		DMP = I + E + H + L + F + R + A	3.12（1.29）	2.92（1.38）

资料来源：笔者根据本课题组的调研数据计算整理而得。

在地块层面的分析中加入了反映农户退耕前经济财富水平的农户变量，农户对退耕前经济收入的估计易产生偏差，因此，采用较稳定的资产指标（Gauvin et al.，2010；Kelly et al.，2013），如人均住房面积、人均土地面积和人均资产拥有量等，如表 4 - 1 所示，人均资产拥有量是指家庭拥有生产性资产或生活耐用资产的数量。

在农户层面分析中，从收入、教育、健康、居住、食物、权利、资产等七个方面反映农户的多维贫困状况，具体指标如表4-2所示。在计量模型中，为了避免贫困线设计对模型估计结果造成的偏差，我们尽量使用连续变量研究某一贫困维度与瞄准的关系，而非是否贫困的二分变量。如用健康成员占比等指标反映健康贫困的程度，用粮食实物储备等指标反映食物贫困的情况，用人均居住面积等指标反映"居住"贫困的情况等。基于既有研究的实证基础和上文分析得出，除了权利贫困，大多数贫困维度对农户参与生态补偿项目的资质有积极的影响，主要源于地块条件与贫困农户生存环境的耦合。多维贫困对农户参与生态补偿项目的能力有负面影响，并且，不同贫困类型的影响机制有所差异，即不同贫困维度对农户参与生态补偿项目形成了不同约束。

（4）为反映与退耕还林工程相关的权利分配情况，问卷设计了五个问题来综合测度农户在参与退耕还林工程过程中的决策自主权情况，即是否自主决定参与退耕还林工程、是否参与退耕还林工程设计并提出建议与参与讨论、是否自主选择退耕规模、是否自主选择退耕地块、是否自主决定退耕地上的树种等五个二分变量，并由五个二分变量之和得出每个农户的决策自主权得分。在退耕地块的瞄准模型中，主要以农户是否有选择退耕地块的自主权来考察农户决策自主权的作用（见表4-1）。由上文分析得出，有决策自主权的瞄准过程倾向于土壤质量差、机会成本低于补偿收入、坡度较大、位置较偏远、灾害风险较高的地块；而无决策自主权的瞄准过程，倾向于瞄准能够带来较高生态效益、实施成本较低或能够带来增收效益的地块或农户。

第二节 描述性统计分析

一、退耕还林工程对地块的瞄准情况

（一）地块瞄准的生态效益

退耕地块和未退耕地块在海拔和坡度两个维度（见表4-3）可以看

出,安康地区和延安地区退耕地块位于山顶和山腰等高海拔地区的分别占89%和93%,均显著高于未退耕地块;退耕地坡度高于25°的比例分别为71%和80%,也均显著高于未退耕地块。而在未退耕地块中,平地和位于较低海拔地区的地块比例均显著高于退耕地块。这一结果表明,退耕地块的瞄准整体上符合政策设计,主要退耕的是水土流失风险较大的陡坡高地,还林后将会带来较大的环境效益,且陕南、陕北区域间差异不大。

然而,退耕过程中也存在一些瞄准偏差,如安康地区有15%的退耕地块坡度小于15°;而在未退耕地块中,仍有相当高比例的地块海拔较高。如安康地区有25%的未退耕地块位于山顶,54%的未退耕地块坡度大于25°,仍面临较严峻的土壤侵蚀风险,该地区退耕还林仍存在较大的实施空间,退耕还林工程对地块瞄准的精准性也有待提高。相对来说,延安地区退耕地块和未退耕地块分布差异更为显著,工程瞄准高海拔地块、高坡度地块的特征更为明显,瞄准偏差相对较小。

瞄准决策主体不同,瞄准效果会产生差异,为此进一步比较了农户自主瞄准退耕地块和非自主瞄准退耕地块在位置和坡度两个维度上的分布差异,表明无论退耕地块是否由农户自主瞄准,坡度和海拔位置均是重要的决定因素,且相对于农户自主瞄准,非农户自主瞄准更倾向于瞄准生态效益更突出的地块,有着更显著的环境偏好,与理论假设一致。考虑到实施成本因素,由地方政府连片划定退耕的地块呈现出的特征可能更为一致,而由农户自主退耕的地块可能较分散,且地块条件也会存在差异。

表4-3　　　　　退耕地块和未退耕地块的生态效益指标比较

地块特征	安康地区			延安地区		
	未退耕地块	退耕地块	t值	未退耕地块	退耕地块	t值
1. 地块位置						
山顶	0.25	0.36	-5.34***	0.18	0.53	-14.27***
山腰	0.50	0.53	-1.05	0.20	0.40	-8.06***
山脚	0.10	0.08	1.31*	0.03	0.05	-1.56*
平原	0.14	0.03	8.98***	0.57	0.02	32.26***

续表

地块特征	安康地区			延安地区		
	未退耕地块	退耕地块	t 值	未退耕地块	退耕地块	t 值
2. 地块坡度						
无坡度	0.20	0.06	9.13***	0.75	0.03	44.95***
≤15°	0.10	0.09	0.99	0.05	0.04	0.99
15°~25°	0.16	0.14	1.39*	0.06	0.12	-3.77***
26°~35°	0.17	0.23	-3.18***	0.05	0.18	-7.20***
>35°	0.37	0.48	-5.25***	0.08	0.62	-24.99***

注：***，**，* 分别表示在1%、5%和10%的水平上显著。
资料来源：笔者根据本课题组的调研数据计算整理而得。

（二）地块瞄准的成本有效性

退耕地块与未退耕地块的土地质量有显著差异，如表4-4所示。安康地区退耕地块中土壤质量差的地块比例（66%）显著高于未退耕地块（54%），而质量好或质量中等的比例（33%）显著低于未退耕地块（46%）；延安地区的差异更为显著，退耕地块中质量差的比例比未退耕地块高22%（即43%~21%）。这表明，退耕还林工程更多地瞄准了生产力水平较低、机会成本较低的地块。此外，安康地区退耕地块与家和公路距离的均值均相对大于未退耕地块，延安地区的差异更为显著；与之前的理论假设一致，相对偏远的边缘地块退耕后可以节省更多从事土地生产的交通成本和劳力成本。

同样，进一步比较农户自主瞄准的退耕地块和非自主瞄准的退耕地块的特征差异，表明安康地区由农户自主瞄准退耕的地块与非自主瞄准退耕的地块在土壤质量、与家和公路的距离等方面均无显著差异；然而，延安地区农户自主瞄准退耕的地块和非自主瞄准退耕的地块分布有一定差异，非自主瞄准退耕的地块主要分布在距公路相对较近的区域，而农户自主瞄准的则更关注家和地块的距离。这一结果表明，不同瞄准决策者有不同的瞄准动机，地方政府或村干部更偏向瞄准能够体现工程绩效的地块，而且，距路边较近的地块监管起来更容易、实施起来成本更低。

表 4-4　　　　　　　地块与退耕有关的成本比较

项目	安康地区			延安地区		
	未退耕地块	退耕地块	t 值	未退耕地块	退耕地块	t 值
地块质量	2.38	2.58	-6.11***	1.79	2.19	-9.54**
质量差的比例	0.54	0.66	-5.75***	0.21	0.43	-9.25***
质量中等的比例	0.31	0.25	3.03***	0.38	0.31	2.61***
质量好的比例	0.15	0.08	4.44***	0.41	0.24	7.05***
住所与地块距离（千米）	4.12	4.24	-0.34	5.81	7.01	-1.50*
公路与地块距离（千米）	3.38	3.73	-0.97	2.59	3.29	-1.35*

注：***、**、*分别表示在1%、5%和10%的水平上显著。
资料来源：笔者根据本课题组的调研数据计算整理而得。

二、退耕还林工程对农户的瞄准情况

本节从三个方面考察退耕对农户瞄准的益贫性：（1）退耕还林指标在贫困户与非贫困户之间能否公平地分配；（2）退耕还林工程的收益能否在贫困户与非贫困户之间公平地分配，退耕补偿能否覆盖农户瞄准地块的机会成本；（3）与退耕还林工程相关的自主权分配在农户与地方政府、贫困农户与非贫困农户之间能否公平地分配。

（一）退耕还林指标的分配

在农户层面，主要考察退耕还林工程瞄准的公平性和益贫性，即贫困户能否平等甚至优先参与新一轮退耕还林工程。该描述性统计部分主要分析贫困与新一轮退耕瞄准之间的关系。结果表明，新一轮退耕对贫困户的瞄准倾向并不显著，与既有的首轮退耕的研究结果相同（Feng et al.，2015）。延安地区参与新一轮退耕农户的经济状况，如住房、土地、资产等，比未参与新一轮退耕的农户相对更好，但除了人均土地指标外，其他方面的差异并不显著。为探究贫困与退耕还林工程瞄准的关系，进一步分析贫困与农户参与资质、参与意愿和参与能力之间的关系，图4-2和图4-3从这三个方面分别讨论了安康地区和延安地区不同类型的贫困户是否有潜力参与新一轮退耕还林工程。

(1) 图4-2 (a)、图4-2 (b)、图4-2 (c) 反映了参与资质与多维贫困之间的关系，表明贫困户拥有更高比例的坡地和质量较差的土地，更具有参与退耕还林的条件，延安地区尤为明显。产权贫困、食物贫困和经济贫困的农户承包的土地条件显著更差，且多维贫困程度越高，其

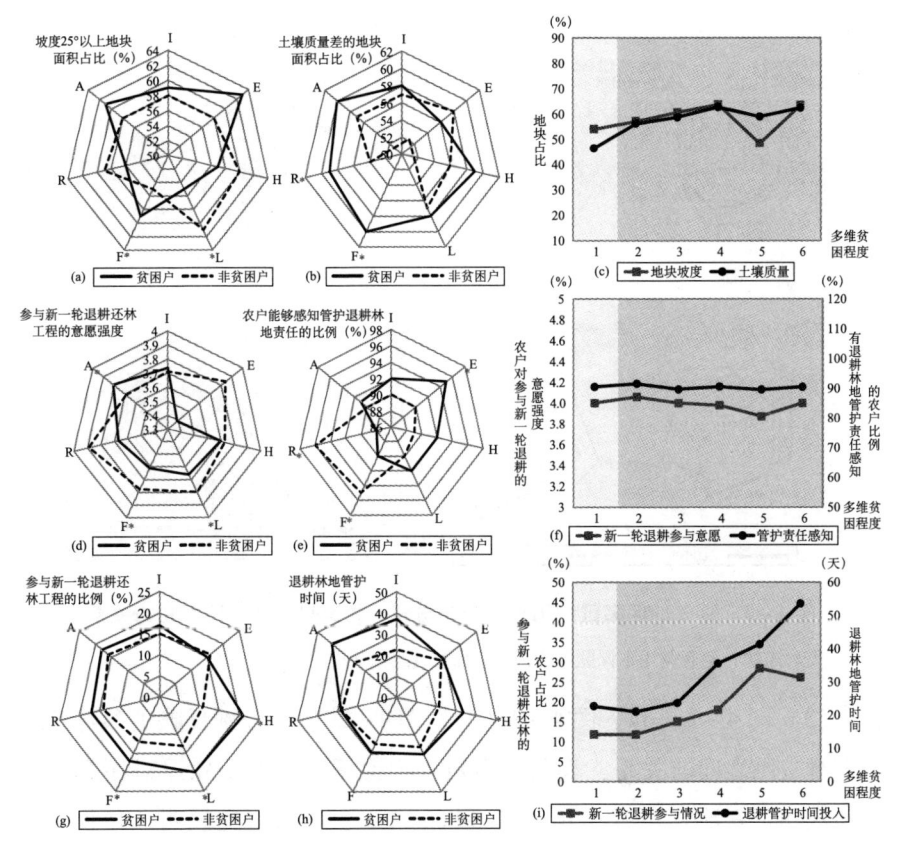

图4-2 安康地区多维贫困与农户参与新一轮退耕还林工程之间的关系

资料来源：笔者根据本课题组的调研数据整理绘制而得。

拥有的坡地和质量较差的土地越多。这表明，新一轮退耕政策提出要向贫困地区、贫困群体倾斜的原因和重要性，以及在政策瞄准过程中考虑多维贫困的重要性。

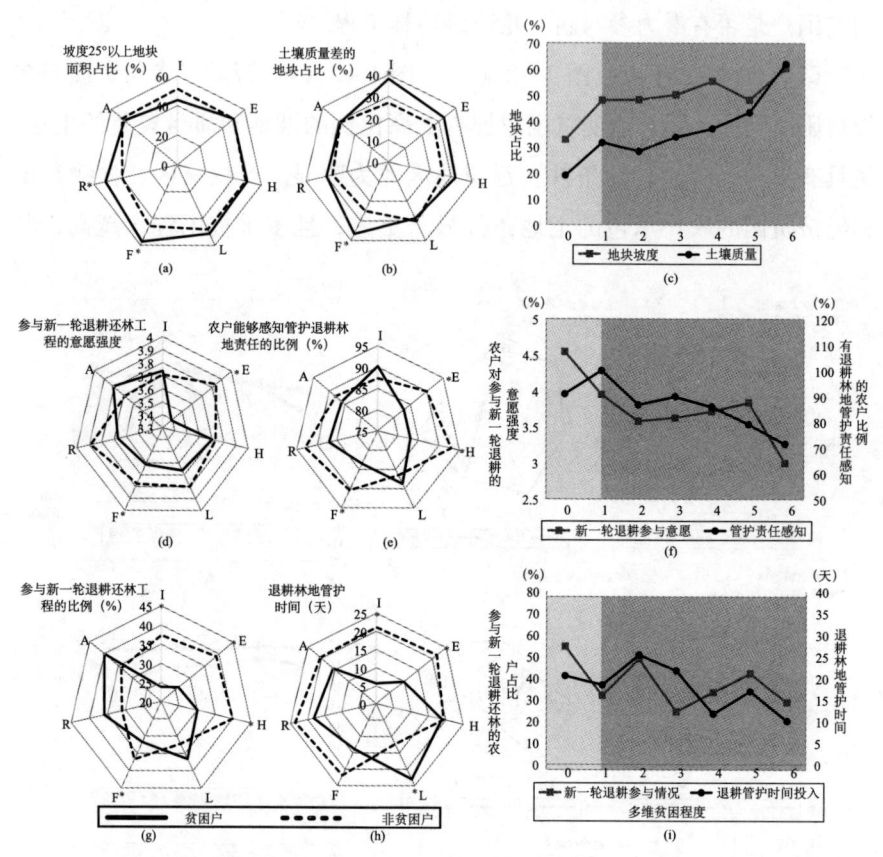

图4-3 延安地区多维贫困与农户参与新一轮退耕还林工程之间的关系

资料来源：笔者利用本课题组的调研数据整理绘制而得。

（2）图4-2（d）、图4-2（e）、图4-2（f）分别反映了参与意愿与多维贫困之间的关系，表明大多数农户愿意参与新一轮退耕还林，安康地区和延安地区分别占76.61%和66.38%。已有研究表明，高收入农户参与未来退耕还林工程的意愿更加强烈（Mullan et al., 2012），但在本章中，收入贫困与否的差异并不显著。且不同贫困维度农户的参与意愿和管护意愿有所差异，如食物贫困的农户参与意愿显著较弱。地区之间贫困与参与意愿的关系存在差异，安康地区资产贫困的农户参与新一轮退耕的意愿显著更强，权利贫困和教育贫困的农户参与意愿显著更弱，而延安地区健康贫困和教育贫困的农户参与意愿显著更强。

（3）图4-2中（g）、图4-2（h）、图4-2（i）反映了参与能力与多维贫困之间的关系。虽然新一轮退耕进一步强调农户参与的自愿性和自主权，但是，退耕指标的设计并未完全满足农户的参与需求。数据表明，安康地区和延安地区均有60%左右的农户希望参与新一轮退耕，但没有机会参与。因此，探讨贫困是否为农户最终参与政策的阻碍，非常必要。图4-2结果表明，两个调研地区有明显差异，安康地区贫困户有显著较高的参与率和较多的林地管护，且多维贫困程度越高，农户参与新一轮退耕和林地管护的程度越高；而延安地区健康贫困、收入贫困、教育贫困和食物贫困的农户参与率和管护程度均显著低于非贫困户，且多维贫困维度与新一轮参与率和管护程度呈负相关。

（二）退耕还林收益的分配

退耕补偿的设计旨在弥补地块退耕的机会成本，而退耕补偿标准较为单一，其能否以及如何弥补差异化的机会成本，以及退耕还林工程是否有效地瞄准了机会成本低于退耕补助的地块或农户值得探究。与首轮退耕还林工程补偿标准相比，安康地区地块退耕受益的比例仅占所有退耕地块的1/3，而大多数地块退耕机会成本是高于首轮退耕补偿标准的。进一步对比农户有无决策自主权情况下退耕的机会成本与实际获得的补偿收入之间的差异，地块和农户退耕的损益情况，有自主决策权的农户退耕受益的比例（58%）显著高于无自主决策权的农户（42%）。延安地区退耕地块的受益情况相对较好，80%的地块退耕机会成本低于退耕补偿标准，与既有研究结论类似，大多数存在过度补偿情况（Uchida et al.，2009），农户有决策自主权的情况下退耕受益比例（78%）显著高于农户无决策自主权的情况（74%）。

（三）退耕自主权的分配

表 4-5 反映了退耕相关决策自主权在农户和地方政府之间分配的整体情况。

表 4-5　　农户参与退耕还林工程的决策自主权比例　　单位：%

自主权得分	安康地区	延安地区	决策自主权情况	安康地区 首轮	安康地区 新一轮	延安地区 首轮	延安地区 新一轮
0	31.81	26.01	—				
1	21.92	27.36	参与退耕	63.20	68.32	49.01	55.40
2	10.05	17.57	设计建议	20.28	37.50	19.21	18.71
3	14.92	11.49	选择退耕地块	56.34	56.84	45.39	52.14
4	13.7	14.19	选择退耕规模	52.25	58.33	25.83	34.29
5	7.61	3.38	选择退耕树种	32.68	42.71	22.67	21.58

注："—"表示无内容。
资料来源：笔者根据本课题组的调研数据计算整理而得。

从左侧的决策自主权得分可以看出，并非所有农户都有充分决策自主权，有充分决策自主权的农户占比不足 10%。其中，完全没有决策自主权的农户占相对较大的比例，如安康地区和延安地区分别占 31.81% 和 26.01%，大多数农户对于退耕决策有一定的自主权，主要集中在能否自主决定参与政策，能否自主选择退耕的地块等，占 50% 左右，而农户对退耕政策设计或实施提建议或想法的参与方式相对较少。安康地区农户在退耕规模和退耕地上树种的选择方面比延安地区相对更自由，延安地区退耕规模在农户间的分配以及退耕地上树种有较强的约束，农户缺乏自主权，且富裕农户的决策自主权得分显著高于贫困农户。

第三节　研究结果

一、退耕还林地块瞄准的影响因素研究

（一）退耕还林工程的地块瞄准机制

表 4-6 反映了在不考虑农户决策自主权的情况下（即全样本），

分析安康地区退耕还林工程和延安地区新一轮退耕地块瞄准的影响因素。

表4-6 生态效益、成本因素和经济状况对退耕地块瞄准的边际效应

变量	安康地区 模型1	安康地区 模型2-4	延安地区 模型1	延安地区 模型2-4
1. 地块坡度（以无坡度为参照）				
≤15°	0.14**	0.13**	0.17***	0.20*
15°~25°	0.12**	0.12**	0.22***	0.22**
26°~35°	0.23***	0.23***	0.49***	0.48***
≥35°	0.18***	0.19***	0.55***	0.56***
2. 地块海拔（以低为参照）				
较低	0.23***	0.24***	0.21***	0.23*
较高	0.23***	0.24***	0.05	0.06
高	0.30***	0.30***	0.10**	0.10**
3. 土壤质量（以质量好为参照）				
质量差	0.06**	0.06**	0.04**	0.04**
4. 地块位置				
地块到住所的距离	-0.01*	-0.01**	0.11E-02*	0.11E-02*
地块到公路的距离	0.00	0.00	-0.47E-03	-0.42E-03
5. 家庭经济财富状况				
模型2：人均住房面积		0.00		0.30E-03
模型3：人均土地面积		0.00		0.11E-02*
模型4：人均资产拥有量		0.04*		0.02**
Wald chi^2	109.70***	112.68***	267.78***	264.75***
样本量	2024	2022	652	643

注：回归采用稳健标准误；***、**、*分别表示在1%、5%和10%的水平上显著；人均住房面积、人均土地面积、人均资产拥有量分别纳入模型2-4，表中仅汇总了关键变量的结果，其他变量变化不大。

资料来源：笔者根据本课题组的调研数据，运用Stata 12.0软件计算整理而得。

模型1条件概率线性回归结果表明，坡度和海拔是退耕地块瞄准决策的最主要因素，高坡度和位于山顶较高海拔的地块被瞄准的概率在1%的水平上显著更高；土壤质量较差或离家较远的地块参与退耕还林的可

能性显著更大；离公路远的地块被瞄准的概率更大，但其作用并不显著。可见，退耕瞄准取决于地块的高生态效益和低成本。

模型（2-4）综合考察了家庭经济状况对退耕地块瞄准的边际效应。可以看出，安康地区人均资产拥有量对农户参与退耕还林有显著、正向的作用，家庭资产支持较好农户的地块进入退耕还林工程的可能性也显著更高，说明退耕还林工程对资产状况较薄弱农户的地块有一定的约束作用。延安地区人均土地面积和耐用资产拥有量对退耕瞄准起到了显著的正向作用，土地资产、物质资产较差的贫困农户的地块在新一轮退耕瞄准中并无优势。可见，虽然新一轮退耕政策设计强调了瞄准的益贫性，但在实施中仍面临难度和挑战，政策益贫性设计或因缺乏具体指标而流于形式，服务于减贫目标的瞄准策略还有较大改进空间。

（二）农户决策自主权对退耕地块瞄准的影响

表4-7对比、分析了由农户自主瞄准与非农户自主瞄准的成效差异。选择模型展现了影响退耕瞄准自主权的关键因素，主要有地块位置、海拔和退耕政策执行情况等。例如，本村退耕还林的实施越民主，农户获得决策自主权的可能性越高。

安康地区农户有决策自主权情况下和无决策自主权情况下，退耕还林工程对地块的瞄准有所差异。（1）由农户自主瞄准退耕的模型中，质量差的地块被瞄准退耕的可能性显著更高，而在非自主瞄准退耕的模型中，地块质量并无显著作用。（2）地块与家和公路的距离对农户自主瞄准退耕地块的作用很显著，地块距离家越近，退耕和管护该地块的实施成本越低；地块距公路越远，退耕该地块节省的交通成本越多，而在非自主瞄准模型中，距离对退耕地块瞄准的影响不显著。（3）农户自主瞄准退耕地块的模型中，坡度的因素更为显著和严格，坡度高于15°的地块被退耕的概率显著高于其他地块；而非自主瞄准退耕地块坡耕地被退耕的可能性均显著高于平地被退耕的概率，且地块位置和海拔的作用也更为显著，作用强于自主瞄准的退耕。（4）财富因素的作用在自主瞄准模型和非自主瞄准模型之间并没有显著差异,即农户家庭住房和资产水平对地块退耕的作用并不显著,见模型 5 和模型 7。但人均土地面积对退耕地块瞄准有显著的负向作用,见模型 6。

在延安地区新一轮退耕还林工程中,农户自主瞄准和非农户自主瞄准的差异主要体现在:(1) 与表 4 - 6 的全样本模型结果相比,所有反映农户家庭财富状况的变量不再显著,表明由农户自主瞄准的公平性相对更好;(2) 成本因素对瞄准的作用更为显著,如地块质量、离住宅的距离等因素显著影响地块退耕的概率;(3) 坡度仍是影响农户瞄准退耕地块的关键因素,坡度为 15°以上的地块退耕概率显著大于无坡度的地块,但地块海拔并无显著作用。

表 4 - 7 Heckman-Probit 模型估计结果:农户自主瞄准退耕的影响因素

变量	安康地区			延安地区		
	选择模型	LTD	GTD	选择模型	LTD	GTD
1. 家庭经济财富状况						
模型 4 - 5:人均住房面积	0.00	-0.00	-0.00	0.36E - 02 **	-0.01	0.01 **
模型 4 - 6:人均土地面积	-0.00	-0.01 ***	-0.00 ***	0.02 ***	-0.1E - 02	0.01
模型 4 - 7:人均资产拥有量	0.10	-0.07	0.10	0.30 ***	-0.07	0.95 ***
2. 地块坡度(以无坡度为参照)						
≤15°	0.16	0.27	0.42 ***	0.74 **	0.70	0.71
15°~25°	0.05	0.49 **	0.55 **	0.50 *	0.71 **	2.21 ***
26°~35°	0.07	0.81 ***	0.57 ***	0.32	1.69 **	2.03 ***
≥35°	0.15	0.64 ***	0.80 **	-0.51 ***	2.03 **	2.89 ***
3. 地块海拔(以低为参照)						
较低	-0.45 **	0.07	0.84 ***	-0.17	0.38	2.72 ***
较高	-0.34 *	0.52 **	0.60 ***	0.69 ***	-0.11	0.98
高	-0.51 *	0.59 **	0.85 **	0.25 *	0.27	1.63 **
4. 土壤质量(以质量好为参照)						
质量差	0.05	0.22 *	0.02	-0.04	0.49 **	0.39
5. 地块位置						
地块到住所的距离	-0.00	-0.03 **	-0.01	-0.57E - 02 **	0.01	0.01

— 113 —

续表

变量	安康地区			延安地区		
	选择模型	LTD	GTD	选择模型	LTD	GTD
地块到公路的距离	-0.00**	0.03*	0.00	0.72E-02**	-0.03*	0.00
6. 政策执行情况						
退耕指标分配的公平性	0.03			0.82***		
农户参与退耕的自愿性	-0.61***			-0.24*		
公共事务的民众参与性	-0.06			-0.09**		
常数项	0.74	-1.11***	-0.57*	-0.11	-1.29	-4.47
三组模型：rho	-0.49**	-0.45**	-0.55**	-0.74*	-0.60*	-0.68*
三组模型：Wald chi^2	63.85***	133.35***	136.10***	52.48***	60.60***	58.73***
样本量	1640	728	912	640	320	320

注：模型采用了村级聚类的稳健标准误；***、**、*分别表示在1%、5%和10%的水平上显著；表中rho值不为0，且在5%的显著性水平上通过检验，表明存在样本选择偏误，需采用Heckman-Probit模型。LTD表示农户自主瞄准的情况，GTD表示非农户自主瞄准的情况。人均住房面积、人均土地面积、人均资产拥有量分别引入Heckman-Probit模型5、模型6、模型7，表中仅汇总了关键变量的结果，其他变量变化不大。空格表示模型中不涉及该变量的系数。

资料来源：笔者根据本课题组的调研数据，运用Stata 12.0软件计算整理而得。

二、贫困对农户参与新一轮退耕还林工程的影响分析

（一）收入贫困对农户参与新一轮退耕还林工程的影响

许多对首轮退耕还林工程的研究已经表明，退耕瞄准过程并不依赖于经济因素（Feng et al., 2015；Démurger et al., 2015）。本部分研究重点关注新一轮退耕还林工程对农户的瞄准是否具有益贫性，作为对现有研究的补充和更新。表4-8展现了两个调查地区收入贫困对农户参与新一轮退耕还林工程的影响，以及对比自主瞄准农户样本和非自主瞄准农户样本之间益贫性的差异。结果表明，安康地区收入贫困对农户参与新一轮退耕还林工程无显著影响，无论农户是否有决策自主权。而延安地区收入贫困对农户参与新一轮退耕还林有显著的负向作用，这一点与首轮退耕相关的研究结果有所不同（Uchida et al., 2007；Démurger et al.,

2015），尤其是在农户无决策自主权的情况下。在农户有决策自主权的情况下，收入贫困的作用并不显著。

表4-8 陕西省安康地区收入贫困和延安地区收入贫困对新一轮
退耕还林瞄准的影响：决策自主权的影响

变量	安康地区			延安地区		
	全样本模型	LTD	GTD	全样本模型	LTD	GTD
	ME：dy/dx	ME：dy/dx	ME：dy/dx	ME：dy/dx	ME：dy/dx	ME：dy/dx
收入贫困	0.01	0.04	-0.01	-0.14*	0.02	-0.23*
家庭老人占比	0.00	-0.05	0.03	-0.22*	-0.19	-0.27
农户风险偏好	0.01	0.01**	0.00	0.00	0.00	0.01
退耕补偿的支持度	—	—	—	0.00	-0.01	-0.01
政策执行的透明性	0.00	0.01	-0.01	0.06**	0.10**	0.04
政策执行的规范性	0.02***	0.03**	0.02**	0.03	-0.01	-0.10**
家庭培训情况	-0.01	0.00	-0.01	0.03	0.06	-0.05
信贷市场情况	-0.03***	-0.04**	-0.03	0.00	-0.04	-0.01
产权安全情况	—	—	—	0.00	0.02	-0.07
乡镇变量	-0.04*	-0.01	-0.08**	—	—	—
家庭土地坡度	-0.01	0.01	-0.05**	0.01***	0.01***	0.01**
家庭土地质量	0.00	0.00	-0.01	0.04	-0.18	0.28**
新一轮退耕意愿	0.25***	0.45***	0.08	0.01	-0.05	0.02
Wald chi^2	90.82***	59.97***	25.18***	25.04***	21.13**	18.31*
样本量	563	249	197	234	119	115

注：回归采用的是村级聚类稳健标准误；***、**、*分别表示在1%、5%和10%的水平上显著；LTD表示有农户自主瞄准的情况，GTD表示非农户自主瞄准的情况。因为安康地区的样本中并非所有农户都参与过退耕还林工程，所以，此处删去仅与退耕农户相关的变量，如退耕补偿的支持度和产权安全情况。"—"表示模型中不涉及该变量的系数。

资料来源：笔者根据本课题组的调研数据，运用Stata 12.0软件计算整理而得。

(二) 多维贫困对农户参与新一轮退耕还林的影响

利用 Stata 12.0 软件和二元 Logistic 回归模型估计不同维度的贫困对参与新一轮退耕还林工程的影响,从表 4-9 可以看出,不考虑农户参与资质和参与意愿的情况下,安康地区对农户参与新一轮退耕还林工程有显著影响的贫困维度主要是权利贫困(负向影响)和居住贫困(正向影响)。当控制了资质因素和意愿因素后,权利贫困和居住贫困的作用仍非常显著,且食物贫困对农户参与新一轮退耕产生显著的负面影响。延安地区教育贫困、食物贫困和权利贫困对农户参与新一轮退耕还林工程有显著的负向影响。与研究假设一致,有过较好教育经历的农户通常更了解如何争取有限的资源和机会参与惠农项目,而贫困群体争取参与项目的能力较弱,尤其是项目参与需求较为复杂、技术支持不到位的情况下。食物贫困的农户通常是贫困群体中最贫困的,农户最基本的生存需求得不到满足,会约束他们承担土地利用变动引起的风险,妨碍其从事其他生态保护活动。权利贫困形成了贫困农户获得公平参与项目的政治约束,尤其是在资源有限或竞争性情况下。考虑到贫困变量的选择和剥夺临界值的设置可能产生偏差,对模型进行了稳健性检验,如用接受过初中以上教育的比例替代教育贫困变量,得出与原模型相似的结果。

表 4-9　陕西省安康地区和延安地区多维贫困对新一轮退耕还林工程瞄准的影响的边际效应

变量	安康地区			延安地区		
教育贫困	-0.03	-0.04	—	-0.15**	-0.14*	—
健康贫困	-0.04	-0.04	—	-0.17	-0.17	—
食物贫困	0.00	0.00*	—	0.00*	0.00*	—
资产贫困	0.00	0.00	—	-0.03	-0.03	—
居住贫困	-0.00**	-0.00**	—	0.00	0.00	—
多维贫困程度	—	—	0.02*	—	—	-0.01
家庭土地坡度	—	-0.01	-0.01	—	0.08**	0.08**
家庭土地质量	—	-0.00	0.00	—	-0.03	-0.03

续表

变量	安康地区			延安地区		
家庭老人占比	-0.08	-0.05	-0.01	-0.24	-0.25	-0.22*
农户风险偏好	0.00	0.00	0.01*	-0.01	-0.01	-0.01
退耕补偿的支持度	—	—	—	-0.02	0.00	0.01
家庭汇款	0.00	0.00		0.00	0.00	—
政策执行的透明性	0.00	0.00	0.00	0.05**	0.06**	0.05*
政策执行的规范性	0.02***	0.02***	0.02***	-0.04	-0.03	-0.02
家庭培训情况	-0.02	-0.02	-0.01	0.05	0.05	0.06
信贷市场情况	-0.03***	-0.03**	-0.03**	-0.02	-0.02	-0.01
产权安全情况	—	—	—	0.00	0.00	0.03
乡镇变量	-0.07***	-0.04***	-0.03*	0.02	0.03	0.06
新一轮退耕参与意愿	—	0.20***	0.25***	—	0.00	0.02

注：回归采用的是稳健标准误；***、**、*分别表示在1%、5%和10%的水平上显著；因为安康地区样本中并非所有农户都参与过退耕还林工程，所以，此处删去仅与退耕户相关的变量。除了教育变量，其他贫困维度选取的指标均反映该维度贫困程度的反效应，即取值越高，农户的贫困程度越低。"—"表示模型中不涉及该变量的系数。

资料来源：笔者根据本课题组的调研数据，运用 Stata 12.0 软件计算整理而得。

第四节 本章小结

本章最重要的贡献在于，分析了退耕还林工程在多元目标之间的瞄准情况，尤其是多维贫困对农户参与新一轮退耕的影响，以及不同瞄准主体之间瞄准策略的差异。实证研究证明了决策权利的分配对于瞄准效果有着重要影响，随着退耕还林工程的继续推进和发展，对政策各方面的设计与实施进行反思尤为重要。本章研究融入了新一轮退耕还林工程的瞄准实践与瞄准经验，更新了以退耕还林工程为例的生态补偿政策的研究进程。贫困农户参与新一轮退耕还林工程仍面临来自经济、技术、粮食安全、权利等方面的诸多障碍。为发挥生态补偿机制在扶贫发展方面的作用，单纯地鼓励贫困农户参与积极性、提高贫困农户的瞄准率等是不够的，应从根本上探索阻碍贫困农户参与退耕还林工程的原因，通过调整配套支持或补偿方案等手段缓解甚至消除经济、技术、粮食、权利等方面的约束。本章主要得出以下五点结论。

1. 地块层面退耕瞄准对生态目标、成本目标和益贫目标的实现

地块层面的退耕瞄准基本上符合政策设计和政策目标，主要退耕水土流失风险较大的陡坡高地，还林后将会带来巨大的环境效益；但也存在一些瞄准偏差。同时，退耕还林工程的地块瞄准，综合考虑了地块退耕的机会成本和实施成本等因素。新一轮退耕还林工程的瞄准益贫性还需提高。

2. 农户层面新一轮退耕瞄准目标与益贫目标的实现

从多维贫困与农户参与资质、参与意愿和参与能力之间的关系可以看出，贫困农户的土地条件更具参与政策的资质，但不同类型贫困农户的参与意愿强度不同，主要是食物贫困的农户参与意愿相对较弱，多维贫困对农户最终能否参与新一轮退耕的影响存在明显的区域差异。实证结果表明，新一轮退耕还林工程的瞄准方案虽然强调了益贫性设计，但在实践中仍面临难度和挑战，未能有效地瞄准经济贫困的农户，经济贫困对参与新一轮退耕还林有负向影响。此外，权利贫困、食物贫困和教育贫困对农户参与新一轮退耕也起到了阻碍作用。

3. 退耕相关决策权利的分配以及农户决策自主权对瞄准的作用

从退耕相关决策权利的分配可以看出，并非所有农户都有充分的决策自主权，完全没有自主权的农户占据相对较大的比例。农户所获得的部分自主权主要集中在参与时点、操作层面的权利，如是否参与退耕、退耕地块的选择；严重缺乏政策实施前设计层面的参与。虽然农户自主瞄准和非自主瞄准都以生态效益为重要的衡量指标，但由地方政府规划的退耕瞄准有着更为一致的环境效益偏好，而由农户自主瞄准的退耕地块更具公平性和益贫性。

4. 退耕瞄准存在明显的区域差异，主要体现在瞄准成效、瞄准机制等方面

在生态目标瞄准与成本目标瞄准方面，延安地区生态目标瞄准比安康地区更精确，偏差更小，对成本因素更为敏感，瞄准的成本有效性更高；而安康地区还有相对较大的退耕空间，且地块退耕机会成本多高于退耕补偿的标准。在益贫性方面，安康地区贫困农户的参与率较高，瞄准的益贫性较为明显；而延安地区多维贫困对农户参与新一轮退耕形成各种约束和阻碍。在瞄准机制方面，安康地区收入贫困的作用不显著，而住房贫困有显著的正向作用；延安地区农户在非自主决策下，收入贫困、教育贫困、食物贫困等对农户参与新一轮退耕还林有显著作用。

5. 首轮退耕地块瞄准和新一轮退耕地块瞄准存在差异

在首轮退耕地块瞄准过程中，地块的位置是地方政府和农户瞄准决策考虑的重要因素，地方政府倾向于退耕距公路较近的地块，农户倾向于退耕距家较远的地块。在新一轮退耕过程中，农户自主瞄准更多地考虑地块质量，而地方政府也改变了首轮对近公路地块的偏好，倾向于山顶和山脚的地块。从政策发展角度来看，随着退耕还林工程的推进，对地块参与资质的生态要求更为严格，如25°以上坡度、非基本农田等有明确限制。延安地区大部分农户有参与首轮退耕的经验，更加注重对退耕行为成本收益的考量。

第五章 退耕还林工程对减贫的作用机制研究

本章基于第三章的分析框架,结合第四章退耕还林工程对减贫的瞄准机制研究,尤其是对不同贫困类型农户瞄准机制的研究与结论,对退耕还林工程对于减贫的作用机制展开实证研究,主要包括对收入、劳动力分配和土地利用的作用三方面内容。在描述性统计中,注重分析退耕农户与未退耕农户在收入水平、非农劳动力供给和农林生产上的差异,探究退耕还林工程对农户减贫的可能影响与途径。从政策出发,退耕对农户的作用主要可归结为三个方面:退耕补偿对农户增收的影响;退耕引起的劳动力再分配对农户非农生计收益的影响;退耕引起的土地利用变化对农户农林业生产效率的影响。其中,退耕还林工程对收入的作用机制是最为直观的减贫机制,也是众多因素综合作用的结果;退耕还林工程对非农劳动力供给的作用,关系到农户减贫机制的可持续性;退耕还林工程对土地利用的作用,不仅关系到农户粮食安全保障,还关系到退耕还林工程实施地区的生态效益。因此,本章的实证通过这三个方面来研究退耕还林工程对农户减贫的作用机制,探讨贫困户从生态项目中受益的机会与阻碍。

第一节 研究设计

一、分析框架

退耕还林工程对农户减贫的作用需要综合考虑农户、时间和地区等方面异质性的影响，如直接减贫机制和间接减贫机制、短期减贫效应和长期减贫效应、效应的滞后性、区域发展环境等。退耕还林对参与农户的直接贡献主要表现在资本、土地、劳动力、技术上，既包含短期作用，又包含长期作用。如王庶，岳希明（2017）以收入是否包含退耕补贴作为评估退耕增收的短期效应和长期效应的依据，以退耕引起的生计模式转变，反映农户未来收入来源和长期增收效果及可持续性。[①] 退耕还林对农户的间接贡献，表现为退耕还林工程产生的生态服务对农户福祉的改善，属于长期作用机制（见图5-1），也是生态补偿政策特有的减贫机制。

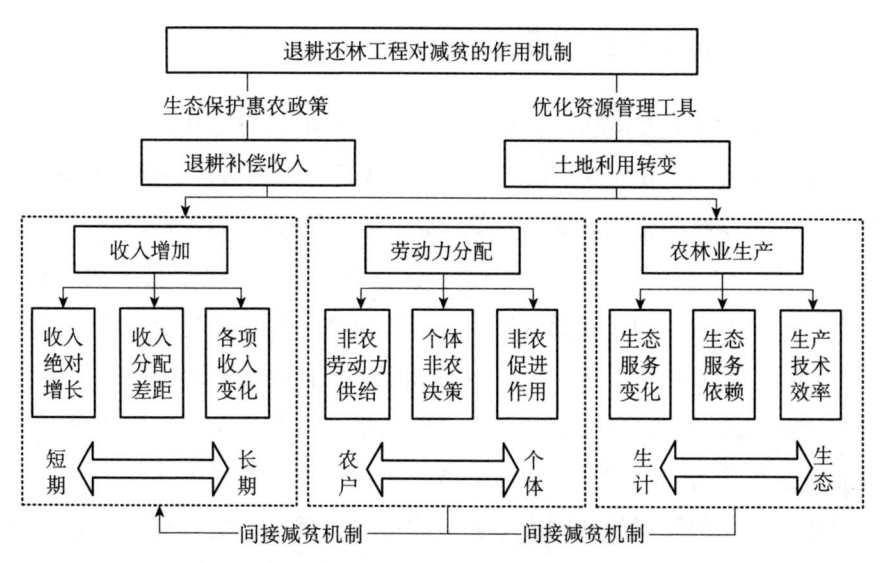

图5-1 退耕还林政策对减贫作用机制的分析框架

资料来源：笔者绘制。

因此，本章实证分析主要包含三方面内容。（1）退耕还林工程作为生态保护惠农政策对收入的作用，包括对收入贫困的短期影响和长期影响，以及对绝对贫困和相对贫困的影响。（2）退耕还林工程作为土地利

[①] 王庶，岳希明. 退耕还林、非农就业与农民增收——基于21省面板数据的双重差分分析［J］. 经济研究，2017（4）：106-119.

— 121 —

用转变政策,对劳动力分配与转移的作用。退耕还林工程的长期目标,旨在以土地利用转变为契机,促进农村山区劳动力转移就业和自我发展能力的建设,劳动力由农业向非农转移是农村减贫长期、可持续的主要动力。(3)退耕还林工程作为优化资源管理的政策工具,对土地利用、生态服务以及农林生产的作用。拉德等(2017)认为,多维度的社会—生态关系是引起贫困的农村地区持久贫困的关键原因。退耕政策的本质是以改善土地利用促进生态系统修复,产生有助于持久改善人类福祉的生态服务。本章以农村山区最基础和最关键的生计模式——农林业生产来考察退耕对土地利用、生态服务以及农林业生产效率的影响。

(一)退耕还林工程与收入增长

退耕还林工程对减贫的作用机制最为直观的衡量方法,是考察其对经济收入的影响。在宏观层面,李国平(2017)在原有经济模型基础上,融入了生态系统的相关要素,考察退耕还林工程对县域经济发展的影响。退耕还林工程对区域经济的影响,具体体现为环境改善、劳动力转移、生产方式转变等方面。在微观层面,退耕还林工程的实施会直接影响两个产出:一是农林业生产;二是生态服务。农林业生产取决于不同生产者的土地、劳动力和化肥等其他生产要素投入,其异质性主要体现为土地面积或生产力。同时,农林业生产会产生一定的环境外部性,生态服务能够减少负的环境外部性或增加正的环境外部性。生态服务产生模型是土地利用由农业转为林业或其他自然生态系统类型的过程,以修复原生植被为野生动物提供栖息地,防止水土流失和大气污染等。从微观农户层面研究生态服务的意义在于,虽然生态服务的产生多基于宏观层面集体行为的结果,但其作用最终还是可以"分解"为每个微观农户从生态系统所享受的收益。虽然在同一区域尺度上,生态功能和服务价值并无差异,但每个农户对生态系统服务可及性和从生态系统中受益的能力有所不同,因此,从微观角度分析生态服务是有必要的,从微观尺度测算和讨论生态服务是其价值的最终体现和细化。

齐伯尔曼等（2008）为了研究生态补偿政策如何使贫困群体受益，改进了标准的农户效用函数，加入了对环境质量的消费，并在此基础上分析生态补偿政策对农户的影响机制，主要体现在：（1）对农业供给的影响，如农户因土地利用方式转变而减少农业供给；（2）对农业产出价格的影响，如伴随着农业产量的减少，产出价格会增长；（3）对劳动力价格的影响，若农业产出的需求是弹性的，生态补偿项目会降低劳动力价格，如果产出需求缺乏弹性，生态补偿项目会导致劳动力价格增长。

贫困农户会从退耕还林工程中获得收益，可能源于四个方面。（1）退耕补偿效应，单位退耕补偿与退耕地面积之积，且为提供生态服务而获得的补偿不少于他们放弃的生产价值。（2）劳动力价格提升带来的收入效应。贫困山区大多数农户的土地分布较为分散、规模较小，农业雇工的情况较少，退耕对农业劳动力价格的影响较小，但对于从事对农业规模化生产的农户而言，农业劳动力的成本提高。同时，非农劳动力转移会降低非农劳动力的价格，则从事非农活动农户的收益会降低。贫困农户一般是小规模农户，通常是劳动力输出方，在很大程度上受到退耕还林工程引起的劳动力价格变动的影响；如果劳动力价格提高，则从事劳动输出的贫困农户会获得更多收益。（3）农业产出价格带来的消费效应。农产品价格的提高会减少粮食购买者的福祉，但贫困农户通常是自给自足，自产自销，农产品占消费预算的比例较小，农业产出价格提高有助于增加其农业收入。（4）生态效应，如洪涝控制、水质改善等。同样，有关生态补偿政策的增收效果、就业和脱贫等方面的实证研究（Uchida et al.，2009；Yao et al.，2010；王庶等，2017）表明，生态补偿政策最主要的增收机制，一方面体现在农户生产方式的转变；另一方面体现在生态补贴收入的增加。

此外，一些研究结果表明，诸多因素阻碍生态补偿政策发挥增收效应，如劳动力转移约束、地方政府政策实施问题、土地规模和土地质量分配不均。土地规模较小的农户通常工资收入占比较高，则非农劳动力价格降低带来的收入效应会使农户受损；贫困农户被分配的地块一般农业生产力较低但生态服务供给能力较强,参与生态补偿政策会产生较大的正向效应,可以抵消地块分配的不平等带来的负向效应。因此,退耕还林等生态补偿政策不仅会影响农户的收入水平,还会影响农户收入的分配,以及在长期内可能会通过产生其他收益而增加土地价值,如地上林木或林产品等。因此,本章同时考察退耕还林工程对收入的绝对效应和相对效应。

(二) 退耕还林工程与非农劳动力转移

退耕还林工程造成土地利用方式转变进而促使劳动力再配置,包括农业部门内的劳动力流动和部门间的劳动力转移。劳动力的非农转移是农村扶贫发展的主要动力,因此,本章重点分析退耕还林工程对非农劳动力转移的影响。非农劳动力转移主要包括两种形式:非农经营和外出务工。非农经营是指,以一定的初始资本自主经营,以风险溢价、资本运作和企业家能力为收益回报,常见的如住宿餐饮、小商店、交通运输、农产品加工等;外出务工是指,一种迁移的工资性劳动供给行为。鉴于中国农村农业劳动力过剩,尤其是西部山区,可耕地块小且分散,劳动力在地块间流动的情况较少,从耕地上解放的劳动力多会向非农劳动力市场转移。新迁移经济理论认为,迁移决策往往是家庭的行为,并提出了影响家庭决策的三种效应:风险转移、经济约束、相对贫困。[1] 同时,劳动力迁移行为取决于家庭的偏好、约束,如农村劳动力迁移决策往往追求家庭风险最小化。[2] 基于此,本章考虑农户的异质性,考察不同风险偏好、经济收入水平和贫困因素对作用机制的影响。

为了分析农户非农劳动时间供给决策,考察退耕还林工程对农户在从事农业生计活动和非农生计活动之间理性决策过程的影响。在农户家

---

[1] Stark O. The Migration of Labor. [M]. Cambridge: Basil Blackwell, 1991.
[2] 郭燕枝,王秀丽,程广燕等. 户主和家庭成员外出务工行为研究——基于河南、四川粮食主产县与非主产县的实证 [J]. 农业技术经济, 2015 (9): 99 – 106.

庭模型基础上,本杰明等(Benjamin et al.,1994)提出了时间分配模型,家庭成员的时间分配,包含农业劳动、非农劳动和闲暇时间。① 结合农村的实际情况,中国农村居民收入普遍较低,一般不存在闲暇时间,② 农户以家庭收入最大化为目标,基于家庭成员的总劳动时间在农业、非农经营和外出务工之间建立了劳动时间分配模型。农户的劳动时间在农业劳动和非农劳动之间的分配,主要取决于农业生产的边际收益与非农就业的边际工资。这里,非农劳动时间的供给决策基本上属于市场行为,主要由家庭劳动力水平和市场工资决定。生态补偿政策的实施不仅会减少农业劳动时间,还会影响农业产出价格和工资性劳动力价格,进而影响非农劳动时间的供给。

退耕还林工程对农户非农劳动供给的影响机制,可归纳为四个方面。(1)劳动力替换效应,农户从退耕还林工程解放出来的农业劳动力,可以用于增加非农劳动投入或闲暇时间。(2)收入效应,退耕还林工程对非农就业的影响,还取决于其对收入的影响,如果参与退耕增加了农户收入,则农户退耕会降低非农劳动时间;如果参与退耕降低了农户收入,则农户退耕会增加非农劳动时间。(3)流动性效应,同样取决于农户参与退耕的收入变化,但与收入效应相反,农户通过退耕获得更多的收入会促进非农就业。(4)产出效应,退耕还林工程放松了强制农户继续从事粮食生产的产出约束。

有关退耕还林工程与非农劳动力转移等方面的实证研究,呈现出结论多样化的特征。有研究表明,退耕能够优化农户生产和劳动力配置,促进劳动力在地区间流动,③ 但退耕劳动力的流向主要是收入不稳定的非

---

① Benjamin C., Guyomard H., Caillavet F. et al. Off-farm work decisions of French agricultural households [J]. Developments in Agricultural Economics, 1994 (10): 65 – 85.

② 王军英,朱晶. 基于劳动时间分配视角的外出务工问题研究 [J]. 南京农业大学学报(社会科学版),2011,11 (1): 30 – 36.

③ Liu Z., Lan J. The Sloping Land Conversion Program in China: Effect on the Livelihood Diversification of Rural Households [J]. World Development, 2015, 70: 147 – 161.

正规部门。① 另有研究表明，退耕对劳动力流动的影响并不显著，非农收入的增加，源于非农劳动程度的加深，而非劳动力数量的增加。②

许多研究进一步探讨了不同类型农户劳动时间分配的差异，以及非农劳动力转移的阻碍因素。内田等（2009）认为，退耕对非农就业的促进作用受到农户资产、教育程度、年龄等因素的影响。李宪印和陈万明、杨云彦和石智雷对人力资本和非农就业之间的关系进行了深入研究。③④杨小军等（2009）发现，退耕对非农就业的促进作用，受农户收入水平和农业收入依赖的影响；收入水平越高，对农业依赖越低，退耕对劳动力转移帮助越大。陆文聪和吴连翠（2011）认为，基于农业劳动和非农劳动不可分理论，两者的比较收益是农户就业决策考量的重点。⑤ 同时，中国农村劳动力的就业决策往往以追求家庭收入最大化为目的，个体劳动力的就业行为不仅取决于自身禀赋，还会受到家庭社会人口特征的影响，如家庭负担程度、人力资源价格、自然资本、经济收入等因素。此外，特定的市场环境对农户的非农劳动力转移形成一定约束或障碍。如我国的农村资本信用市场、劳动力市场和产品市场有着较多的约束，这种约束不仅体现在劳动力市场上的交易成本，也表现为失业风险、较高的资金成本等方面（王军英等，2011）。

研究退耕还林工程对农户非农劳动力配置的作用，既要考虑由政策引起的家庭成员对各类资本的组合配置、生产要素投入或市场参与行为等，也要考虑不同农户群体所面临的潜在阻碍和市场约束的差异。

---

① 胡霞. 退耕还林还草政策实施后农村经济结构的变化：对宁夏南部山区的实证分析[J]. 中国农村经济, 2005（5）：63-70.
② 易福金, 陈志颖. 退耕还林对非农就业的影响分析[J]. 中国软科学, 2006（8）：31-40.
③ 李宪印, 陈万明. 农户人力资本投资与非农收入关系的实证研究[J]. 农业经济问题, 2009（5）：94-99.
④ 杨云彦, 石智雷. 家庭禀赋对农民外出务工行为的影响[J]. 中国人口科学, 2008（5）：66-72, 96.
⑤ 陆文聪, 吴连翠. 兼业农民的非农就业行为及其性别差异[J]. 中国农村经济, 2011（6）：54-62, 81.

（三）退耕还林工程与农林业生产效率

在中国大部分生态脆弱的农村地区，农户是本地生态系统的主要作用者，其土地利用行为和生计行为对生态系统产生人为扰动，如从自然界获取维持生计需要的生产资料、消费资料等。因此，人地系统科学大多基于农户生计视角研究生态系统，如农户生计行为的变迁对生态修复的影响。阎建忠等认为，生计方式是影响农户响应人口压力和环境退化的决定因素。[①] 张芳芳等（2015）提出了农户生计转型的生态效应分析框架，以土地利用、覆盖变化为主要中介，研究农户生计转型对土地利用模式、生活能源消费模式、聚落空间演进模式的影响。退耕还林工程的本质，是通过转变农户的土地利用方式、生计方式修复生态系统。因此，在本章中，需要先考虑退耕还林工程对土地利用、植被覆盖、能源利用的影响，辨明生计策略对生态环境的影响路径与影响机制。

此外，生态系统的改变，农户生态保护行为所产生的生态服务，也会对当地乃至更大范围内农户的福祉产生重要影响。自然资源依赖或者人与资源的关系，会影响长期贫困问题和贫困陷阱问题。因此，从生态服务与人类福祉的关系出发，基于退耕还林工程引起的生态服务变化进一步探讨了生态服务对农户福祉的作用，并重点以土地为基础的农林业生产为例分析农户的生态服务依赖性对减贫的影响，探究退耕能否以及在多大程度上通过改变生态服务依赖的途径作用于农林生产效率。既有研究发现，退耕还林通过作用于生态环境影响土地质量，如减少水土流失和侵蚀、改善土壤物理性质和土壤结构、提高其保水、蓄水性能和养分含量等，提高了土地生产力（韩洪云等，2014；成定平，2011）。

传统的生产函数反映在既定技术条件下不同要素投入水平与产出水平之间的关系，假定所有生产者都能实现最优的生产效率，将产出增长

[①] 阎建忠，卓仁贵，谢德体等. 不同生计类型农户的土地利用——三峡库区典型村的实证研究 [J]. 地理学报，2010，65 (11)：1401-1410.

中要素投入贡献之外的部分归为技术进步的结果，运用索洛余值法测算全要素生产率。法雷尔（Farrel，1957）最早提出前沿生产函数和技术效率（technical efficiency）的概念，生产前沿面（production frontier）表示不同投入水平可以获得的最大产出水平，可以反映投入和产出的关系；技术效率是指，在产出规模和市场价格不变的条件下，按照既定的要素投入比例，生产一定量产品所需的最小成本与实际成本的百分比，反映现实产出与理论最优产出的差距，即生产者利用现有技术的有效程度，用实际产量与最大可能产量的比率表示。[1] 艾格纳等（Aigner et al.，1977）、梅森等（Meeusen et al.，1977）提出了随机前沿生产函数，允许技术无效率的存在，并将全要素生产率的变化分解为生产可能性边界的移动和技术效率的变化。[2][3] 已有不少针对农户生产效率影响因素的中文文献，其中，一些文献从家庭禀赋入手，分析家庭主要生计资本变量对农业生产技术效率或土地利用效率的影响（田杰等，2013；梁流涛等，2013）；还有一些文献则以特定视角对生产效率进行分析，如钱文荣等（2011）和梁义成等（2011）专门研究了外出务工和非农参与对农业生产效率及技术效率的作用。张海鑫等（2012）侧重分析了土地质量，如耕地细碎化的影响。杨俊等（2011）和彭代彦等（2013）从劳动力视角，分别分析了农业劳动力年龄和农村劳动力结构对农户耕地利用效率和农业生产技术效率的影响。赵京等（2013）和杨向阳等（2007）还考虑了地方政府农村公共产品投入对农业生产效率的影响等。

退耕还林工程的实施，不仅会引起技术效率的变化，也会导致生产边界的移动（Zhao et al.，2015）。

第一，生产投入发生变化导致技术效率的变化。农户退耕后，土地

---

[1] Farrell M. J. The Measurement of Productive Efficiency [J]. Journal of the Royal Statistical Society Series a-General, 1957, 120 (3): 253 – 290.

[2] Aigner D., Lovell C. A. K., Schmidt P. Formulation and estimation of stochastic frontier production function models [J]. J. Econometrics, 1977, 6 (1): 21 – 37.

[3] Meeusen W., Vandenbroeck J. Efficiency Estimation From Cobb-Douglas Production Functions with Composed Error [J]. International Economic Review, 1977, 18 (2): 435 – 445.

通常转变为林地或草地，耕地技术提升效率的可能性是耕地的减少而受到限制，因此，在不考虑退耕补助的情况下，退耕还林工程对技术效率的调整，会因生产投入限制而有所降低。李桦等（2011）分析了不同退耕规模农户的农业生产技术效率，认为退耕规模与农户生产技术效率变化呈反向趋势，小规模退耕更有利于农业生产效率的提高。

第二，生产前沿面（最优产出水平的投入要素组合）可能也会发生改变。退耕补贴对农户产出会有积极作用，但同时参与退耕会促进劳动力和其他生产要素从农业部门向非农部门大量转移。[①] 汪阳洁等（2012）同时探讨了退耕还林的补贴效应和规模效应，认为退耕补贴显著降低了农户种植业生产投入的积极性和依赖性；而退耕规模大的农户释放更多的农业剩余劳动力，更倾向于缩减农业生产上的管理和投入。因此，退耕还林工程对农户技术效率的影响存在不确定性，取决于农户农林业生产成本变化和经济结构调整（Zhao et al.，2015）。一些实证研究表明，退耕还林工程可以提高农业全要素生产率（Yao et al.，2010）。但是，另一些研究则表明，贫困对农户生产技术效率的提升有阻碍作用，约束贫困农户粮食生产技术效率的关键是收入低和技术落后。[②] 为此，本章还将进一步对比分析不同收入水平下退耕对农户农林生产技术效率的影响。

二、计量方法与实证模型

本章先通过对比分析退耕户和未退耕户以及退耕户中贫困农户与非贫困农户之间在收入、非农劳动力供给、土地利用、生态服务依赖等方面的差异，初步判断退耕还林工程对农户减贫的作用。在此基础上，分

[①] Yin R., Liu C., Zhao M. et al. The implementation and impacts of China's largest payment for ecosystem services program as revealed by longitudinal household data [J]. Land Use Policy, 2014, 40: 45 – 55.

[②] 高鸣，宋洪远，[美] Carter M. 补贴减少了粮食生产效率损失吗？——基于动态资产贫困理论的分析 [J]. 管理世界，2017（9）：85 – 100.

别建立实证模型,探究退耕还林工程对农户收入、非农劳动力供给和农林生产效率的影响机制和作用机制。

1. 利用倾向值匹配法分析退耕还林工程对农户收入、结构以及分配的影响

倾向值匹配法(propensity score matching,PSM)的基本思想是利用倾向值寻找与参与者具有相同特征的未参与者作为反事实的比较对象,对比后得到平均参与效应(average treatment effect for the treated,ATT),由此评判政策对参与者的影响。基于实际观察的事实结果与反事实结果之间的比较,评估退耕还林工程对农户收入的影响。如果农户是被完全随机地分配到退耕参与组和未参与组,则未参与组(参照组)的收入情况可以反映处理组退耕农户的反事实收入情况,但现实情况以及第四章的政策瞄准研究表明,农户是否参与退耕还林并非完全随机,直接比较退耕农户与未退耕农户会存在一定的选择性偏差。倾向值匹配法,以倾向值为依据对样本进行匹配来处理这一偏差,使得对照组与处理组除了退耕参与以外的其他方面保持相似或一致。许多学者采用 PSM 方法,研究政策对收入及分配的影响。①②

而其他评估政策对农户收入影响的常见方法,还有前后比较法(before-after comparison)和处理控制比较法(treatment-control comparison)。前后比较法需要收集政策实施前后两时期农户的收入水平和收入结构等数据,对数据的要求高;处理控制比较法直接比较处理组和参照组的经济状况,无法排除政策选择性偏误。且处理选择性偏误的 Heckman 两阶段法建立在退耕农户与未退耕农户收入方差相等的假设之上,与理论分析中退耕对收入分配的影响假设不符。因此,本章在评估退耕还林工程对农户收入的影响之前,需要运用 PSM 法对退耕农户与未退耕农户的截

---

① 朱建军,胡继连. 农地流转对我国农民收入分配的影响研究——基于中国健康与养老追踪调查数据[J]. 南京农业大学学报(社会科学版),2015,15(3):75-83.

② 白雪梅,段志民. 非农产业对农村内部收入不均等的异质性影响[J]. 统计研究,2013,30(8):69-76.

面数据进行平衡，使得退耕农户和未退耕农户的协变量分布相同，具体步骤分为如下三个阶段。

第一阶段，从第四章的分析可以找出导致参照组与处理组之间不平衡的关键的条件变量和协变量（向量）。通过构建 Logistic 模型来计算倾向值，即农户 i 参与退耕还林工程的概率，农户 i 参与退耕还林工程的概率函数为：

$$P(y_i^H = 1) = \Lambda(\alpha X_i + \varepsilon_i) = \frac{e^{\alpha X_i + \varepsilon_i}}{1 + e^{\alpha X_i + \varepsilon_i}} \quad (5-1)$$

在式（5-1）中，$y_i = 1$，表示农户 i 参与退耕还林工程，$Y_i = 0$，表示农户未参与退耕还林工程；X_i 为同时影响农户参与退耕和收入的协变量，具体的变量选择，见表 5-1；ε_i 是不可观察因素，模型采用最大似然法进行估计。

第二阶段，匹配样本，以使两组样本在倾向值上尽量相似。根据倾向值的相似程度对退耕农户样本与未退耕农户样本进行匹配，为了保证研究结果的稳健性，本章采用了多种常用的匹配方法，包括最近邻匹配法、半径匹配法和核匹配法。其中，最近邻匹配法，即寻找倾向值最接近的 k 个不同组个体；半径匹配法，限制倾向值的绝对距离，一般小于等于倾向值标准差的 1/4；核匹配法，即整体匹配法，根据不同组个体间的距离赋予权重，权重为核函数时的匹配方案。其中，匹配法没有涉及所有样本及信息，不如核匹配法的非参数匹配法。样本匹配后运用匹配平衡性检验来考察样本匹配效果，即匹配后两组农户样本在匹配变量上是否存在显著偏差。

第三阶段，根据匹配后的样本计算事实结果与反事实结果进行比较，判断退耕还林工程对农户收入、收入结构及收入分配的影响情况。在考察退耕还林工程对农户收入增长的作用时，既分析了退耕对收入增长的短期影响（包含退耕补贴的收入），又分析退耕对收入增长的长期影响（不包含退耕补贴的收入），以及各来源收入的变化；不仅考虑退耕对缓解绝对贫困的影响（收入增长），还分析其对缓解相对贫困的影响（收入分配）。基尼系数反映了样本间人均纯收入的差距。此处，进一步测算基尼系数分析退耕还林对减缓农户相对收入贫困的影响。家庭人均纯收入的基尼系数 G 表示为：

$$G = \frac{n+1}{n} - \frac{2}{n^2\mu} \sum_{i=1}^{n}(n+1-i)Y_i \qquad (5-2)$$

式（5-2）中，n 为样本数；Y_i 为第 i 个农户的家庭人均纯收入；μ 为 Y 的平均值。

此外，退耕还林工程的作用可能随时间和政策的变化而有所差异，考虑到政策、自然与人类之间作用的滞后性（legacy effect）和时滞性（time lags），本章做了跨年度的对比分析和对比研究，比较不同退耕年限退耕农户收入的变化。

同时，我们的研究重点是退耕还林工程对减贫的影响，考虑到贫困农户的特殊性，本章进一步考察了退耕还林工程对不同收入水平尤其是贫困户收入的影响。针对自变量对因变量的影响可能存在非对称分布的情况，若直接对样本进行分组采用多元线性回归的方法，容易造成截断样本估计的偏误。因此，本章采用了分位数回归的方法（quantile regression）考察退耕还林工程对农户收入条件分布的影响，其优势在于不易受极端值的影响，更加全面地描述因变量条件下的分布信息，考察自变量对不同水平因变量的影响差异；与 OLS 相比，回归结果更具稳健性，分位数回归模型如下：

$$\text{Quant}_\tau(\text{Income}_i | X_i) \ \beta_\tau X_i \qquad (5-3)$$

在式（5-3）中，Income_i 为农户 i 的年纯收入；X_i 为包括是否退耕在内的自变量；$\text{Quant}_\tau(\text{Income}_i | X_i)$ 表示 Income_i 在给定 X 的情况下，与分位点 τ 对应的条件分位数；β_τ 为系数向量，可以通过最小化绝对偏差估计（least absolute deviance, LAD）来实现，见式（5-4）。与 OLS 的区别主要在于，回归系数的估计方法和渐进分布的估计，常采用 bootstrap 密集算法技术对 β_τ 进行估计。[①]

[①] 何军. 代际差异视角下农民工城市融入的影响因素分析——基于分位数回归方法 [J]. 中国农村经济, 2011 (6): 15-25.

$$\beta_\tau = \text{argmin} \left\{ \begin{array}{l} \sum_{i: income_i \geq \beta X_i} \tau |income_i - \beta X_i| + \\ \sum_{i: income_i < \beta X_i} (1-\tau) |income_i - \beta X_i| \end{array} \right\} \quad (5-4)$$

2. 利用 Heckman 两阶段法分析退耕还林工程对农户非农劳动力供给的影响

非农劳动力供给的理论分析表明，非农行为不仅是个体劳动力决策的结果，同时，也是农户家庭综合决策的结果，尤其是在农村地区，以户或家庭为单位的决策过程更为普遍。而且，退耕还林工程是以户为单位实施的政策，在农户层面讨论其作用更为合理，但也不能忽略个体异质性对劳动力配置决策的影响。因此，本章分别从农户和个体劳动力两个层面研究退耕还林工程对非农劳动力供给的影响。此外，外出务工是农村地区非农劳动力输出的主要形式，样本中农户从事非农经营的仅占10%。因此，本章以农户外出务工行为作为非农劳动力供给研究的重点。

首先，从农户层面分析退耕还林工程对非农劳动力供给的影响，即是否外出务工和外出务工的人数。

第一步，用 Probit 模型估计退耕还林对农户是否有外出务工的影响：

$$P(W_h = 1) = \beta_0 + \beta_1 X_1 + \beta_2 X_2 + \cdots + \beta_n X_n + \varepsilon \quad (5-5)$$

在式（5-5）中，$P(W_h = 1)$ 表示农户中有外出务工的概率；W_h 为二分因变量，表示农户家庭是否有打工人口，当 $W_h = 1$ 时，为该农户有外出务工人口；X_1 为本章的关键变量，即农户是否参加退耕还林的二分变量，$X_2 \sim X_n$ 分别为反映区域、家庭以及个体三个层面的控制变量。其中，区域变量可以控制农户所在村的地理位置、气候、交通等自然条件的影响；家庭特征包括家庭总人口、男性劳动力占比等；个人特征主要是在农村家庭决策中具有影响力的户主特征，如户主性别、年龄、教育水平等。

第二步，估计退耕还林对农户打工人数的影响程度：

$$L_w = \beta'_0 + \beta'_1 X_1 + \beta'_2 X_2 + \beta'_n X_n + \alpha\lambda + \varepsilon' \quad (5-6)$$

在式（5-6）中，L_w 表示农户家庭外出打工人数；X_1 为反映农户是否参与退耕还林的关键变量,其他解释变量与式(5-5)大体相同;但引入了第一步 Probit 模型估计基础上得到的逆米尔斯比率 λ,即样本选择性偏差的修正项,且移除了表示区域特征的变量组。

其次,在个体层面分析非农劳动力供给的重点在于退耕还林对个体劳动力是否外出务工和打工收入的影响。

第一步,建立 Probit 模型,估计个体劳动力外出务工的概率:

$$P(W_1 = 1) = b_0 + b_1 X'_1 + b_2 X'_2 + \cdots + b_n X'_n + \varepsilon \quad (5-7)$$

在式(5-7)中,$P(W_1=1)$ 表示个体劳动力外出务工的概率;W_1 为二分因变量,表示劳动力个体是否外出打工,$W_1=1$ 表示个体劳动力正在打工或在调查前12个月内有过打工经历;X'_1 表示该个体劳动力所在的家庭是否参加退耕还林,$X'_2 \sim X'_n$ 分别为反映区域、家庭和个体劳动力特征的三组变量。其中,区域变量与式(5-5)相同,反映个体劳动力所在家庭特征的变量,主要包括老年人数量、小孩数量、人均耕地等;反映个体劳动力特征的变量,主要包括性别、年龄、受教育年限等。

第二步,估计退耕还林对个体劳动力打工收入的影响程度:

$$\ln(I_w) = b'_0 + b'_1 X'_1 + b'_2 X'_2 + \cdots + b'_n X'_n + \alpha\lambda + \varepsilon' \quad (5-8)$$

在式(5-8)中,I_w 为个体劳动力过去12个月打工的总收入,因变量为打工收入的自然对数;解释变量与式(5-7)大体相同,仅移除了反映区域特征的相关变量,同时,引入了式(5-7)得到的逆米尔斯比率 λ,以修正样本选择性偏差。

3. 利用随机前沿模型分析退耕还林对农林业生产效率的影响

本章采用随机前沿参数估计法(stochastic frontier analysis, SFA),通过建立生产函数对农户农林生产过程进行描述,对农林生产的技术效率进行估计,重点考察退耕还林和生态服务依赖的影响。该方法的优点在于具有经济理论基础,随机前沿生产函数反映在既定的技术条件下可以实现的最大产量,技术效率反映现实产出与理论最优产出的差距,即生产者利用现有技术的有效程度,用实际产量与最大可能产量的比率表示。艾格纳(1977)、梅森等(1977)提出了随机前沿面生产函数的一般形式：

$$\ln(q_i) = X'_i\beta + \nu_i - u_i \quad i=1, 2, \cdots, n \quad (5-9)$$

在式（5-9）中，q_i 表示第 i 个农户的产出；X'_i 表示包含投入对数的向量；β 表示待估计参数的列向量；u_i 表示与技术无效率相关的非负随机变量，$u_i \sim N(\mu, \sigma_u^2)$；$\nu_i$ 表示统计噪声的随机变量，$\nu_i \sim N(0, \sigma_\nu^2)$；将测量误差和其他统计噪声从技术无效率造成的偏差中分离出来，产出前沿面的边界为随机变量 $\text{Exp}(X'_i\beta + \nu_i)$。因此，q 的解释包括确定性前沿面、噪声影响和技术无效率三部分，[①] 而技术效率 TE 定义为观测产出与相应的随机前沿面产出的比值，见式（5-10）：

$$TE_i = \frac{q_i}{\text{Exp}(X'_i\beta + \nu_i)} = \frac{\text{Exp}(X'_i\beta + \nu_i - u_i)}{\text{Exp}(X'_i\beta + \nu_i)} = \text{Exp}(-u_i)$$

$$(5-10)$$

各种生产投入要素之间的弹性替代情况未知，因此，本章采用了形式更为灵活、可近似反映任何生产技术的超越对数函数来建立随机前沿生产函数模型。超越对数随机前沿生产函数模型的具体设定为：

$$\begin{aligned}\ln(Y_i) = & \beta_0 + \beta_1 \ln(K_i) + \beta_2 \ln(L_i) + \beta_3 \ln(F_i) \\ & + 1/2\beta_4 [\ln(K_i)]^2 + 1/2\beta_5 [\ln(L_i)]^2 \\ & + 1/2\beta_6 [\ln(F_i)]^2 + \beta_7 \ln(K_i)\ln(L_i) \\ & + \beta_8 \ln(K_i)\ln(F_i) + \beta_9 \ln(L_i)\ln(F_i) \\ & + (V_i - U_i) \end{aligned} \quad (5-11)$$

在式（5-11）中，Y_i 表示第 i 个农户的农林产出变量；K 表示农林生产的资金投入变量；L 表示农林生产的劳动力投入变量；F 表示农林生产的土地投入变量；V 表示随机误差项，假定服从正态分布，即白噪声，用来测度误差及各种不可控随机因素，例如，运气、天气情况等；U 表示与技术无效率相关的非负随机项，即技术效率的损失，假定服从阶段

[①] Coelli T. J., Rao D. S. P., O'Donnell C. J. 效率和生产率分析导论 [M]. 刘大成，译. 北京：清华大学出版社，2009.

正态分布，独立于随机误差 V。

资本、劳动力和土地三种生产投入要素的平均产出弹性反映了在技术水平和投入价格不变的条件下，若其他投入量固定不变，单独一种投入的数量相对变动所引起产出的相对变动，具体公式为：

$$\varepsilon_K = \beta_1 + \beta_4 \ln(K) + \beta_7 \ln(L) + \beta_8 \ln(F) \qquad (5-12)$$

$$\varepsilon_L = \beta_2 + \beta_5 \ln(L) + \beta_7 \ln(K) + \beta_9 \ln(F) \qquad (5-13)$$

$$\varepsilon_F = \beta_3 + \beta_6 \ln(F) + \beta_8 \ln(K) + \beta_9 \ln(L) \qquad (5-14)$$

在式（5-12）、式（5-13）、式（5-14）中，β_i 为随机前沿生产函数的参数估算结果，$\ln(K)$、$\ln(L)$、$\ln(F)$ 分别为样本总体农林生产资金投入、劳动力投入和家庭土地面积的算术平均值。

第 i 个农户的技术效率用存在技术非效率时实际产出的期望值与完全技术有效时产出的期望值的比率来表示：

$$TE_i = \frac{E(Y_i \mid u_i, X_i)}{E(Y_i \mid u_i = 0, X_i)} = \mathrm{Exp}(-u_i) \qquad (5-15)$$

在式（5-15）中，若 $u_i = 0$，则 $TE_i = 1$，表明第 i 个农户处于完全技术效率状态，实际产出在生产前沿面上；若 $u_i > 0$，则 $0 < TE_i < 1$，农户处于技术非效率状态，其产出位于生产前沿面的下方。为了进一步分析影响农林业生产技术效率的因素，结合既有文献与本章研究目的，构建技术无效率模型：

$$u_i = \delta_0 + \delta_1 z_{i1} + \delta_2 z_{i2} + \delta_3 z_{i3} + \cdots + \delta_{1k} z_{i1k} \qquad (5-16)$$

在式（5-16）中，u_i 是第 i 个农户与技术无效率相关的非负随机变量；$z_1 \sim z_k$ 表示 k 个影响农林业生产技术效率的因素，涵盖四个方面的变量：（1）退耕特征，农户是否参与退耕、退耕地面积、退耕地平均年限、退耕地平均坡度和每亩退耕地补偿收入，较为全面地反映了农户参与退耕还林工程在规模效应、质量效应和收入效应等方面的异质性；（2）户主特征，如性别、年龄、受教育程度、健康状况；（3）家庭特征，如家庭人口数、家中是否有打工成员、是否有村干部经历、是否接受过培训、初中及以上教育程度的比例及是否有银行贷款；（4）区域变量，如以安康市紫阳县为参照的区县虚拟变量。

此外，为了考察退耕还林工程对减贫的间接作用机制、生态服务与人类福祉之间的关系，测算了退耕还林工程引起的土地利用变化和生态服务变化，以及农户对生态服务的依赖性，并在模型中引入反映农户对生态服务依赖的变量，考察退耕行为、农户与生态服务之间的关系对农林生产效率的影响。既有关于农户生计行为对生态系统的影响研究，多依据生计活动对生态系统的干扰程度进行定性分析，如纯农业活动可能会提高生态脆弱性程度，对坡地或山地的开荒行为、薪柴采伐行为会破坏地表覆被，加剧水土流失和土壤侵蚀程度；本地非农活动，如采矿、修路、建厂等会增加对生态系统的干扰程度，而外出务工活动则会减轻人类活动对本地资源环境的压力，但同时化肥农药的大量使用会导致耕地土壤结构、功能退化，加剧环境污染。既有研究对人类活动引起的生态服务变动进行量化的评估多着眼于宏观层面，而从微观农户层面定量评估农户土地利用行为对生态系统及服务影响的研究较为缺乏。杨武等（2013）基于农户生计行为和千年生态系统评估框架中生态服务与人类福祉的关系设计了生态服务依赖指标，测度了农户对生态服务的依赖程度。本章在此基础上改进了测算方法和具体的指标设计，对退耕前后的生态服务变化进行测算。生态服务主要有供给服务、调节服务、文化服务和支持服务四种类型。其中，支持服务是对其他服务的支持作用，为了避免重复计算，一般生态服务估算只考察供给服务、调节服务和文化服务三种类型。

本章基于上述方法并进行改进，尤其是对调节服务的测算。（1）供给服务用农林业纯收入、养殖纯收入和能源收益来测算。（2）调节服务用退耕还林和生态公益林对生态系统的调节效应来测算。但现行的生态补偿标准主要依据的是参与者的机会成本，而非生态服务的价值，因此，测算不太准确。如果仅依据生态补偿收入来测算调节服务，会低估未退耕户对调节服务的依赖性，因为生态补助对未参与的农户设置了门槛，所以，未能获得退耕补偿或只有较少的生态公益林补偿，但实质上调节服务其实并不存在这一排斥因素。因此，除了生态补偿收入，本书综合考虑了化肥和农药使用变化、土地利用转变等对蓄水节水、改善水质、减少水土流失和灾害的影响。安康地区位于丹江口水库，是南水北调中线工程的水源区，根据相关参数，如化肥使用量和土地利用变化等可以估算退耕还林工程引起的调节服务变化（郑华等，2013）。(3) 文化服务用农户参与生态旅游，如住宿、餐饮和打工等获得的收益来测算。生态服务依赖性测算的公式：

$$DES_i = ENB_i / (\sum_{i=1}^{3} ENB_i + SNB) \quad i = 1, 2, 3 \quad (5-17)$$

$$TDES = \sum_{i=1}^{3} DES_i \quad (5-18)$$

在式（5-17）和式（5-18）中，DES_i 表示农户对第 i 种类型的生态服务的依赖性，ENB 表示农户从生态服务中获得的净收益，SNB 表示农户从除生态以外其他社会经济活动中获得的净收益，TDES 表示农户对所有生态服务的依赖性。

三、变量设计与变量描述

本章研究主要涉及三个模型的实证分析：PSM 匹配收入模型、非农劳动力供给模型、农林业生产模型。三个模型的被解释变量分别为总收入、各项来源的收入及分配公平变量，是否打工、打工程度及效果的变量，农林业产出变量；主要的解释变量为农户是否参与退耕的二分变量和反映农户退耕特征的变量；控制变量主要涵盖户主及个体特征、家庭特征、区域特征三个方面，具体的变量设计与描述性统计见表 5-1。

表 5-1　　　　　主要变量设计与描述性统计

变量	变量说明	均值（标准差）
1. PSM 匹配收入模型		
家庭人均纯收入（元）	家庭总收入/家庭总人口[①]	5679.854（6545.73）
不含退耕补助的人均收入（元）	（家庭总收入 - 退耕补助）/家庭人口	5054.50（6707.54）
农林业纯收入（元）	农林产品实物和现金总收入 - 生产成本[②]	7174.63（14339.47）

续表

变量	变量说明	均值（标准差）
养殖纯收入（元）	养殖实物现金收入	1453.40（2727.34）
非农纯收入（元）	家庭打工汇款+非农经营纯收入	7322.20（13884.14）
政府补贴收入（元）	从政府获得的补助之和③	2305.33（4257.19）
贫困发生率	1=年人均纯收入低于2300元；反之，为0	0.35（0.48）
2. 非农劳动力供给模型		
家庭是否有人打工	1=是，0=否	0.57（0.49）
家庭打工人数（个）	农户家庭打工人数	0.83（0.89）
个体劳动力是否打工	1=是，0=否	0.23（0.42）
个体劳动力打工收入对数	I_w为个体劳动力过去12个月的打工收入	9.81（0.80）
3. 农林业生产模型		
农林业总产出（元）	家庭年农林产品实物和现金总收入	9854.97（20783.55）
农林业资金投入（元）	农户从事农林生产中大棚、化肥农药和种子等生产要素的年现金投入	611.71（794.71）
农林业劳动时间投入（日）	家庭农林生产年投入劳动时间和雇工劳动时间④	153.79（96.30）
农林业土地投入（亩）	家庭拥有耕地面积和林地面积总和，不包含退耕还林的面积	41.66（70.64）
4. 关键解释变量		
是否参与退耕还林	1=是，0=否	0.80（0.40）
生态服务依赖性	供给服务+调节服务+文化服务依赖	0.93（1.59）
5. 主要控制变量		
（1）个体特征变量		
户主性别	1=男，0=女	0.91（0.29）
户主年龄（岁）		49.98（11.94）
户主教育水平	1=文盲，2=小学，3=初中，4=高中，5=中专技校，6=大专及以上	2.35（0.86）
户主健康状况	1=好，2=一般，3=不好	1.40（0.64）
性别	1=男，0=女	0.55（0.50）

续表

变量	变量说明	均值（标准差）
年龄（岁）		38.37（20.54）
受教育年限（年）	个体受教育水平	6.78（3.81）
是否已婚	1＝是，0＝否	0.58（0.49）
是否党员	1＝是，0＝否	0.04（0.21）
是否为村干部或公务员	1＝是，0＝否	0.03（0.17）
是否从事农村智力劳动	1＝是，0＝否，如技术员、教师、医生等	0.02（0.15）
是否掌握技术或手艺	1＝是，0＝否，如厨艺、泥瓦匠、裁缝等	0.13（0.39）
是否接受过培训	1＝是，0＝否，个体是否接受过培训	0.08（0.27）
（2）家庭特征变量		
家庭人口数量（个）		3.75（1.51）
老年人数量（个）	65岁以上人口	0.45（0.66）
小孩数量（个）	16岁以下人口	0.67（0.81）
男性劳动力占比	男性劳动力数量/家庭劳动力（18～65岁）数量	0.55（0.26）
劳动力负担比	（老年人数量＋小孩数量）/家庭劳动力数量	0.47（0.56）
人均耕地面积（亩）	户耕地面积/家庭总人口	1.07（1.27）
人均林地面积（亩）	户林地面积/家庭总人口	9.13（16.65）
户耕地面积（亩）	水田总面积和旱地总面积	3.91（4.19）
户林地面积（亩）	自留山、承包林总面积	33.29（64.98）
是否为移民搬迁户	1＝是，0＝否	0.29（0.45）
是否有村干部经历	家庭是否有村干部经历，1＝是，2＝否	0.10（0.31）
是否接受过培训	家庭是否有人接受过培训；1＝是，2＝否	0.26（0.44）
受初中及以上教育的比例	初中及以上教育人数/家庭总人口	0.43（0.34）
是否从银行贷款	近三年是否从银行借过钱；1＝是，2＝否	0.30（0.46）

续表

变量	变量说明	均值（标准差）
家庭社会资本	家庭社会资本的综合评分值⑤	0.20（0.19）
村集体事务参与程度	1=很多，2=多，3=一般，4=少，5=很少	3.33（1.16）
（3）区域特征变量		
汉滨区	农户是否在汉滨区，1=是，2=否	0.17（0.38）
石泉县	农户是否在石泉县，1=是，2=否	0.25（0.43）
宁陕县	农户是否在宁陕县，1=是，2=否	0.16（0.37）
平利县	农户是否在平利县，1=是，2=否	0.24（0.42）
紫阳县	农户是否在紫阳县，1=是，2=否	0.19（0.39）
村与乡镇距离（千米）		9.51（8.05）

①家庭总收入主要由农林产品收入、养殖收入、打工成员汇款、非农经营收入、政府补贴收入及其他收入，包括土地转租收入、亲友馈赠收入和采药收入构成。

②农林业纯收入为农产品收入与林产品收入之和减去化肥、农药、雇工等要素支出，农林收入的测算包括现金收入和实物收入两部分，计算现金收入时，考虑到农户禀赋条件可能造成销售价格差异，以农户的销售价格和销售量为准；在计算实物收入时，未销售的农产品大多转化为农户消费，其价值大致相同，因此，其价格采用该农产品在这一年度中销售的平均价格。

③政府补助包括粮食补助、农机补贴、家电补贴、退耕补助、生态公益林补助、移民搬迁住房补助、残疾人补贴、非农经营等产业补助、低保补助等。

④将雇工支出根据陕西省2011年农林牧渔业在岗职工平均工资折合成雇工劳动天数，计入劳动力投入时间，雇工劳动时间=（雇工支出×30）/2386；陕西省2011年农林牧渔业在岗职工平均工资为28636元/年、2386元/月。数据来源于《2012陕西统计年鉴》。

⑤家庭社会资本的综合评分值采用了李小云等（2007）的方法。其中，S1表示有无从亲朋好友处借钱；S2表示需要大笔开支可求助的户数；S3表示上个月家庭成员通信费用；S4表示参加专业合作协会的数量。S = S1×0.25 + S2×0.25 + S3×0.25 + S4×0.25。

资料来源：笔者根据本课题组调研数据计算整理而得。

第二节 描述性统计分析

一、退耕农户与未退耕农户的收入及收入分配情况

从表5-2可以看出，退耕农户的家庭人均纯收入、各项收入来源情

况、贫困发生率,均显著好于未退耕农户。而非农纯收入在两组农户之间并无显著差异。此外,样本家庭人均纯收入基尼系数为0.52,属于收入差距较大的情况,但收入分配在退耕农户之间显著更为公平,其基尼系数显著低于未退耕农户。由此,样本匹配前退耕农户的收入水平、贫困状况和收入分配情况均好于未退耕农户,但两组样本的非农收入差异并不显著。

表5-2　　　　　退耕农户与未退耕农户收入情况及来源

指标	退耕农户（1123户）	未退耕农户（274户）	F检验	t检验
家庭人均纯收入（元）	6113.42（203.52）	3974.62（301.10）	0.53***	-5.88***
不含退耕补助的人均收入（元）	5405.89（210.59）	3974.62（307.89）	0.50***	-4.70***
农林业纯收入（元）	8126.95（468.39）	3425.22（354.00）	0.13***	-8.00***
养殖纯收入（元）	1632.5（85.54）	745.02（117.68）	0.46***	-6.09***
非农纯收入（元）	7550.46（411.86）	6473.02（865.48）	1.07	-1.14
政府补贴收入（元）	2550.70（131.05）	1252.20（215.78）	0.64***	-5.14***
贫困发生率	0.31（0.01）	0.48（0.03）	1.16	5.41***
基尼系数	0.48（0.00）	0.50（0.00）	0.68***	3.30***

注:表中括号内数字为标准差;F为退耕农户与未退耕农户样本方差齐性检验;t为退耕农户与未退耕农户均值差异检验;***、**、*分别表示在1%、5%和10%的水平上显著。
资料来源:笔者根据本课题组的调研数据计算整理而得。

二、退耕农户与未退耕农户的非农劳动力供给情况

表5-3从农户层面对比了退耕农户与未退耕农户在非农劳动力供给和家庭基本特征方面的差异。可以看出,退耕农户样本中外出打工的占58%,显著高于未退耕农户(51%),且其在打工劳动力数量方面,尤其是外地打工占明显优势。而且,退耕农户与未退耕农户在家庭特征方面有显著差异:退耕农户的家庭人口数量和劳动力数量均显著多于未退耕农户,劳动力负担比更小;退耕农户受教育水平更高,户主更年轻,拥有更多的耕地和林地。

表 5-3　退耕农户与未退耕农户非农劳动力供给和家庭基本特征

指标	退耕农户 (1123 户)	未退耕农户 (274 户)	F 检验	t 检验
有打工劳动力的农户占比	0.58 (0.49)	0.51 (0.50)	1.03	-2.10 *
打工劳动力数量（个）	0.85 (0.89)	0.74 (0.85)	0.91	-1.85 +
外地打工劳动力数量（个）	0.70 (0.85)	0.58 (0.81)	0.91	-2.05 +
本地打工劳动力数量（个）	0.15 (0.43)	0.16 (0.45)	1.07	0.25
家庭人口数量（个）	3.75 (1.54)	3.28 (1.61)	1.09	-4.53 ***
劳动力数量（个）	2.73 (1.33)	2.19 (1.34)	1.02	-6.01 ***
男性劳动力比例（%）	54.71 (24.64)	54.06 (30.58)	1.54 ***	-0.38
劳动力负担比	0.45 (0.56)	0.53 (0.57)	1.06	1.98 *
家庭受初中以上教育比例（%）	43.35 (33.92)	36.22 (34.78)	1.05	-3.10 *
户主年龄（岁）	50.04 (12.09)	52.39 (15.07)	1.55 ***	2.40 *
户耕地面积（亩）	4.13 (4.25)	3.08 (3.81)	0.80	-3.71 ***
户林地面积（亩）	37.70 (69.96)	16.07 (34.39)	0.24 ***	-7.35 ***

注：表中括号内数字为标准差；F 为退耕农户与未退耕农户样本方差齐性检验；t 为退耕户与未退耕户均值差异检验；*** 、** 、* 分别表示在 1%、5% 和 10% 的水平上显著。

资料来源：笔者根据本课题组的调研数据计算整理而得。

在个体劳动力层面，5130 个个体样本中有 3674 个劳动力，其中打工劳动力占 31.00%，且去外地打工者居多。在退耕样本中，劳动力数量为 3061 个，打工劳动力同样占 31.00%，且在外省（市）打工的居多，占 76.08%。可见，退耕样本与非退耕样本在个体层面的外出务工情况比较相似。个体劳动力主要流向乡镇及县以外的地区，就打工的职业类型来看，主要是对教育和技能要求不高的部门，如工厂、矿山、建筑工地等。退耕劳动力外出务工占 31.00%，略低于非退耕劳动力，但差异并不显著。此外，退耕劳动力的人均打工收入（8294 元/年）与非退耕劳动力（8937 元/年）之间也无显著差异。退耕劳动力掌握某项手艺或技术的比例以及接受过培训的比例，均显著高于未退耕劳动力。

综上所述，退耕农户与非退耕农户在非农劳动力供给上的差异主要体现在农户层面,退耕农户打工比例和打工数量显著多于未退耕农户,主要流向为外地和低技术含量部门。退耕农户劳动力数量和质量在农户和个体层面均显著优于非退耕农户。为了更准确地估计退耕还林对非农劳动力供给的影响,需要建立计量模型进一步控制农户及个体特征等因素。

三、退耕农户与未退耕农户的农林业生产情况

在农林业生产资料的投入和产出方面,除了资金投入,退耕农户的各项农林业生产投入均显著高于未退耕农户,且农林产品的毛收入更高。可能的原因主要有三个。(1)退耕农户的土地资源基础较强,退耕农户拥有的耕地面积和林地面积均显著高于未退耕农户。(2)退耕农户的土地利用程度较深,从耕地和林地的复种指数(播种面积/土地面积)可以看出,耕地利用率较高,有着相对较高的复种指数(≥1),而林地并没有得到充分利用,复种指数均低于0.40;退耕农户的耕地复种指数(1.31)相对高于未退耕农户(1.25),退耕农户林地复种指数(0.26)显著高于未退耕农户(0.04)。(3)退耕农户的人力资源基础较好。退耕农户的劳动力情况要显著好于未退耕农户。而两组样本在农林业生产的资金投入方面,并无显著差异。

退耕农户与未退耕农户在生产资料产出率上也存在显著差异,见表5-4。退耕农户资本产出率和劳动产出率均显著高于未退耕农户,而土地产出率显著较低。由此,退耕农户的农林业生产增长主要依靠资本和劳动生产率的提升。其中,化肥农药在各项投入中占比最高,之后为种子和雇工,大棚最少。退耕后农林业生产率的提升主要源于土地的集约利用和化肥农药的集中使用,而这可能会造成环境污染,也是本书要在生态服务变化的测算中考虑化肥农药效应的原因。同样,从单位产出的成本投入来看,退耕农户的农林业生产更为集约,即单位产出投入的土地、劳力和资本较少。

表 5-4　　　　不同退耕特征的农户农林业生产投入与产出

是否退耕	土地投入（亩）	劳动时间投入（日）	资金投入（元）	农林产品毛收入（元）	土地产出率（元/亩）	劳动产出率（元/日）	资本产出率（元/元）
是	42.18	6.60	606.94	9943.15	427.92	2156.64	17.37
否	22.79 ***	5.23 ***	543.14	5712.73 ***	587.64 ***	1634.16 **	12.53 ***

注：***、**、*分别表示在1%、5%和10%的水平上显著；土地生产率=农林毛收入/土地面积；劳动生产率=农林毛收入/农林劳动时间；资本生产率=农林毛收入/资本投入。

资料来源：笔者根据本课题组的调研数据计算整理而得。

第三节　研究结果

一、退耕还林工程对减缓收入贫困的作用

（一）退耕还林工程对减缓收入贫困的影响

综合第四章退耕还林工程对减贫的瞄准机制研究的结果，本节选择了倾向值匹配的协变量，以控制退耕样本和非退耕样本之间的不平衡，表5-5展现了同时影响农户参与退耕还林工程和家庭收入的协变量。匹配前，协变量在退耕农户和未退耕农户之间存在显著差异。家庭人口数量、是否从银行贷款、人均耕地面积、户主教育水平和是否移民搬迁，对农户参与退耕有显著、正向的影响；是否有小孩、村集体事务参与程度对农户参与退耕有显著、负向的影响。

表 5-5　　　样本描述和预测倾向值的 Logistic 回归模型

变量	退耕农户（标准差）	未退耕农户（标准差）	p 值	Logistic 模型系数（稳健标准误）
家庭人口数量	3.75（1.54）	3.27（1.60）	0.00	0.23（0.06）***
是否有小孩	0.38（0.49）	0.38（0.49）	0.00	-0.39（0.18）**
是否银行贷款	0.29（0.46）	0.14（0.35）	0.00	0.75（0.20）***
村集体事务参与程度	3.27（1.17）	3.52（1.08）	0.00	-0.10（0.06）*
人均耕地面积	1.63（2.99）	1.26（1.81）	0.00	0.17（0.06）***
户主教育水平	6.58（3.39）	5.84（3.46）	0.00	0.05（0.02）**
是否移民搬迁户	0.31（0.46）	0.21（0.41）	0.00	0.31（0.17）*

续表

变量	退耕农户 (标准差)	未退耕农户 (标准差)	p 值	Logistic 模型系数 (稳健标准误)
常数				0.32 (0.34)
Pseudo R^2				0.06
LR chi^2 (7)				76.57 ***

注：***、**、* 分别表示在1%、5%和10%的水平上显著；模型的卡方值在1%的水平上显著，说明模型整体拟合度较好。

资料来源：笔者根据本课题组的调研数据计算整理而得。

利用 Stata 12.0 软件中的 psmatch2 命令，采用最近邻匹配法、半径匹配法、核匹配法三种方法对样本进行匹配，其中，半径匹配法依据倾向值标准差的1/4作为半径大小，全部样本均满足共同支持域的要求，表明两组样本有可比性，可以进行倾向值匹配分析。为检验倾向值计算的匹配效果，图5-2展现了三种样本匹配前后的倾向值密度分布情况。

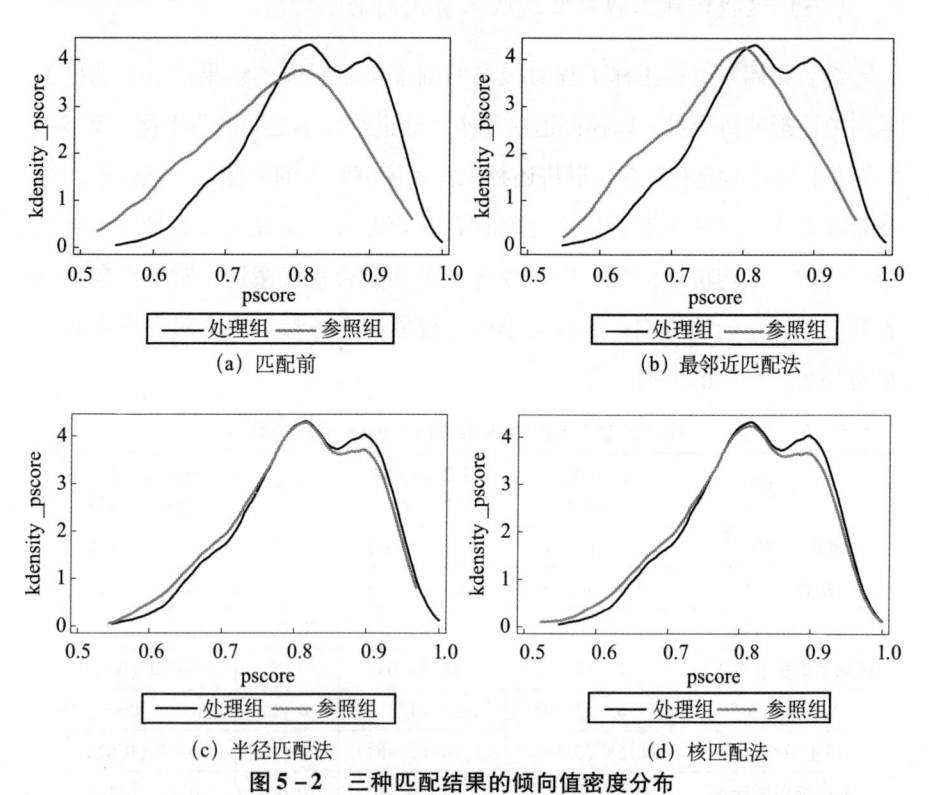

(a) 匹配前

(b) 最邻近匹配法

(c) 半径匹配法

(d) 核匹配法

图 5-2 三种匹配结果的倾向值密度分布

资料来源：笔者根据本课题组的调研数据，运用 Stata 12.0 软件计算整理而得。

匹配前控制组（未退耕农户）和处理组（退耕农户）之间存在显著差异，如图5-2（a）所示，直接比较会产生偏差。匹配后两组的差异有所改善，半径匹配法和核匹配法的效果最好，参照组和处理组的倾向值密度分布曲线非常接近。但邻近匹配法并没有涉及所有样本及信息，匹配效果欠佳，如图5-2（b）所示。以核匹配法为例，表5-6展示了样本匹配均衡检验的结果，表明匹配后所有变量标准偏差的绝对值小于20.0%，不会引起匹配失效。而且，匹配后处理组和控制组在匹配变量上比较平衡，对样本匹配后变量的均值进行t检验判断是否存在显著差异，除了是否从银行贷款之外，其他所有变量在处理组和控制组之间在统计上无显著差异。因此，从整体匹配效果来看，匹配均衡检验可以通过，匹配效果基本满足要求。

表5-6　　样本匹配均衡检验（以kernel检验结果为例）

变量	匹配前后	均值 处理组	均值 控制组	偏差(%)	偏差减少(%)	t	p>t	V(T)/V(C)
家庭人口数量	匹配前	3.7275	3.2335	31.8		4.62	0.000	0.95
	匹配后	3.7275	3.7362	-0.6	98.2	-0.13	0.896	0.97
是否有小孩	匹配前	0.3816	0.3774	0.9		0.13	0.900	1.00
	匹配后	0.3816	0.3939	-2.5	-191.8	-0.59	0.555	0.99
是否从银行贷款	匹配前	0.2935	0.1323	40.1		5.34	0.000	1.80*
	匹配后	0.2935	0.2369	14.1	64.9	3.00	0.003	1.15*
村集体事务参与程度	匹配前	3.2606	3.5097	-22.2		-3.14	0.002	1.16*
	匹配后	3.2606	3.2479	1.1	94.9	0.27	0.791	1.17*
人均耕地面积	匹配前	1.5972	1.3088	13.2		1.75	0.080	1.79*
	匹配后	1.5972	1.5966	0.0	99.8	0.01	0.995	1.25*
户主受教育水平	匹配前	6.6018	5.7782	24.2		3.51	0.000	0.96
	匹配后	6.6018	6.5783	0.7	97.1	0.17	0.864	1.25*
是否移民搬迁户	匹配前	0.3091	0.2217	19.9		2.78	0.006	1.23*
	匹配后	0.3091	0.2889	4.6	76.9	1.03	0.304	1.04

注：***、**、*分别表示在1%、5%和10%的水平上显著。
资料来源：笔者根据本课题组的调研数据，运用Stata 12.0软件计算整理而得。

表5-7展现了三种样本匹配方法下处理组的平均处理效应，以反映退耕还林工程对农户收入减贫的短期影响（包含退耕补贴的收入）、长期影响（不包含退耕补贴的收入），以及对其他收入来源的影响。

表5-7 不同PSM匹配法下退耕还林工程对农户收入的影响效应

收入变量	未匹配 ATT	未匹配 t值	最邻近匹配法 ATT	最邻近匹配法 t值	半径匹配法 ATT	半径匹配法 t值	核匹配法 ATT	核匹配法 t值
年纯收入	8529.92	5.19***	6939.04	3.90***	5930.93	3.00***	6192.92	3.25***
不含补偿纯收入	7179.46	4.58***	5659.46	3.32***	4815.03	2.48***	5074.21	2.72***
人均纯收入	1995.76	4.46***	1646.61	3.16***	1602.39	2.59***	1672.24	2.82***
农林纯收入	4554.19	4.61***	3073.08	4.09***	3959.42	5.54***	4256.35	6.08***
养殖收入	868.67	4.62***	750.44	3.49***	762.82	3.84***	823.061	4.05***
非农收入	884.28	0.93	1132.66	0.81	-427.96	-0.24	-590.32	-0.34
政府补贴收入	1323.29	4.58***	1241.54	3.44***	1115.90	3.88***	1118.71	4.03***
贫困发生率	-0.17	-5.46***	-0.11	-2.28***	-0.12	-3.08***	-0.13	-3.50***

注：***、**、*分别表示在1%、5%和10%的水平上显著。
资料来源：笔者根据本课题组的调研数据，运用Stata 12.0软件计算整理而得。

结果表明，农户退耕前后总纯收入有显著增长，不包含退耕补偿的总收入也有显著增长，虽然增长幅度不如短期内有补助的情况。可见，退耕还林工程对农户收入增长和长期创收能力均有积极的影响。相应地，农户的贫困发生率也因退耕还林工程而显著降低。其中，核匹配法的结果表明，退耕前后的贫困发生率分别为0.42和0.34。可见，退耕还林工程在一定程度上减缓了农村的贫困状况。

同时，退耕还林工程对农户各项收入来源均有显著、正向的影响，包括农林纯收入、养殖收入、政府补贴收入。退耕反而增加了农户利用土地从事生产的收入，且变化幅度与总收入基本一致，说明农林业收入对农民增收非常关键。此外，退耕还林工程对养殖业收入有显著而稳定的促进作用，但对非农收入的作用不显著，说明退耕并未促进农户形成完全脱离土地的替代生计，主要是本地以土地资源为基础的生产转型。从增长的幅度可以看出，拉动退耕户收入增收的主要动力源于农林纯收入的增长。这与本书之前的假设有所偏差，因此，本章接下来分别重点研究退耕还林工程对非农劳动力供给和农林业生产的影响,以进一步剖析收入变化的原因和机制。

(二) 退耕还林工程对缩减收入差距的影响

刘·C. 等（Liu C. et al.）研究发现，经济水平越高的农户获得退耕补贴越多，加剧了退耕户之间的收入差距；① 而黎·J. 等（Li J. et al.）研究发现，退耕农户中收入不平等情况少于未退耕农户，参与退耕还林对农户收入有显著、积极的作用，但是，影响从低收入水平农户到高收入水平农户有所减少。② 本书得到了相似的结论，如表5-8和表5-9所示。

表5-8 农户层面、村级层面、乡镇级层面、县级层面退耕农户与非退耕农户人均纯收入的基尼系数差异比较

类别	总样本	村级	t值	乡镇级	t值	县级	t值
退耕农户	0.51	0.46	0.37	0.47	0.58	0.49	0.37
未退耕农户	0.53	0.48		0.50		0.51	

注：删除了样本量少于10的乡镇和村。
资料来源：笔者根据本课题组的调研数据计算整理而得。

表5-9 分位数回归结果：退耕工程对不同收入水平农户的作用差别

项目	系数 q20	系数 q40	系数 q60	系数 q80
是否退耕	0.19*	0.29***	0.22**	0.18**
家庭人口数量	-0.12***	-0.07**	-0.04	-0.04*
是否有小孩	0.16	0.08	0.03	-0.02
是否从银行贷款	0.25**	0.13	0.15*	0.21***
村集体事务参与程度	-0.09**	-0.06**	-0.04	-0.07**
人均耕地面积	0.10*	0.14***	0.18***	0.19***
户主教育水平	0.01	0.04***	0.04***	0.06***
是否移民搬迁户	0.14	0.30***	0.40***	0.27***
常数	7.59***	7.61***	7.81***	8.39***

注：***、**、*分别表示在1%、5%和10%的水平上显著。
资料来源：笔者根据本课题组的调研数据，运用Stata 12.0软件计算整理而得。

---

① Liu C., Lu J., Yin R. An estimation of the effects of China's Priority Forestry Programs on farmers' income [J]. Environ Manage, 2010, 45 (3): 526-540.

② Li J., Feldman M. W., Li S. et al. Rural household income and inequality under the Sloping Land Conversion Program in western China [J]. Proc Natl Acad Sci USA, 2011, 108 (19): 7721-7726.

在表5-8中，退耕农户人均纯收入的基尼系数均值（0.51）小于未退耕农户样本（0.53），但这一差异在统计上并不显著。进一步在村级层面、乡镇层面和县级层面计算退耕农户与未退耕农户的基尼系数进行均值比较，也呈现出相似的结果。可见，退耕还林工程在一定程度上减缓了农户间的收入不平等，但作用不显著，且随着退耕时间延长，退耕农户的收入差距变化不大。表5-9同样表明，退耕对不同收入水平农户的人均纯收入均呈现显著的正向影响，且是否退耕的分位数回归系数的变化不大，统计意义上不显著。

二、退耕还林工程对非农劳动力供给的作用

表5-10为农户层面和个体劳动力层面模型的估计结果，分别探究了退耕对农户打工人数和个体劳动力打工收入的影响。Wald chi^{2}均在1%的水平上显著，说明模型整体拟合效果较好；逆米尔斯比率λ在统计上不显著，说明两个模型均不存在样本选择偏误。

表5-10 退耕还林对外出务工影响的Heckman两阶段模型分析结果

变量	家庭（户）层面模型				个体劳动力层面模型			
	是否有人打工		打工人数		是否打工		打工收入	
	系数	|z|	系数	|z|	系数	|z|	系数	|z|
1. 是否退耕	0.01	0.12	0.00	0.06	-0.06	0.94	0.02	0.25
2. 区域特征								
汉滨区	-0.14	1.05	—	—	-0.18**	2.14	—	—
石泉县	0.37***	2.73	—	—	0.13	1.53	—	—
宁陕县	0.33***	2.21	—	—	-0.01	0.07	—	—
平利县	0.03	0.27	—	—	-0.00	0.01	—	—
村与乡镇距离	0.01	1.37	—	—	-0.01*	1.88	—	—
3. 家庭特征								
家庭总人口	0.27***	9.18	0.24***	6.45	—	—	—	—
男性劳动力占比	0.42**	2.54	0.43***	3.31	—	—	—	—
老年人数量	—	—	—	—	-0.02	0.52	0.12***	2.97
小孩数量	—	—	—	—	0.03	0.72	0.09***	2.60

续表

变量	家庭（户）层面模型				个体劳动力层面模型			
	是否有人打工		打工人数		是否打工		打工收入	
	系数	|z|	系数	|z|	系数	|z|	系数	|z|
劳动力负担比	-0.11	1.53	-0.34***	8.11	—	—	—	—
初中以上受教育比例	0.44***	3.00	0.44***	4.02	—	—	—	—
户耕地面积	-0.01	1.14	-0.01*	1.77	—	—	—	—
户林地面积	-0.001**	2.31	-0.001*	1.88	—	—	—	—
人均耕地面积	—	—	—	—	-0.04	1.49	0.12***	4.95
人均林地面积	—	—	—	—	-0.004**	2.16	-0.004**	2.29
家庭社会资本	0.32	1.46	0.01	0.11	—	—	—	—
是否为移民搬迁户	0.00	0.01	0.02	0.37	0.02	0.38	-0.04	0.73
4. 个体劳动力特征								
性别	—	—	—	—	0.64***	12.47	0.003	0.02
年龄	-0.01***	4.1	0.00	0.15	0.04**	2.58	-0.02	0.84
年龄平方	—	—	—	—	-0.001***	5.04	0.00	0.61
受教育年限	-0.02	1.6	-0.02*	1.89	0.11***	5.06	-0.00	0.09
受教育年限平方	—	—	—	—	-0.01***	5.82	0.00	0.22
是否已婚	—	—	—	—	-0.22***	3.29	0.18**	2.19
是否党员	—	—	—	—	-0.13	1.06	0.06	0.48
是否为村干部	—	—	—	—	-0.33*	1.91	0.09	0.41
是否智力劳动者	—	—	—	—	-0.11	0.71	-0.08	0.55
是否掌握某种技术	—	—	—	—	0.10	1.53	0.03	0.53
是否接受过培训	—	—	—	—	0.26***	3.29	-0.26***	3.23
常数项	-0.49	1.61	0.19	0.70	-0.82***	2.72	10.16***	17.74
λ	—	—	0.29	1.25	—	—	-0.38	1.31
Wald chi² (22)	270.73***		Pseudo R²	0.09	Wald chi² (34)	656.27***	Pseudo R²	0.17
删除样本	532		未删失样本	786	删失样本	2476	未删失样本	1099

注：***、**、*分别表示在1%、5%、10%的水平上显著。"—"表示无数据。

资料来源：笔者根据本课题组的调研数据，运用 Stata 12.0 软件计算整理而得。

(一) 退耕还林工程对农户层面非农劳动力供给的影响

在农户层面的非农劳动力供给模型中,是否退耕对农户是否外出务工和务工人数有正向影响,但在控制了区域特征、家庭特征及个人特征等因素后作用并不显著。家庭总人口越多、家庭成员受初中以上教育程度的比例和男性劳动力占比越高、户主越年轻,农户从事非农就业的可能性越大。家庭中老年人或者小孩较多,也会在一定程度上阻碍家庭成员外出务工。户耕地面积和林地面积,也与务工人数显著负相关。区域因素对非农就业也有显著影响,与紫阳县相比,石泉县和宁陕县的农户外出务工的比例更高。这可能与农户所在的区域背景有关,紫阳县和平利县以发展茶业、畜牧业和蚕桑业等区域特色产业为主,农户退耕后可发展特色产业。

(二) 退耕还林工程对个体层面非农决策的影响

在个体劳动力层面的非农决策模型中,控制了区域特征、家庭特征及个体特征等因素的情况下,退耕还林对个体劳动力是否外出务工和务工收入并无显著影响。男性和未婚的劳动力外出打工的概率,分别显著高于女性和已婚的劳动力。个体年龄与其外出务工概率的关系呈倒"U"形,随着年龄的增长,农民个体外出打工概率先升高、后降低。个体受教育年限与外出打工概率有着相似的倒"U"形关系。受过培训的农民外出打工的概率显著高于未受过培训的,而有过村干部经历的农民外出务工的可能性反而更小,因为他们在当地可能有更好的发展而无须外出谋生。虽然个体劳动力特征对其是否打工起关键作用,但对打工收入的作用并不明显,表明农村外出务工劳动力素质普遍不高,对工作的自主选择性较差。家庭中老年人数量和小孩数量显著影响打工者的收入,但与既有研究结果不同,家中老年人数量和小孩数量越多的个体打工收入之所以显著更高,是因为老年人数量和小孩数量多的家庭对经济收入要求更高,对外出打工者施加的压力相对更大。

此外，用 PSM 法处理选择性偏误，样本匹配后处理组和控制组在非农劳动力供给方面的差异由显著变得不显著，同样表明，退耕对非农劳动力供给并未产生有效的促进作用。因此，以下进一步剖析退耕还林工程对非农劳动力转移的制约因素。

（三）退耕还林工程对非农劳动力转移的制约因素剖析

在受访退耕农户中，52.01% 表示退耕增加了其外出务工活动或非农活动，因此，针对退耕农户样本，以退耕是否增加了非农劳动供给为因变量，以收入等级、多维贫困指标等为关键自变量建立模型1~模型9，重点剖析退耕还林工程背景下收入和多维贫困对促进非农劳动力供给的作用（见表5-11），表明农户的经济收入水平显著、积极地影响退耕对非农劳动力供给的促进作用。农户收入水平每提高一个等级，退耕促进其非农劳动力转移的概率就增加4%。同时，农户的多维贫困情况也对促进非农劳动力供给有显著影响。收入贫困、教育贫困、住房贫困和权利贫困，均对非农劳动力转移起到了显著的负向作用；收入贫困的作用最大，贫困户退耕能够促进非农劳动力供给的概率比非贫困户低13%；之后是教育贫困（10%）、然后是权利贫困（9%）和居住贫困（8%）。可见，退耕能否促进退耕农户的非农劳动力供给还受到贫困因素的制约，主要是来自收入、教育、生活条件和权利等方面的约束。农户多维贫困程度越深，退耕对非农劳动力供给的促进就越小，贫困维度每增加一个等级，退耕促进非农劳动力转移的概率减少3%。

表5-11 退耕还林工程对非农劳动力供给的促进模型：多维贫困的作用

贫困变量		ME	SE	Log likelihood	LR chi^2	Pseudo R^2	样本量
1. 单维贫困情况							
模型 1	人均纯收入	0.04 ***	0.01	-681.50	99.18 ***	0.07	1059
2. 多维贫困情况							
模型 2	I	-0.13 ***	0.04	-680.28	101.62 ***	0.07	1059
模型 3	E	-0.10 *	0.05	-686.58	89.02 ***	0.06	1059

续表

	贫困变量	ME	SE	Log likelihood	LR chi^2	Pseudo R^2	样本量
模型 4	H	0.06	0.05	-685.91	90.36***	0.06	1059
模型 5	L	-0.08**	0.04	-686.20	89.78***	0.06	1059
模型 6	F	0.05	0.04	-691.02	84.18***	0.06	1062
模型 7	R	-0.09**	0.04	-685.12	91.94***	0.06	1059
模型 8	A	0.04	0.04	-687.75	86.69***	0.06	1059
模型 9	DMP	-0.03**	0.01	-685.17	91.84***	0.06	1059

注：***、**、*分别表示在1%、5%、10%的水平上显著。表中仅呈现关键变量的结果。

资料来源：笔者根据本课题组的调研数据，运用Stata 12.0软件计算整理而得。

三、退耕还林工程对农户农林业生产效率的作用

（一）土地利用、生态服务、农户对生态服务的依赖程度

从人与资源的关系出发，测算退耕还林工程因土地利用行为转变而带来的生态服务变化，以及农户对生态服务的依赖程度，在此基础上，分析退耕还林工程如何通过生态效益途径影响农林业生产和农户福祉。

第一，农户退耕后耕地面积减少，林地面积增加。退耕地面积、退耕地坡度、退耕地与自然保护区的距离、生态公益林面积等可以间接反映出退耕可能带来的生态效益，如水资源节约、减少水土流失等。同样，从农户的土地利用行为变化，如养殖、化肥农药、薪柴等能源使用，也可以测算退耕对生态环境的影响。[①] 一方面，退耕农户收集薪柴的时间显著少于未退耕农户，利用沼气池的比例显著高于未退耕农户，退耕还林工程的目的之一，就是减少山区水土流失等自然灾害，经比较，退耕农户遭受自然灾害的比例比未退耕农户相对更低；另一方面，退耕还林工程显著增加了农户从事养殖活动的比例，但退耕还林工程反而增加了化

---

① 赵雪雁. 不同生计方式农户的环境影响——以甘南高原为例 [J]. 地理科学, 2013, 33 (5): 545-552.

肥和农药的投入强度，会增加土壤中的营养流失，造成水体污染。由此，农户退耕在一定程度上缓解了自然资源压力、减少了水土流失，但同时，应警惕农户耕地减少引起的土地高强度利用和畜牧养殖增加或对土壤、生态环境造成危害。

第二，通过资源利用变化来估计退耕工程带来的生态服务变化，如表5-12所示。退耕还林工程对三种生态服务变化均有显著的、正面的影响，表明参与退耕还林工程后农户能更多地从生态服务中获益。在供给服务方面，农户退耕后农林收入和养殖收入显著增加，能源利用价值不显著；在调节服务方面，退耕农户获得退耕还林补助和生态公益林补助显著更多，但是，在土地利用，农药、化肥使用方面更为集中，对生态服务造成负面影响；在文化服务中，农户退耕后旅游经营收入和旅游务工收入相对增加，但不显著。

表5-12 资源利用变化与生态服务变化

生态服务类型	生态服务收益			生态服务依赖		
	非退耕农户	退耕农户	ATT	非退耕农户	退耕农户	ATT
（1）供给服务	6381.74	11474.67	4288.14 ***	1.03	0.74	-0.24 *
农林收入	3425.22	8126.95	3910.62 ***	0.39	0.56	0.12 ***
养殖收入	745.02	1632.50	743.49 ***	0.08	0.15	0.05 ***
能源利用价值	2343.05	1798.65	-490.37	0.34	0.24	-0.07 ***
（2）调节服务	12.30	818.42	804.67 ***	0.00	0.09	0.09 ***
退耕还林补助	0.00	797.71	788.67 ***	0.00	0.94	0.93 ***
生态公益林补助	6.22	20.71	16.00 **	0.03	0.02	-0.00
（3）文化服务	1407.29	1503.56	198.01 ***	0.08	0.05	-0.07
旅游经营收入	36260	50413.79	132.65	0.05	0.05	-0.01
旅游务工收入	3285.71	7120.69	65.53	0.02	0.02	0.01

注：***、**、*分别表示在1%、5%、10%的水平上显著。
资料来源：笔者根据本课题组的调研数据，运用Stata 12.0软件计算整理而得。

第三，生态服务为农户提供的福祉可以用生态服务的依赖性来反映，表5-12测算了退耕还林工程对农户生态服务依赖性的平均影响效应。结果发现，与生态服务的变化不同，未退耕农户对供给服务的依赖性更加显著,主要源于未退耕农户对薪柴等能源利用的依赖,但其对农林业和养殖的依赖性显著低于退耕农户。如果依据生态补偿收入来测算调节服务,因为未退耕农户未能获得退耕补偿和生态公益林补偿,所以,对调节服务的依赖性较弱;但这样测算不太准确,补助对未参与退耕的农户设置了门槛,而实质上调节服务并未排斥这一因素,因此,除了生态补偿收入,应综合考虑其他因素的影响。如养殖、化肥和农药使用的变化,可以反映养殖污染情况或营养负荷情况;退耕林地、生态公益林、薪柴使用等,可以反映森林对减少土壤侵蚀风险和灾害的影响。此外,退耕农户和未退耕农户对文化服务的依赖并无显著差异,基于文化服务的生态旅游等并未对退耕农户赋予优先权或对未退耕农户设置门槛,农户能够较为平均地享受文化服务带来的收益。

综合以上发现以及匹配后的平均处理效应结果可以看出,退耕还林工程对农户供给服务和调节服务的依赖性有较为显著的影响,尤其是与农户农林业、养殖和能源利用等生产生活密切相关的供给服务。因此,本章以下部分重点考察农户农林业生产以及退耕还林引起的生态服务依赖变化对农户农林业生产效率的影响。

(二)农林业生产模型结果

本节运用 Frontier 4.1 软件对 SFA 模型进行最大似然估计,估计结果见表 5-13。总体上,随机前沿生产函数模型整体拟合良好。γ 估计值为 0.98,显著大于 0,且在 1% 的显著性水平上通过了 t 检验,表明样本农户实际产出与理想的最优产出之间的差距主要是由技术无效率 U 造成的,占合成误差的 98%,随机误差 V 的变异仅占 2%。因此,本节采用随机前沿生产函数验证技术效率是合适的。模型整体通过似然比检验,LR 检验值 516.97 远远大于卡方分布的临界值 $\chi^2_{0.01}(9) = 21.67$,说明计量模型在统计上是可靠的。此外,模型中各变量系数基本上都有显著作用,也说明模型设定具有合理性。土地和劳动力对农林业生产呈显著、正向的作用,而资本的作用不显著。同时,基于生产要素弹性的测算,资金、劳动和土地三种投入要素的平均产出弹性均为正，表明单独增加这三种要素中任意一种的投入，都会提高农林业的产出水平；从弹性大小来看，资金投入的产出弹性最大，之后为土地，劳动力的投入弹性最小。

表 5-13　　　　　农户随机前沿生产函数的估计结果

变量		系数	变量		系数
β_0	常数项	5.04***	β_5	$1/2\ln"L^2"$	0.05
β_1	lnK	-0.07	β_6	$1/2\ln"F^2"$	-0.13***
β_2	lnL	1.41***	β_7	lnKL	-0.20***
β_3	lnF	0.83***	β_8	lnKF	0.01
β_4	$1/2\ln K^2$	0.16***	β_9	lnLF	-0.10
sigma-squared	σ^2	35.44***	gamma	γ	0.98***
LR test of the one-sided error		516.97	技术效率均值		0.44
log likelihood function		-2224.22	样本量		1231

注：***、**、*分别表示在1%、5%、10%的水平上显著。
资料来源：笔者根据本课题组的调研数据，运用 Frontier 4.1 软件计算整理而得。

（三）退耕还林工程对农林业技术效率的影响

农户农林业生产技术效率的平均水平为 0.44，基本上呈正态分布，40% 农户的技术效率在 0.40~0.60。基于 t 检验，退耕农户平均技术效率（0.43）显著低于未退耕农户（0.50）；贫困农户的平均技术效率（0.35）显著低于非贫困农户（0.48）。

表 5-14 展现了技术效率影响因素模型的估计结果，主要反映了退耕还林工程对技术效率的影响，以及退耕通过改变农户对生态服务的依赖从而对农林业生产技术效率产生的作用。模型 1 显示，退耕还林工程起到了显著的负向影响，退耕农户的农林业技术效率显著低于未退耕农户。可见，农户退耕后农林业生产技术效率受到一定冲击或者扰动，一方面，可能源于退耕后土地用途被限制为林地，降低了农户土地投入的市场配置程度，产生私人效率损失，同时，结合前文分析，从退耕还林工程转移出来的农业劳动力未能有效地转移到其他更具效益的非农生产活动；另一方面，随着耕地面积减少，生产规模较小、劳动和资本的投入结构

不合理会造成技术效率损失（张海鑫等，2012），且前文分析表明，退耕后农户主要增加了农药、化肥投入或从事养殖活动的比例，缺乏技术投入和创新。考虑农户生态服务依赖后（模型2和模型3），退耕对农林业技术效率的负向影响有所减少，且退耕与生态服务依赖的交互项呈现负向效应，表明农户的退耕行为显著地降低了其对生态服务的依赖，尤其是对生态系统供给服务的依赖，在一定程度上抵消了退耕的部分负面效应，反映了退耕还林工程通过生态渠道对农户农林业生产效率带来的积极作用。但目前这种调节效应并不显著，可见，保障和促进退耕还林工程生态效应对改善农户福祉具有一定的重要性。

表5-14　　　　　技术效率影响因素模型的估计结果

	变量	模型1	模型2	模型3
δ_0	常数项	-24.54***	-22.11***	-22.68***
δ_1	是否退耕	9.31***	9.12***	9.04***
δ_2	生态服务依赖	—	0.27***	0.27***
δ_3	退耕×生态服务依赖	—	—	0.19
δ_4	户主性别	-1.71	-1.90**	-1.95**
δ_5	户主年龄	-0.03	-0.03*	-0.03
δ_6	户主受教育程度	0.03	-0.13	-0.11
δ_7	户主健康状况	3.08***	2.82***	2.86***
δ_8	家庭人口数	-1.90***	-1.83***	-1.88***
δ_9	是否打工	2.86***	2.89***	2.98***
δ_{10}	是否有村干部经历	2.14*	2.30**	2.19**
δ_{11}	是否接受过培训	-6.42***	-6.27***	-6.31***
δ_{12}	初中以上受教育比例	6.52***	6.43***	6.56***
δ_{13}	是否从银行贷款	1.45	1.43	1.48*
δ_{14}	汉滨区	0.31	6.98***	7.16***
δ_{15}	石泉县	-9.31***	-2.20**	-2.25**
δ_{16}	宁陕县	6.73***	13.60***	13.75***
δ_{17}	平利县	-15.20***	-8.27***	-8.27***
	样本量	1231	1231	1231

注：***、**、*分别表示在1%、5%和10%的水平上显著；Log likelihood function为-2224.22；LR test of the one-sided error为516.97，模型整体拟合良好。"—"表示无数据。

资料来源：笔者根据本课题组调研数据，运用Frontier 4.1软件计算整理而得。

第四节　本章小结

本章以陕西省安康地区退耕还林工程为例,基于农户数据探究了退耕还林工程对减贫的作用机制,包括直接作用机制（如收入贫困）和间接作用机制（如劳动力配置和土地资源）。在此基础上,关注农户异质性对作用机制的影响,探究退耕还林工程对减贫的作用机制和影响减贫效应发挥的关键因素,主要得出以下三个结论。

（1）退耕还林工程对参与农户有显著的减贫作用,但随着政策阶段而有所变化。退耕还林政策增加了农户收入但并未加剧收入不平等,对不同经济水平农户减贫的作用差别不大,对农户长期增收能力有积极作用。从各收入来源的增长幅度来探究退耕农户收入增长的动力,退耕后农户的农林业纯收入、养殖收入、政府其他补贴收入等各项收入来源均显著提高。拉动退耕户增收的主要动力是农林纯收入,退耕对非农收入的影响并不显著。退耕还林工程并未促进农户形成完全离土或离乡的替代生计,而仍是以土地资源为基础的生计活动为主。

（2）退耕还林工程对农户和个体的非农劳动力供给作用不显著,其中,多维贫困是退耕促进非农劳动力转移的阻碍因素。虽然退耕农户中的外出打工者占比和打工劳动力数量显著高于未退耕农户,但在控制了家庭人口特征、个人特征和区域特征后,退耕政策对农户非农劳动力供给和个体劳动力非农决策的影响并不显著。同时,经济贫困以及多维贫困对退耕促进非农劳动力转移起到了负向作用,面临经济、技术、权利等多方面的约束。因此,退耕还林工程减贫效应的发挥仅依靠退耕补偿是不够的,需要有效地结合技术培训、移民搬迁工程等配套措施,同时,在政策实施过程中应充分尊重农户的决策自主权。

（3）农户退耕后资源利用行为、生态服务供给、生态服务依赖以及农林业生产均发生了变化。第一,退耕减少了耕地面积和薪柴采集,但同时养殖活动增多，单位耕地面积投入劳动力相对增多，化肥和农药的投入强度增加，或造成环境面源污染；尤其是收入较高的农户，单位耕地面积化肥和农药投入相对更高；低收入农户则主要依靠自然资源和劳动力来提升农林业生产效率。第二，退耕对生态服务产生了显著、正向的影响。农户能更多地从供给、调节和文化三种生态服务中获益，尤其是对关系微观农户生产生活的农林业、养殖和能源利用等的供给服务影响显著。第三，退耕显著降低了农户对生态服务的依赖。农户对生态服务的依赖主要体现在供给服务方面，包括农林业产品、养殖和能源利用等。第四，退耕还林工程对农林技术效率有显著的负向影响，农户并没有很好地化解退耕政策的冲击，且退耕规模越大，冲击越强；农户收入水平越低，化解冲击的能力越弱，其退耕后的农林业生产主要依靠劳动力投入，缺乏技术投入和创新，技术效率较低。退耕坡耕地确实有利于提高技术效率水平，退耕时间长的农户的农林业生产效率或难以保障，因此，需要注意作用的可持续性。同时，退耕通过降低农户生态服务依赖，可以在一定程度上缓解其对农林业技术效率的负向作用。此外，农户资金的投入产出弹性最高，退耕补偿收入对提高农林业技术效率的作用最大。

综上所述，本章最重要的贡献在于，剖析了退耕还林工程对参与农户减贫的作用机制，包括退耕补偿收入对减贫的直接作用，以及通过影响非农劳动力供给和农林业生产的间接作用机制。实证研究表明，退耕还林工程对收入增长及公平分配有重要的作用，但退耕对非农劳动力供给和农林业生产技术效率提升并未起到显著的促进作用，尤其是对经济贫困和多维贫困的农户。随着退耕还林工程继续推进和发展，对首轮退耕还林工程减贫的直接影响机制和间接影响机制进行系统分析与反思尤为重要。此外，本章从退耕还林的本质出发，在农林业生产研究中融入了对农户生态服务供给以及生态服务依赖的探讨，为生计系统与生态系统跨学科研究提供了实证基础。

第六章 退耕还林工程的维持机制研究

本书第四章和第五章分别考察了退耕还林工程对减贫的瞄准机制和作用机制，而这些机制能否长期发挥效应，最终取决于退耕还林工程的可持续性。作为政策的直接参与者，农户在各政策阶段的资源利用与管理行为决定了退耕还林工程的实施效果及其可持续性。因此，本章主要从微观层面考察退耕农户能否履行管护义务、确保生态保护行为的可持续性，探究影响退耕农户成果巩固和维护行为的关键因素。此外，生态补偿政策的可持续性不仅依赖于农户生态保护行为和生计的可持续性，还取决于具体的制度设计和农户所处的政策环境。因此，本章还考察不同政策阶段、土地依赖程度和不同贫困类型的农户退耕后面临的困境，为政策的设计与实施提供建议和参考。

第一节 研究设计

一、分析框架

本章拟从人与资源的关系出发，分析不同政策阶段农户参与退耕的情况、土地利用情况以及土地依赖情况，考察土地依赖对农户巩固、维护退耕还林成果的影响，如图6-1所示。之所以重点考察农户与土地的依赖关系是因为：(1) 退耕还林工程的本质是土地利用方式的转变，直接影响了农户与土地之间的关系；(2) 土地是自然资源和生态服务供给的重要基础，第五章的分析结果表明，农户从生态系统中获得的收益主要源于供给服务,贫困农户和退耕农户对以土地为基础的供给服务有较强的依赖;(3)土地是农户最重要的自然资本和生产投入要素,第五章的分析结果也反映了土地对贫困农户生计的重要性。因此,分析退耕农户的土地依赖情况及对经济决策和经济行为的影响尤为重要。

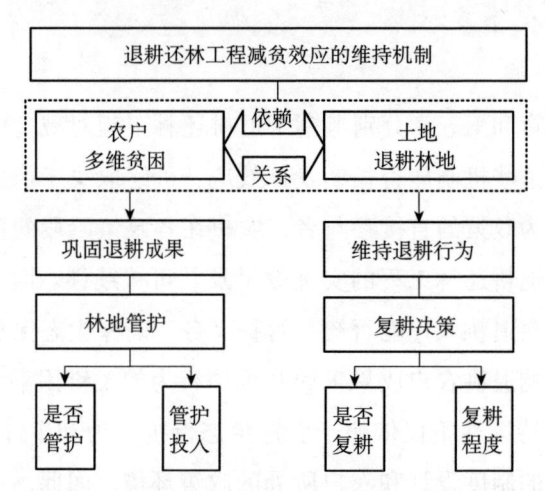

图6-1 退耕还林工程减贫效应维持机制的分析框架

资料来源:笔者绘制。

农户巩固和维护退耕成果的行为,分别由退耕林地的管护行为和退耕补偿期满后农户的复耕意愿与复耕决策来反映。一方面,农户对退耕林地管护的责任感和管护行为,对巩固退耕还林成果尤为重要。生态系统的维持需要依靠人类的管理和干预。可持续的资源管理,如林木种植、经营和管护等,是保障和巩固退耕还林工程实施成果的关键,对资源管理方法的探索是生态补偿政策可持续研究的重要内容。另一方面,退耕还林成果的可持续性,建立在农户生态保护行为可持续的基础上,取决于政策末期补偿到期后农户的土地利用意愿与决策。如果退耕农户在有补偿期间未能找到可替代的生计来源或收入来源,就很难在补偿结束后继续维持退耕行为,否则,会重新陷入贫困。

农户作为生态保护的微观决策主体、生态补偿政策的接受者,许多研究从农户经济行为角度出发评估生态补偿项目的可持续性。此处重点研究与退耕还林工程可持续性相关的林地管护行为和复耕决策。农户的管护行为和复耕决策实质上是综合因素制约下成本与收益之间权衡比较的过程（陈儒等，2016），退耕农户从退耕还林工程中获得的收益及成本主要源于三方面：（1）参与退耕还林工程的补贴收入，在补偿期内为正，补偿期结束后为零；（2）农户经营退耕林地的收益，与林地类型、要素投入等有关；（3）农户管护退耕林地的劳动力成本。

退耕还林工程前期，林地收益较小，补偿收益和劳动力成本较高，此时，若预期林地收益和补偿收益大于劳动力成本和管护的机会成本，农户会选择管护林地；若小于管护成本，农户会放弃林地管护而从事其他生计活动。但随着退耕还林工程的推进，补偿减半或停止，则退耕林地的收益完全源于林产品和林木收益，若种植生态林，或退耕林地纳入生态公益林范围，则基本没有收益，农户很可能会因为维持退耕成果的净收益为负而选择复耕。林地管护经营主要集中在幼苗即将还林前期，后期劳动投入较少，农户维持退耕成果的成本主要是机会成本。若林地种植经济林或混合林，且在退耕还林工程后期收益或未来预期收益高于机会成本，则农户会继续维持退耕成果。可见，不同政策阶段面临的关键问题和挑战有所差异，因此，本章基于退耕政策初期数据研究了农户对退耕林地的管护行为，并利用退耕成果巩固期和政策末期数据研究了退耕农户的复耕意愿与复耕决策。

本章考察的是生态补偿政策减贫机制的可持续性，需重点关注贫困农户参与或享受生态补偿收益分配的可持续性。贫困农户是介于完全理性与非理性之间的"有限理性"决策者，其决策行为会受到多方面因素的制约。（1）交易成本。贫困农户不仅缺乏明晰的产权、有效的合同和决策自主权，而且缺乏组织基础和有效的中间媒介，政策参与过程中会产生较高的交易成本。（2）能力约束。欠发达地区的贫困农户缺乏人力资本，协调经验和执行力不足，获取技能、信息的能力较差。（3）市场约束。贫困农户缺乏市场可及性，易被排除在市场收益分配之外，且人力资本等各项资本较弱，在市场竞争中不占优势，政策资源和收益易被富裕者所挤占。这些成本约束、能力约束、市场约束和制度约束，在研究贫困农户管护行为和复耕决策时需要综合考虑。因此，基于第四章农户多维贫困的测度，本章进一步考察不同贫困维度对农户管护行为和复耕决策的影响，探究多维贫困农户巩固和维持退耕行为所面临的困境。

二、计量方法与实证模型

本章分析了不同政策阶段和调查区域退耕农户的政策参与情况、生计以及土地依赖、对退耕政策的主观评价以及行为可持续性，并对比分析不同管护行为的农户、不同复耕意愿的农户之间的差异，初步判断影响农户管护行为和复耕决策的关键因素。在此基础上，分别建立实证模型，重点分析土地依赖对退耕户管护行为和复耕决策的影响和作用机制。

土地依赖变量具有较强的内生性，需要建立土地依赖模型以估计农户对土地的依赖程度，同时，并非所有样本农户都利用土地从事生产活动，土地依赖属于截尾型变量，存在样本选择偏差。因此，基于琼布和安杰利斯（Jumbe and Angelsen，2007）、费尔南德斯等（Fernardez, et al., 2001）的研究中同时解决样本选择和内生性的方法，[1][2] 本章采用三阶段内生样本选择模型来分析土地依赖对农户管护行为和复耕决策的影响。

第一阶段为农户土地利用模型：

$$L_i = \begin{cases} 1, & \alpha Z_i + v_i \geq 0 \\ 0, & \text{otherwise} \end{cases} \quad (6-1)$$

在式（6-1）中，i 表示农户，L_i 为二分变量，表示是否利用土地从

---

[1] Jumbe C. B. L., Angelsen A. Forest dependence and participation in CPR management: Empirical evidence from forest co-management in Malawi [J]. Ecological Economics, 2007, 62 (3-4): 661-672.

[2] Fernandez A. I., Rodriguez-Poo J. M., Sperlich S. A note on the parametric three step estimator in structural labor supply models [J]. Economics Letters, 2001, 74 (1): 31-41.

事农林生产活动；Z_i 表示影响土地利用的变量组；α 为变量系数；v_i 为误差项，$v_i \sim N(0, 1)$。由此模型可获得矫正样本选择偏误的逆米尔斯比率 λ_i。

第二阶段为土地依赖程度模型：

$$Y_i = \beta X_i + \theta \lambda_i + u_i \qquad (6-2)$$

在式（6-2）中，Y_i 表示农户对土地的依赖程度；X_i 表示影响农户土地依赖程度的变量组；β 为变量系数；u_i 为误差项，$u_i \sim N(0, \sigma_u^2)$，$E(u_i | Z_i, v_i) = E(u_i | v_i) = \rho$，$\rho$ 是 u_i 和 v_i 的相关系数；λ_i 为式（6-1）得到的样本选择偏误校正项 θ，如系数 θ 显著，则表明模型存在样本选择偏误。以上两阶段采用标准的 Heckman 两阶段方法估计，由此获得土地依赖程度的估计值 $\hat{Y}_i$。

第三阶段为退耕林地管护模型和复耕决策模型。

第一，采用 Tobit 回归估计农户林地管护行为的影响因素。

并非所有农户都参与退耕还林工程，且并非所有退耕农户都对林地进行管护，因此，两个调研地区退耕农户中均有约 80% 的农户表示对退耕林地进行了管护，但其中部分农户并未对林地管护投入任何劳力或资金，为更准确地考察农户对退耕林地实质上的管护行为，本章以劳动力投入时间（T）为因变量考察退耕林地管护行为。劳动力投入时间是截断因变量，采用 Tobit 模型估计多维贫困、土地依赖等因素对农户退耕林地管护行为的作用。

$$T_i^* = \gamma \hat{Y}_i + \beta' X_i + \varepsilon_i \quad \varepsilon | X \sim N(0, \sigma^2) \qquad (6-3)$$

$$T_i = \begin{cases} \gamma \hat{Y}_i + \beta' X_i + \varepsilon_i & T_i^* > 0 \\ 0, & T_i^* \leq 0 \end{cases} \qquad (6-4)$$

在式（6-3）和式（6-4）中，T_i 表示农户 i 对管护退耕林地投入的时间；T_i^* 是满足线性模型假设的潜变量；X 表示多维贫困变量和控制变量。为解决土地依赖变量的内生性问题，将式（6-2）中土地依赖的估计值 $\hat{Y}_i$ 作为解释变量引入式（6-4）中，参数 γ 反映农户的土地依赖对其管护行为的影响。ε 是满足正态分布的误差项，即 $\varepsilon \sim (0, \sigma^2)$。向

量 β′是利用最大似然法估计的参数,反映了 X 对潜变量 T^* 的影响效应,则 X 对 T 的影响可以估计为:

$$E(T/X) = \Phi(\beta'X/\sigma)\beta'X + \sigma\varphi(\beta'X/\sigma) \qquad (6-5)$$

在式(6-5)中,$\Phi(\cdot)$ 是累计分布函数,$\varphi(\cdot)$ 是标准正态分布的密度函数,当其他解释变量控制在均值水平的条件下,特定变量 x_j 对 T 的边际效应可以估计为:

$$E\left(\frac{\partial E(T/X)}{\partial x_j}\right) = \beta'_j \phi(\beta'X/\sigma) \qquad (6-6)$$

第二,采用 Probit 模型和 Tobit 模型,估计复耕意愿与计划复耕强度的影响因素。

$$R_i = \begin{cases} 1, & \gamma \hat{Y}_i + \delta W_i + e_i \geq 0 \\ 0, & \text{otherwise} \end{cases} \qquad (6-7)$$

$$A_i = \begin{cases} \pi \hat{Y}_i + \delta' V_i + \mu_i, & R_i = 1 \\ 0, & \text{otherwise} \end{cases} \qquad (6-8)$$

在式(6-7)中,R_i 为二分变量,表示农户是否有复耕意愿,采用 Probit 模型估计影响农户复耕意愿的因素;在式(6-8)中,A_i 为截断变量,表示农户计划复耕的面积,采用 Tobit 模型来估计影响农户计划复耕强度的因素。为解决土地依赖变量的内生性问题,将式(6-2)中土地依赖的估计值 $\hat{Y}_i$ 作为解释变量引入式(6-7)和式(6-8),参数 γ 和 π 分别反映农户土地依赖程度对复耕意愿和计划复耕程度的影响。W_i 和 V_i 分别是其他影响农户复耕意愿和计划复耕面积的变量组,δ 和 δ' 为相应的变量系数,e_i 和 μ_i 为误差项,$e_i \sim N(0, \sigma_e^2)$,$\mu_i \sim N(0, \sigma_\mu^2)$。

三、变量选取与变量描述

依赖性常用来反映资源利用者与各项资源之间的关系。[①] 在探究自然

[①] 宋莎. 基于自然资源依赖的秦岭大熊猫栖息地社区发展研究 [D]. 北京:北京林业大学,2013.

资源依赖与农户资源利用行为及生态保护政策可持续性的关系时,[1][2] 对资源依赖最主要的测度指标是资源收入占总收入的比例,或基于自然资源的生计活动,如农业、林业等,获得的收入占总收入的比例。普蒉喆等(2015)从土地的生产经营收入、对农业劳动力投入、土地的生计保障作用等方面分析了农户对土地的依赖路径。王昌海等(2010)构建的自然资源依赖度评估指标体系,也涵盖了土地的生产投入依赖维度。农户对土地收入的依赖,是土地依赖的主要方面,与农户土地利用行为密切相关。因此,本章以农林业收入占家庭总收入的比例来反映农户对土地的依赖程度,表示土地收入对农户生存、经济活动的贡献程度。农林业收入包括从耕地上获得农产品的现金收入和实物收入,从林地上获得林产品的现金收入和实物收入;家庭总收入是指,农林业收入、养殖收入、非农收入、礼金和打工汇款等收入之和。

多维贫困指标的测度,依据第四章的方法,从收入、教育、健康、食物、权利、居住、资产七个方面以及多维贫困程度来综合考察农户的贫困情况,探究贫困对退耕农户管护行为和复耕行为的影响。控制变量的设计借鉴了既有林地管护行为和退耕还林工程后期复耕意愿的影响研究,结合安康山区和延安山区的实际情况,考虑家庭人口特征、[3] 农户生计因素、[4] 地块特征、[5] 地域特征、外部政策因素[6]等方面,尤其是在退

---

[1] Vedeld P., Angelsen A., Bojö J. et al. Forest environmental incomes and the rural poor [J]. Forest Policy and Economics, 2007, 9 (7): 869 – 879.

[2] Steele M. Z., Shackleton C. M., Shaanker R. U. et al. The influence of livelihood dependency, local ecological knowledge and market proximity on the ecological impacts of harvesting non – timber forest products [J]. Forest Policy and Economics, 2015, 50: 285 – 291.

[3] 林德荣,支玲. 退耕还林成果巩固问题研究——基于退耕户机会成本视角的动态博弈模型 [J]. 北京林业大学学报(社会科学版),2010, 9 (1): 101 – 105.

[4] 任林静,黎洁. 陕西安康山区退耕户的复耕意愿及影响因素分析 [J]. 资源科学,2013, 35 (12): 2426 – 2433.

[5] Yang X., Xu J. Program sustainability and the determinants of farmers' self-predicted post-program land use decisions: evidence from the Sloping Land Conversion Program (SLCP) in China [J]. Environment and Development Economics, 2013, 19 (1): 30 – 47.

[6] 陈儒,邓悦,姜志德等. 中国退耕还林还草地区复耕可能性及其影响因素的比较分析 [J]. 资源科学,2016, 38 (11): 5 – 10.

耕补助终止后,新一轮退耕还林政策、易地扶贫搬迁等农村扶贫发展政策可否以及如何对退耕成果维护起到积极作用值得深入探讨,模型变量设计与描述性统计结果,见表6-1。

表6-1　　　　　　　　模型变量设计与描述性统计结果

变量	定义	安康地区均值	延安地区均值
1. 农户生态保护行为的可持续性			
是否有管护行为	是否对退耕林地进行过管护:1=是,0=否	0.81 (0.39)	0.82 (0.39)
投入管护时间	退耕林地管护经营投入时间(日)	28.22 (50.64)	23.15 (37.04)
是否有复耕意愿	补偿期满是否会复耕种粮:1=是,0=否	0.09 (0.29)	0.43 (0.50)
计划复耕程度	补偿期满计划复耕的地块面积(亩)	4.86 (8.12)	21.60 (15.81)
2. 农户资源依赖程度			
是否利用土地	1=是,0=否	0.57 (0.50)	0.78 (0.41)
土地依赖	农林业毛收入占总收入的比例	0.17 (0.31)	0.22 (0.29)
3. 农户贫困状况			
收入贫困	1=家庭人均纯收入≤2600元,否则,为0。	0.40 (0.49)	0.17 (0.38)
教育贫困	家庭初中以上受教育的比例	0.42 (0.30)	0.44 (0.29)
健康贫困	家庭健康成员的比例	0.63 (0.31)	0.70 (0.34)
食物贫困	单位耕地农作物产量水平(斤/亩)	187.38 (459.66)	266.72 (364.11)
权利贫困	农户自主权得分(0~5)	1.80 (1.68)	1.71 (1.49)
居住贫困	人均住房面积(平方米)	40.69 (29.91)	31.98 (33.84)
资产贫困	人均耐用品和资产拥有量(个)	1.00 (0.54)	
多维贫困程度	DMP (0~7)	3.06 (1.30)	2.94 (1.38)
4. 家庭人口特征			
户主年龄	单位:岁	50.64 (12.03)	54.63 (10.82)
户主健康	1=好,2=一般,3=不好	1.80 (0.87)	1.55 (0.75)
户主教育	1=文盲,2=小学,3=初中,4=高中,5=中专技校,6=大专及以上	2.34 (0.94)	2.43 (1.04)
家庭劳动力数量	单位:个	3.23 (1.37)	2.82 (1.45)

续表

变量	定义	安康地区均值	延安地区均值
家庭老人占比	老人占家庭人口的比例（≥65）	0.10 (0.19)	0.11 (0.26)
男性劳动力占比	男性劳动力数量/家庭人口数量	0.39 (0.19)	0.46 (0.23)
家庭规模	家庭人口数量（个）	4.49 (1.60)	3.62 (1.55)
管护责任感知	认为自己有管护退耕地的责任：1＝是，0＝否	0.91 (0.29)	0.88 (0.32)
退耕意愿	愿意参与新一轮退耕（1~5）1＝非常不愿意；……；5＝非常愿意	4.00 (1.14)	3.75 (1.10)
5. 农户生计因素			
户耕地面积	家庭耕地面积（亩）	3.92 (8.56)	7.77 (7.77)
户林地面积	除退耕还林面积外，家庭自留山和承包林的总面积（亩）	13.46 (0.79)	33.42 (22.14)
是否养殖	1＝是，0＝否	0.34 (0.47)	0.27 (0.45)
家庭汇款	家庭打工汇款的总额（万元）	1.25 (1.72)	1.27 (2.02)
6. 地块特征			
退耕还林面积	单位：亩	4.58 (16.59)	24.33 (18.24)
地块坡度水平	坡度陡于25°的地块面积占比	0.73 (2.83)	0.51 (0.32)
地块质量	地块质量差的面积占全部地块的比例	0.58 (0.41)	0.30 (0.35)
地块距离	地块到住宅的平均距离（千米）	4.25 (3.77)	6.70 (14.04)
退耕还林年限	至2015年参加退耕的平均时间（年）	11.43 (4.57)	13.99 (3.06)
生态林比例	种植生态林的地块比例	0.29 (1.76)	0.65 (0.51)
7. 地域特征			
家所处海拔	1≤500米，2＝501~1000米，3＝1001~1500米；4≥1500米	1.39 (0.70)	2.89 (0.53)
乡镇-县距离	乡镇到县行政中心距离：1＝较近，……，3＝较远	2.09 (0.79)	1.57 (0.81)
是否汉滨区	1＝是，0＝否	0.21 (0.41)	
是否宁陕县	1＝是，0＝否	0.17 (0.38)	
是否紫阳县	1＝是，0＝否	0.62 (0.49)	
外部政策因素			
退耕程度	退耕还林面积/原耕地面积	0.55 (0.39)	0.74 (0.18)
新一轮退耕	是否参与新一轮退耕：1＝是，0＝否	0.16 (0.37)	0.48 (0.50)

续表

变量	定义	安康地区均值	延安地区均值
退耕执行情况	1＝本村农民缺乏退耕管护，0＝反之	0.38（0.49）	0.16（0.37）
政策执行的透明性	公示程度：0＝不公示；……；3＝全公示	1.19（1.32）	1.38（1.3）
政策执行的规范性	退耕过程中不规范行为的数量	2.26（1.91）	1.23（1.45）
退耕补偿的支持度	（补偿意愿－退耕补偿）/补偿意愿	0.60（0.92）	4.3（9.78）
家庭培训情况	家庭成员接受培训的人数	0.46（0.89）	0.31（0.68）
信贷市场情况	获得贷款的可能性：1＝不可能；……；5＝非常可能	2.57（1.35）	2.08（1.18）
产权安全情况	退耕林地是否颁发产权证：1＝是，0＝否	0.83（0.37）	0.57（0.50）
农业补贴	农业补贴金额（元）	63.66（173.64）	259.82（766.07）
搬迁政策	1＝搬迁户，0＝非搬迁户	0.70（0.46）	0.31（0.46）

注：括号内为标准差；表中安康地区、延安地区数据均于 2015 年收集，其中，贫困数据是 2014 年的，收入贫困数据是 2013 年的，管护行为数据是 2014 年的，复耕决策数据是 2015 年的。
资料来源：笔者根据本课题组调研数据计算而得。

第二节　描述性统计分析

一、退耕农户样本的基本描述

（一）不同政策阶段和不同区域退耕农户生计对土地的依赖程度

安康地区政策成果巩固期数据，主要集中在补偿减半农户（64.94%）和全额补偿农户（35.06%），政策交替期的样本主要集中在补偿减半地块（54%）和补偿到期地块（25%），每亩平均退耕补偿有所降低。在政策交替期延安地区样本平均退耕年限、退耕规模和退耕程度均高于安康地区，补偿到期农户（95%）和地块（82%）也显著高于安康地区样本，而补偿减半的地块和全额补偿的地块比例比较低。表6-2展现了三组数据退耕农户的基本生计特征与土地的依赖情况。安康地区退耕农户从政策中期到政策后期人均耕地面积和单位耕地农作物产量均有所减少,对土地的依赖程度有所降低,而农户兼业比例大幅度提高,从65%提高到83%。与安康地区相比,延安地区退耕政策后期人均耕地面积、人均林地面积均相对更高,但两地区单位耕地农作物产量、兼业比例和土地收入依赖情况相当。

表6-2 退耕农户的基本生计特征与土地依赖情况

政策阶段和地区	2011年安康地区 均值(标准差)	2015年安康地区 均值(标准差)	2015年延安地区 均值(标准差)
退耕后人均耕地面积(亩/人)	1.63(3.00)	1.04(2.91)	2.56(2.81)
退耕后人均林地面积(亩/人)	11.23(18.29)	4.19(13.79)	11.51(10.09)
单位耕地农作物产量(斤/亩)	859.66(629.13)	361.57(631.85)	317.57(377.04)
兼业比例	0.65(0.48)	0.83(0.38)	0.70(0.46)
土地依赖	0.32(0.27)	0.20(0.33)	0.23(0.29)

资料来源:笔者根据本课题组的调研数据计算整理而得。

此外,根据某项收入占家庭总收入比例是否为最大收入来源,将退耕户样本分为农业依赖型、林业依赖型、养殖依赖型、打工依赖型、非农依赖型、补贴依赖型六种,如图6-2所示。

从整体来看,打工依赖型农户所占比重最高,安康地区在政策中期有36.06%退耕户的生计依赖已经脱离土地,主要从事打工和非农经营,在政策末期,这一比例上升到65.01%。同期,延安地区也有相似比例的农户从事非农活动。安康地区退耕成果巩固期有1/3的退耕农户对耕地还有很强的依赖性,而随着退耕还林工程的推进,农业依赖型的退耕农户仅占10%左右,林业依赖型和养殖依赖型的退耕农户很少,不到10%。这说明,调查地区在退耕后林业和养殖业并未发展为大多数退耕农户主要的生计方式,而引导并形成农户对本地林业、养殖业投资的激励正是促进退耕农户用地模式转变、解决复耕问题的关键所在(王亚华等,2017)。此外,随着退耕还林工程的推进,在政策末期,安康地区补贴依赖型的退耕户比例并未降低(仍为15.55%),同期,延安地区有20.48%的农户属于补贴依赖型农户。而农户在政策推进期间生计依赖的变动,尤其是对土地的依赖,直接关系到其退耕林地管护行为和复耕意愿。

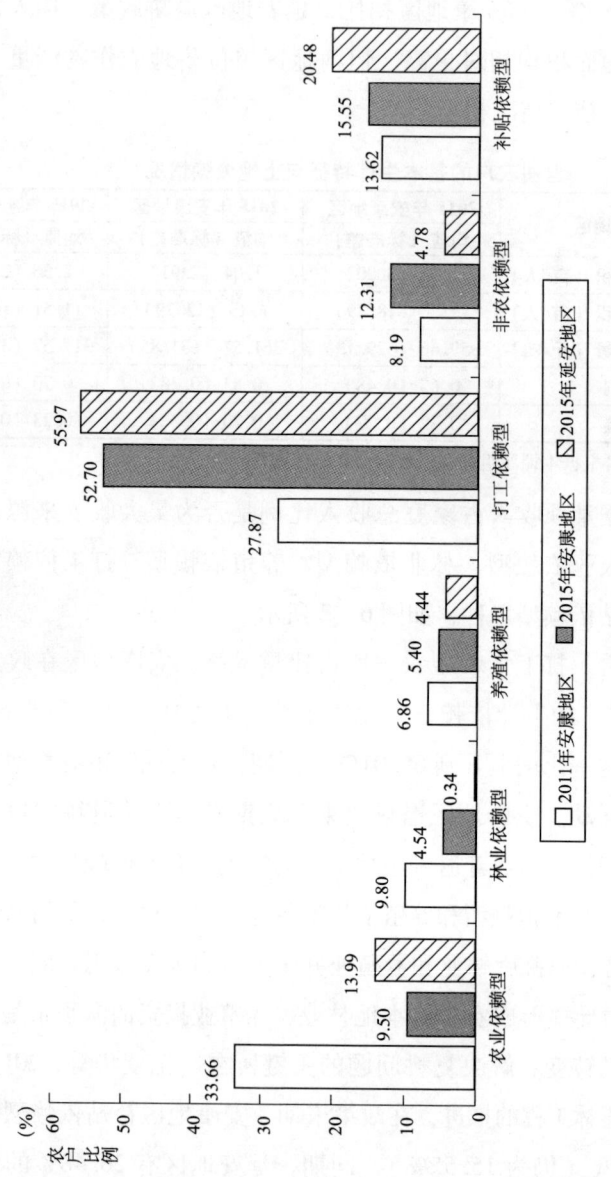

图6-2 退耕户的生计依赖情况

资料来源：笔者根据本课题组的调研数据整理绘制而得。

（二） 不同政策阶段和不同区域退耕农户的可持续行为

安康地区和延安地区均有 80% 左右的退耕农户对退耕林地进行了管护。安康地区在政策巩固阶段有复耕意愿的农户相对较多，占 26.25%，而到政策末期补偿期满有复耕意愿的农户比例较少，仅占 8.96%，户均计划复耕的面积为 4.86 亩。然而，同一时期延安地区补偿到期的退耕农户有复耕意愿的比例高达 43.00%，户均计划复耕面积为 21.60 亩。基于上文对两个调查地区在参与退耕、土地依赖和复工意愿等方面的分析，可初步推断两个调查地区农户可持续行为差别的可能原因。

1. 退耕程度

陕北延安地区农户退耕程度普遍较深，有超过 90% 的农户退耕面积占原有耕地面积的一半以上，其中全退农户占 20%，户均补偿到期地块面积 22.65 亩，占家庭总退耕面积的 85%，如图 6-3 所示。而陕南安康地区政策巩固期退耕程度集中在 50% 左右，到了政策交替期农户退耕程度更深，将近 40% 为全退农户。

2. 退耕林地类型及收益

陕北地区农户退耕还林选择的树种主要为生态林，平均占比为 64.83%，因此，退耕林地上的收益甚微，样本中表示退耕地有经营收益的农户仅占 2.00%；而陕南地区农户多退耕为经济林，平均占比为 29.61%，样本中表示退耕地有经营收益的农户占 35.54%，表示退耕地收入比退耕前有所增加的农户占 48.75%。

3. 资源依赖性与非农发展环境

农户的复耕意愿源于对土地生产的依赖或农业生产发展的需求。延安地区有将近 30% 的退耕农户未来最希望发展的生产或经营是农业生产，有复耕意愿农户中这一比例相对更高；而安康地区仅占 12%，如图 6-4 所示。随着退耕还林工程等生态保护政策的宣传与开展，农户参与生态保护的意识有所提高，但是，相对于生态改善来说，生计需求往往更能决定农户的意愿和行为。从不愿意参加新一轮退耕还林工程的原因可以看

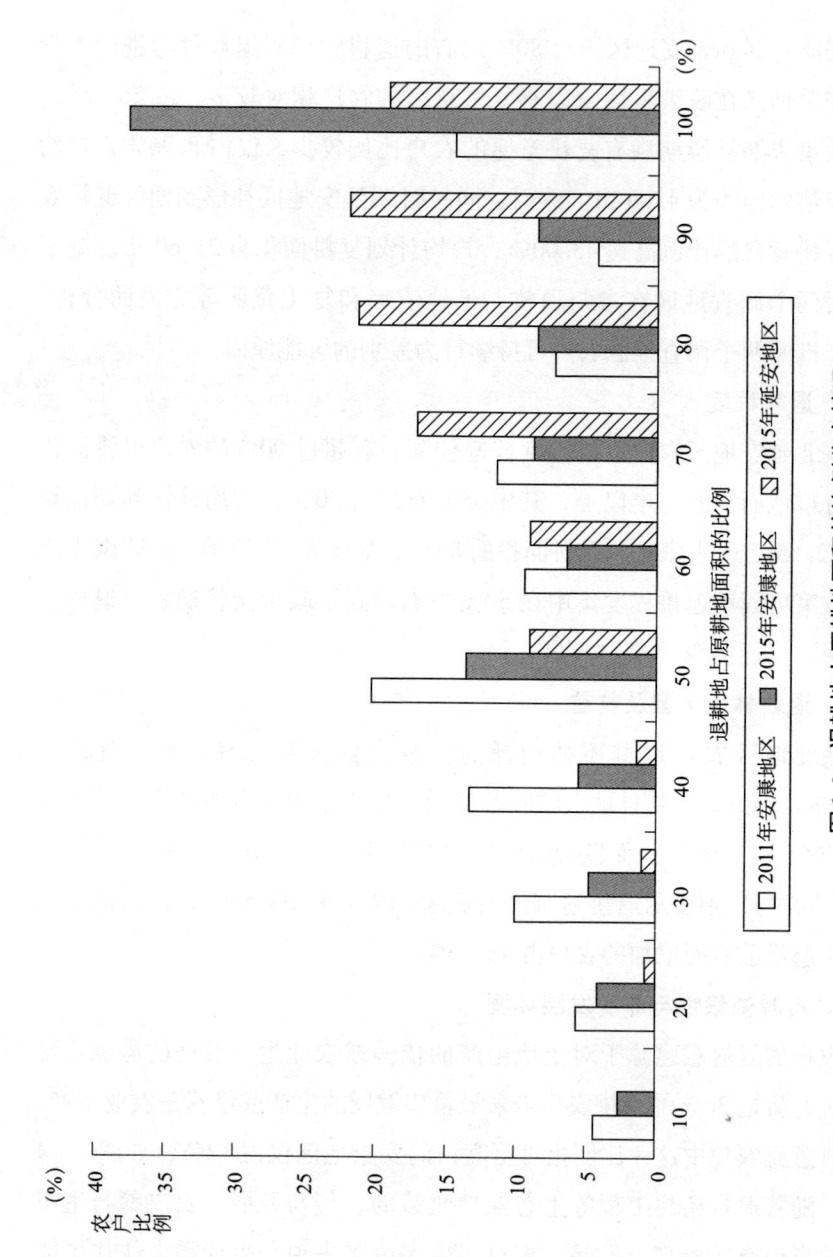

图6-3 退耕地占原耕地面积的比例分布情况

资料来源：笔者根据本课题组的调研数据整理绘制而得。

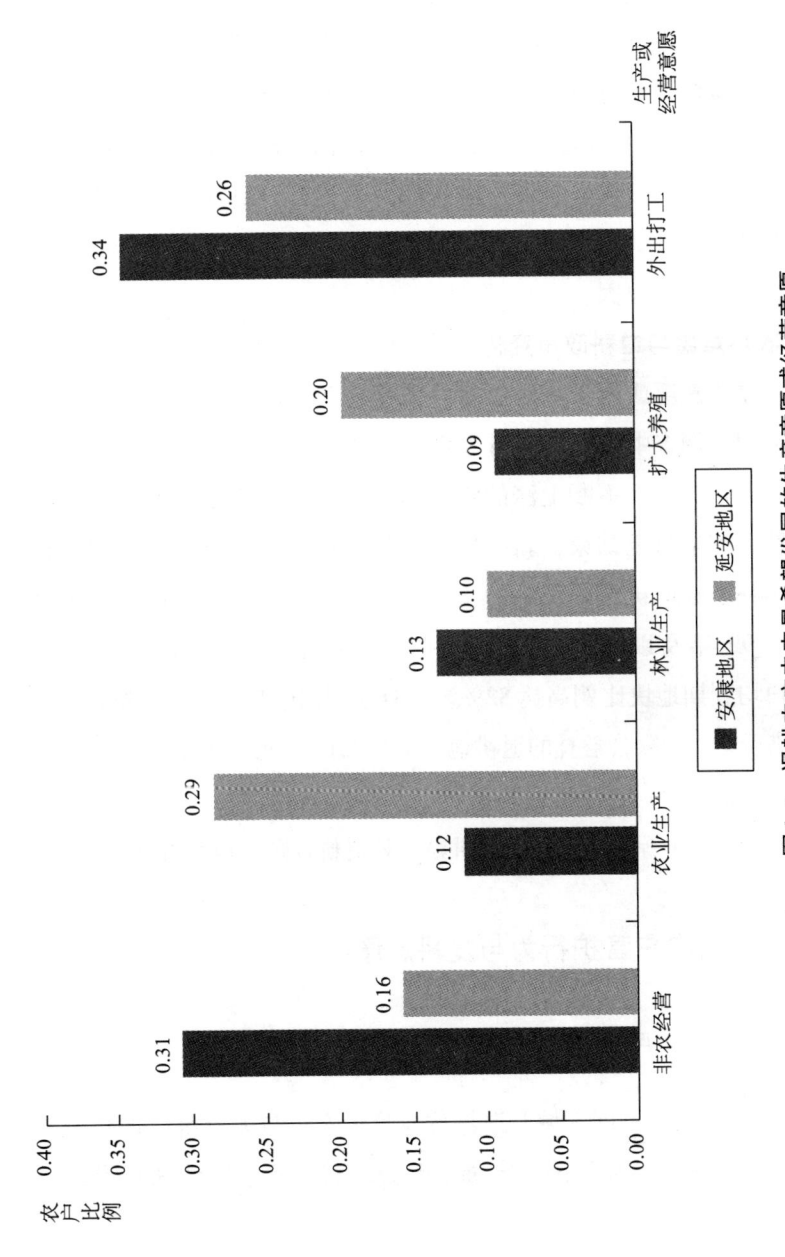

图6-4 退耕农户未来最希望发展的生产意愿或经营意愿

资料来源：笔者根据本课题组的调研数据整理绘制而得。

出,农户不愿意继续参加新的退耕多是出于粮食不足、需要种粮的考虑,而非生态环境已改善。因此,退耕补偿到期后,该地区农户粮食生产需求和口粮保障问题尤为值得关注。此外,虽然既有研究发现农村劳动力非农就业对保障退耕还林成果的可持续性有积极作用,但在当前城乡二元结构下,外出务工多定义为农户应对外在冲击或目前困境的短期策略。[①] 随着外出打工竞争的日益激烈和门槛提升,更加大了农户未来返乡、返耕的可能性。两个调查区域非农发展环境的差异,可能是导致农户复耕决策不同的原因。

4. 农户意愿与退耕政策变化

农户复耕意愿或源于其对退耕补偿标准及退耕林地收益有着更高的要求和期望。调查中农户退耕补贴期望与国家实际补贴水平还有较大的差距。与大幅提高且不断上涨的农产品价格和物价水平相对的是,第一轮退耕补助减半乃至结束,新一轮退耕补助标准有所降低,退耕地补助不足以弥补多数退耕农户反映的机会成本。延安地区农户样本退耕时间集中在1999年及以前,退耕补偿到期情况尤为普遍,占所有样本的95%,户均到期地块比例高达82%。且补偿到期后其他补偿支持较弱,如补偿期满后纳入国家公益林的退耕地可享受221.25元/公顷的补助,但覆盖面小、补助金额少,对补偿到期农户的帮助也非常有限,但仍有20%的农户最主要的收入来源是政府的各项补贴,如退耕补贴、粮食直补等。

二、退耕农户管护行为与复耕意愿

(一)退耕农户退耕林地管护的比较分析

表6-3比较了不同区域有退耕林地管护农户与无退耕林地管护农户之间在土地依赖、多维贫困等方面的差异。首先,安康地区有退耕林地

[①] 李聪,李萍,韩秀华等. 易地移民搬迁对家庭劳动力外出务工活动的影响机制——来自陕南地区的证据[J]. 西安交通大学学报(社会科学版),2017,37(1):64-71.

管护的农户利用土地进行生产的比例（73.00%）显著高于无管护的农户（31.00%），收入对土地的依赖显著更强，农业依赖型农户的比例显著更高，但补偿依赖型比例显著更低，且生计意愿是农业的比例也显著更高。而延安地区有退耕林地管护的农户的土地依赖在统计上显著低于无退耕林地管护的农户，其他结果与安康地区相似。其次，两组样本的收入贫困的比例和资产贫困的比例并无显著差异，但在其他贫困维度的比例有显著差异，其中，有退耕林地管护的农户中健康贫困的比例和居住贫困的比例显著更高，而教育贫困、食物贫困和权利贫困的比例显著低于无退耕林地管护的退耕户。延安地区有着相似的结果，只在教育贫困和居住贫困上差异显著。

表6-3　不同区域农户退耕林地管护行为与复耕意愿的统计比较

变量	安康地区 无管护行为	安康地区 有管护行为	安康地区 无复耕意愿	安康地区 有复耕意愿	延安地区 无管护行为	延安地区 有管护行为	延安地区 无复耕意愿	延安地区 有复耕意愿
1. 土地利用与生计依赖情况								
是否利用土地	0.31	0.73***	0.39	0.53***	0.58	0.83***	0.83	0.74**
土地依赖程度	0.07	0.23***	0.36	0.32*	0.34	0.21**	0.24	0.21
农业依赖型的比例	0.04	0.11**	0.39	0.17***	0.13	0.14	0.14	0.14
从事农业意愿的比例	0.05	0.10*	—	—	0.15	0.21**	0.17	0.24*
补贴依赖型的比例	0.20	0.14*	0.15	0.10**	0.32	0.18***	0.26	0.13***
2. 多维贫困类型								
收入贫困	0.37	0.38	0.32	0.29	0.21	0.17	0.23	0.10***
教育贫困	0.19	0.09***	0.21	0.15**	0.40	0.24**	0.28	0.26
健康贫困	0.43	0.57**	0.56	0.57	0.57	0.50	0.53	0.49
食物贫困	0.87	0.80*	0.20	0.12***	0.43	0.35	0.34	0.41
居住贫困	0.35	0.47**	0.65	0.54***	0.51	0.64**	0.53	0.74***
资产贫困	0.10	0.11	0.47	0.31***	0.25	0.20	0.20	0.22
多维贫困程度	3.08	3.06	3.11	2.47***	3.15	2.89	2.84	3.06*

注：***、**、*分别表示在1%、5%和10%的水平上显著。政策交替期，安康地区的农户有复耕意愿的非常少，此处不进行分析，仅对比分析2011年安康地区有复耕意愿、无复耕意愿的农户情况。

资料来源：笔者根据本课题组的调研数据，运用Stata 12.0软件计算整理而得。

此外，农户、土地、政策等因素对退耕林地管护有显著影响。如管护者从事养殖的比例显著更高，户主的身体健康状况显著更好、年龄显著更小、教育程度更高，家庭人口也多；有退耕林地管护的农户的地块到住宅的平均距离较近、住宅所处的海拔更高，农户管护林地的交通成本较低。同时，他们的退耕林地经营有收益，且收益增加的比例显著更高，管护的林地一般收益能力或收益潜力比较强。

（二）退耕农户复耕意愿的比较分析

表6-3同样从土地依赖、多维贫困等方面，比较了不同区域有复耕意愿农户与无复耕意愿农户的差异。首先，安康地区有复耕意愿的农户利用土地进行生产的比例显著更高，但对土地的依赖显著更小，农业依赖型、补贴依赖型的比例也显著更低；延安地区有复耕意愿的农户是补贴依赖型的比例显著更低，生计意愿是农业的比例显著更高。其次，复耕农户的收入贫困相对较少，延安地区尤为显著；安康地区复耕农户中教育贫困、食物贫困、居住贫困和资产贫困的农户比例显著更低，多维贫困程度显著更低；延安地区的情况相反，复耕农户居住贫困的比例显著更高，多维贫困程度显著更高。此外，有复耕意愿的农户与无复耕意愿的农户在家庭人口与生计特征、地块特征、政策因素等方面有显著差异。如有复耕意愿的农户户主身体健康情况较好，年龄较小，教育水平较高，家庭男性劳动力更多，耕地面积更少，林地面积更多，有养殖的比例显著更低；地块到住宅的距离较近、住宅所处海拔较低，退耕地经营收益增加的比例显著较高。

第三节 研究结果

管护行为和复耕行为均是建立在土地资源基础上的生产活动，因此，本书前文重点考察了退耕政策实施中期、末期退耕农户的土地利用及对土地的依赖情况。本节进一步对农户退耕林地管护行为和复耕意愿展开实证研究,考察土地依赖和多维贫困的影响机制,比较不同政策阶段和不同地区之间的差异。

一、退耕农户对土地利用及土地依赖的研究

表 6-4 反映了农户土地利用模型及土地依赖模型的估计结果,可以看出,在不同政策阶段、不同区域,影响农户土地依赖程度的因素也有所差异。

表 6-4　退耕农户的土地利用模型及土地依赖模型的估计结果

变量	2011 年安康地区 选择模型	2011 年安康地区 土地依赖	2015 年安康地区 选择模型	2015 年安康地区 土地依赖	2015 年延安地区 选择模型	2015 年延安地区 土地依赖
户主健康	-0.07	-0.02	-0.01	0.01	-0.30**	-0.02
户主年龄	-0.00	-0.00	0.00	0.00	0.00	0.01***
户主教育	-0.01	-0.00	-0.02	-0.02	-0.05	0.02
家庭规模	-0.01	-0.02**	0.02	-0.04***	-0.09	-0.02
男性劳动力占比	-0.10	-0.04	0.17	-0.23*	-0.32	0.23**
户耕地面积	0.01	0.01*	-0.04***	0.00	0.01	0.00
户林地面积	0.00***	-0.00	0.00	-0.00	0.01**	-0.00
地块距离	-0.04	0.00***	-0.02**	-0.02**	0.00	-0.00
家所处海拔	0.02	0.04***	-0.04	0.05	0.09	-0.07*
是否养殖	0.12	0.03	0.87***	0.00	1.08***	-0.10
退耕程度	-0.40*	-0.18***	-1.64***	0.05	-1.30	0.18
农业补贴	0.00***	-0.00***	0.00**	-0.00	0.00**	0.00
搬迁政策	0.21**	-0.11**	-0.18	0.02	-0.61**	—
石泉县	-0.93***	—	—	—	—	—
宁陕县	-0.64***	—	-0.7**	—	—	—
紫阳县	0.14	—	-0.79***	—	—	—
平利县	-1.42***	—	—	—	—	—
退耕执行情况	—	—	—	—	-0.30	—
逆米尔斯比	—	-0.08**	—	-0.05	—	-0.29**

— 179 —

续表

变量	2011年安康地区		2015年安康地区		2015年延安地区	
	选择模型	土地依赖	选择模型	土地依赖	选择模型	土地依赖
常数项	0.54	0.68	2.09 ***	0.33 *	1.84 *	0.15
样本量	1090	466	431	282	256	200
模型检验	247.67 ***	138.33 ***	135.06 ***	24.78 *	54.03 ***	41.95 ***
Pseudo R^2	0.17		0.24		0.20	

注：Heckman模型的逆米尔斯比率显著，表明样本存在自选择偏误，采用该模型合适；两个阶段的模型检验分别采用LR chi^2 检验和Wald chi^2 统计量，展现了Heckman两阶段模型的回归系数；***、**、*分别表示在1%、5%和10%的水平上显著；表中2011年模型中的地块距离是指，退耕地与最近的自然保护区的距离，而2015年模型中的地块距离是指，地块距家的平均距离，两者同为反映地块相对位置的变量；表中区县变量以汉滨区为参照进行分析。"—"表示无数据。

资料来源：笔者根据本课题组的调研数据，运用Stata 12.0软件计算整理而得。

首先，影响农户土地依赖的变量，主要有家庭规模、男性劳动力、耕地面积、地块变量、政策因素，如农业补贴、搬迁政策等。家庭规模越小、耕地面积越大、退耕地块到自然保护区距离越远、居住地的海拔越高，对家庭农林业收入的依赖性越强。参与退耕的程度越高、获得的农业补贴越多、参与移民搬迁工程的农户对土地收入依赖程度显著越低。可见，退耕还林工程、农业补贴和移民搬迁等农村生态保护与发展政策，有利于农户降低对自然资源收入的依赖。

其次，随时间变化，在不同的政策阶段，农户对土地的依赖程度受到不同因素的影响。与政策巩固阶段（2011年）相比，政策交替阶段（2015年）对农户土地的收入依赖影响显著的因素有所减少，退耕程度、农业补贴政策、搬迁政策等政策因素的影响减弱，起到关键作用的是劳动力和土地两个要素。家庭人口越多、男性劳动力占比越高，土地到住宅的距离越远，农户对农林业收入的依赖程度就越弱，而其他因素的作用均不显著。同样，农户对土地生产的劳动力投入，也仅受到农户居住位置和养殖等生计情况的显著影响。

最后，农户土地依赖程度的影响因素，在区域之间也存在差异。比较政策交替期陕南典型地区农户和陕北典型地区农户土地依赖程度模型的结果可以看出，男性劳动力占比的作用均很显著，但方向完全相反，可能与两个调查地区劳动力流动难易和劳动力市场结构有关；户拥有林地面积对土地收入依赖程度有显著的作用，但方向相反。依据两地的林地立地条件，凭借自然环境、气候和地理条件等方面的优势，在安康地区发展林业等自然资源为依托的产业或可为农户提供较好的生计替代，但延安地区的自然条件相对受到约束，尤其是西北地区的吴起县等，干旱半干旱气候使得林业发展受限，林业可作为解放农业劳动力的生计活动，为其他非农生产创造条件，而其并不能成为收入的主要依赖。

二、退耕户对退耕林地管护行为研究

农户是否从事退耕林地的管护以保障林木存活率，对退耕还林工程成果及可持续性尤其是对生态目标的实现起着关键作用。然而，有将近20%的退耕农户仅仅将耕地转化为林地，却没有履行相应的管护责任，不利于退耕还林工程实施成果的保障。政策交替期是退耕还林工程成果巩固面临检验的关键时期，复杂的政策环境使得农户的行为更不稳定，更易受到外部因素的影响。因此，本章重点分析了贫困对该时期农户退耕林地管护行为的影响，表6-5中的模型1~模型4分别展现了安康地区和延安地区不同贫困维度及土地依赖对管护行为影响的边际效应。

首先，安康地区对退耕农户管护行为有显著影响的因素，是健康贫困、居住贫困和收入贫困。家庭成员身体健康状况较差、住房条件较差、家庭经济条件较差的农户，对退耕林地进行管护的可能性越大。可见，贫困农户更倾向于履行退耕后的管护责任，贫困因素不构成农户对林地管护投入劳动力的约束。同时，多维贫困程度对农户管护行为有显著正向影响，即贫困程度越高，农户参与退耕林地管护的概率就越高。可能的原因有：（1）贫困农户的风险偏好，决定了其更倾向于遵守并履行政策要求的责任和义务；（2）贫困农户更倾向于劳动投入，而经济投入可能会形成阻碍，安康地区退耕还经济林，管护或有益于林地收益的增长，贫困农户更积极；（3）贫困农户的剩余劳动力在谋求养殖、非农等其他发展机会方面不占优势，如资金约束，退耕林地初期的经济投入较小，树种免费，退耕补贴等，更易于贫困农户作为生计发展的替代。同时，农户对土地的依赖程度对其管护行为也有正向影响，但作用并不显著。将土地依赖变量引入管护模型1~模型3中依然没有显著影响，因此，不再进一步探究资源依赖程度与多维贫困的交互作用。

其次，延安地区退耕农户管护行为的影响因素有所不同。在管护模型1~模型4中，对农户退耕林地管护行为起到关键作用的是健康贫困、资产贫困和收入贫困。不同的是，三个贫困维度均起到了显著的负向作用。如家庭健康人口比例较高、耐用资产数量较多、经济水平较好的农户对退耕林地管护投入的时间越多。而健康贫困的家庭对退耕林地管护面临困难，或需以较高的成本获取有效的劳动力。耐用资产可以反映农户家庭的财富状况以及土地生产所需的主要要素。收入贫困的负向作用表明，资金约束是农户从事退耕林地管护活动的较大障碍，而且，不仅是单个贫困维度对管护行为产生显著负向影响，农户的多维贫困程度对其管护劳动投入也有显著负向的影响。农户多维贫困程度越深，其退耕林地管护的投入程度就越小。此外，农户对土地的依赖程度也有显著负向的影响。土地依赖程度越高，农户从事退耕林地管护行为的投入就越少。可见，在延安地区降低农户对土地的依赖，有助于提高农户管护投入的积极性。

综合两个地区的研究结果，贫困对农户退耕林地管护行为的影响呈现出双向效应：一方面，贫困农户的低风险偏好、退耕林地经营的成本有效性、非农发展环境不利等会促使其从事退耕林地管护；另一方面，林地管护经营所需的劳动力、资金、技术等要素与贫困农户面临的约束之间的矛盾，会阻碍贫困农户有效地落实管护行为。最终的作用效果需要结合地区具体的情境进行判断。如安康地区退耕林地有一定的经营收益或预期收益，对经济贫困的农户有较强的吸引力，而延安地区退耕农户缺乏这一动力。因此，为促进退耕农户对林地的管护、保障退耕林木的成活率等，具体的政策措施和激励方案应因地制宜，结合当前农户和地区的实际需求，以达到巩固退耕还林成果的目标。

表6-5中模型5~模型8反映了贫困和土地依赖对管护行为的作用机制和交互效应,在管护模型1中加入土地依赖变量后,原来显著的贫困维度变得不显著,见模型5,而土地依赖变量有显著、负向的影响。可见,多维贫困对农户退耕林地管护行为的作用会受到农户对土地依赖程度的影响。在土地依赖的控制下,收入贫困仍对退耕林地的管护投入有显著的负向作用,且作用幅度增强。可以推断,农户对土地的依赖程度,会影响收入贫困以及多维贫困对农户管护投入的作用。因此,进一步建立模型8估计收入贫困与土地依赖的交互效应,表明农户对土地的依赖会显著增加收入贫困对林地管护的负向影响,即土地依赖程度较高的农户,收入贫困对退耕林地管护的阻碍越强。同时,为保证模型结果的稳健性,本书替换了模型中的关键变量进行二次回归,如将收入贫困用人均纯收入代替以反映农户经济维度方面的贫困等,发现关键变量的系数和显著性等结果并未产生明显变化。

表6-5 安康地区和延安地区多维贫困和土地依赖对农户退耕林地管护行为的影响

变量	安康地区模型1~模型4	延安地区模型1~模型4	延安地区多维贫困与土地依赖交互效应			
			模型5	模型6	模型7	模型8
	ME	ME	ME	ME	ME	ME
模型1:						
教育贫困	-8.40	-2.96	-2.55	—	—	—
健康贫困	6.28 **	9.05 *	6.91	—	—	—
食物贫困	0.00	0.00	0.00	—	—	—
资产贫困	8.23	3.25 **	2.71	—	—	—
居住贫困	-0.10 **	-0.11	-0.09	—	—	—
模型2: 收入贫困	5.75 *	-12.88 **	—	-25.48 **	—	-35.02 ***
模型3: 多维贫困程度	2.93 **	-1.91 *	—	—	-2.69 **	—
模型4: 土地依赖	15.01	-39.54 **	-39.55 **	-34.23 **	-51.3 **	-65.44 **
模型8: 贫困×土地依赖	—	—	—	—	—	-290.06 *

注:回归采用的是村级群聚的稳健标准误;***、**、*分别表示在1%、5%和10%的水平上显著。模型5~模型8为延安地区多维贫困与土地依赖对农户退耕林地管护行为的影响机制和交互效应。交互项建立前,对变量进行了中心化处理,以避免多重共线性,偏效应估计;管护模型中控制变量结果省略。"—"表示模型中未纳入该变量。

资料来源:笔者根据本课题组的调研数据,运用Stata 12.0软件计算整理而得。

三、退耕农户复耕意愿研究

农户补偿到期后是否会维持退耕行为,是退耕还林工程可持续的关键。政策实施中期是退耕补偿减半、巩固退耕成果的关键时期,利用该时期的数据考察退耕农户的复耕意愿有非常重要的意义。同样,政策实施末期是首轮退耕补偿到期、巩固退耕成果专项建设项目检验、新一轮退耕启动等政策交替的关键时期,利用该时期数据考察退耕农户的复耕意愿及程度尤为关键。因此,本节基于农户意愿和行为综合评估政策巩固期和政策交替期退耕还林工程的可持续性,对比分析不同调查区域多维贫困和土地依赖对退耕农户复耕意愿的影响。

(一)政策巩固期陕南地区农户复耕意愿的影响研究

本节运用 Stata 12.0 软件对调查地区有效退耕农户的样本数据进行了 Logistic 回归,得出多维贫困和土地依赖对农户复耕意愿的边际效应,见表 6-6。结果表明,对农户复耕意愿有显著影响的贫困维度,是权利贫困和资产贫困。农户在政策实施过程中掌握的自主权越小,农户补偿期满后复耕的可能性就越大;农户资产越贫困,补偿期满农户选择复耕的概率越小。食物贫困农户复耕的意愿相对较强,家庭粮食安全水平较低,使得他们对于退耕后带来的家庭粮食安全问题有着更多顾虑,因此,有着更高的复耕风险。而且,多维贫困度较高的农户复耕的可能性越低。可见,除了权利维度和食物维度,大多数贫困农户参与退耕还林工程非但不会削弱工程效益,反而有助于退耕还林工程实施的可持续性。既有研究认为,复耕种粮是劳动密集型活动,而多维贫困农户在非农劳动力配置时或面临各种约束和阻碍,因此,更倾向于农业生产。同时,农户对土地的依赖,也会显著降低其复耕意愿。

表6-6 政策巩固期多维贫困和土地依赖对安康地区农户复耕意愿的影响

变量	模型1	模型2	模型3
教育贫困	0.01	—	—
健康贫困	-0.01	—	—
食物贫困	0.00	—	—
资产贫困	0.05**	—	—
居住贫困	0.00	—	—
收入贫困	—	-0.04	—
多维贫困程度	—	—	-0.04***
土地依赖	-0.20	-0.38***	-0.28**

注：***、**、*分别表示在1%、5%和10%的水平上显著。复耕模型中的控制变量结果省略。"—"表示模型中未纳入该变量。
资料来源：笔者根据课题组的调研数据，运用Stata 12.0软件计算整理而得。

（二）政策交替期陕北地区农户复耕意愿的影响研究

政策交替期陕南安康地区农户复耕意愿较低，有复耕意愿的农户仅占9.00%。因此，此处不再对其做计量分析。但这一复耕意愿比例不仅远低于2011年同一调查区域样本的复耕意愿比例，而且，远低于同一时期陕北延安地区农户的复耕意愿。基于上文对于两个调查区域退耕差异以及环境差异的分析，将可能的原因归纳为五个方面：（1）农户参与退耕政策的程度；（2）退耕林地的类型及收益；（3）退耕农户的资源依赖性与非农发展环境；（4）农户多维贫困情况；（5）农户意愿与退耕政策变化。本节重点研究政策交替期陕北延安地区农户复耕意愿的影响因素。本节运用Stata 12.0软件对有效样本进行回归，结果见表6-7。

表6-7 政策交替期多维贫困和土地依赖对延安地区农户复耕决策的边际效应

变量	模型1 复耕意愿	模型1 复耕程度	模型2 复耕意愿	模型2 复耕程度	模型3 复耕意愿	模型3 复耕程度	模型4 复耕意愿	模型4 复耕程度
教育贫困	-0.04	0.11	—	—	0.02	0.36	—	—
健康贫困	-0.18**	-3.50**	—	—	-0.19**	-3.87**	—	—
食物贫困	0.12*	2.08	—	—	0.13	2.32	—	—

续表

变量	模型1 复耕意愿	模型1 复耕程度	模型2 复耕意愿	模型2 复耕程度	模型3 复耕意愿	模型3 复耕程度	模型4 复耕意愿	模型4 复耕程度
资产贫困	-0.05	-1.15	—	—	-0.05	-1.40*	—	—
居住贫困	-0.00	-0.01	—	—	0.00	0.03	—	—
收入贫困	—	—	-0.17**	-3.68*	—	—	-0.16	-3.70*
土地依赖	—	—	—	—	-0.64*	-9.55	-0.68**	-10.26*

注：***、**、*分别表示在1%、5%和10%的水平上显著；复耕模型中控制变量结果省略；多维贫困程度的作用，在加入土地依赖变量前后均不显著，且模型中各变量的系数并无显著差异，故省略。"—"表示无数据。

资料来源：笔者根据课题组的调研数据，运用Stata 12.0 软件计算整理而得。

（1）在表6-7中，复耕决策模型1、模型2反映了多维贫困对农户复耕意愿及计划的影响。对政策交替期农户复耕意愿起到显著作用的有健康贫困、食物贫困等，均对农户复耕产生显著、正向影响；多维贫困程度虽然也显示出正向的影响但作用并不显著。与描述性统计结果一致，收入贫困起到了相反的作用，收入贫困农户的复耕意愿和复耕程度显著更低。为了进一步探究多维贫困对复耕意愿的研究机理，以下分别探讨了资源依赖的影响、控制了资源依赖后贫困的影响以及贫困与资源依赖的交互作用。此外，多维贫困程度的作用在加入土地依赖变量前后，模型中各变量的系数并无显著差异，表明多维贫困程度对农户复耕决策没有较大作用且不受资源依赖程度的影响。

（2）表6-7反映了土地依赖对农户复耕意愿和计划复耕程度的边际效应。农户的土地依赖对退耕行为的可持续性有显著的正向作用，即农林业收入占比越高，农户复耕意愿越低，且计划复耕的面积越小。农户的土地依赖对复耕意愿有负向作用，可能源于两方面。一是农林业收入占比较高，反映了农林业收入对农户家庭收入的贡献率相对较高，风险规避型的农户无须通过有违约风险的复耕行为来增加土地收入的贡献，复耕的可能性较小。这在一定程度上体现了土地保障功能对退耕还林工程的积极作用，农户对土地收入的依赖有利于巩固退耕成果的可持续性，也为其发展生计多样化提供生存基础和粮食安全保障。二是退耕地一般不具备较好的生产条件,复耕后会拉低农户现有农林业生产率,农林业收入贡献较高的农户不愿采取这种有生产风险的复耕行为。从农户计划复耕的地块特征也可以看出,农户的复耕偏好有赖于土地的生产条件,基于复耕机会成本的考量,土地的质量越差,与家庭住宅的距离越远,农户复耕意愿越小。

(3)复耕决策模型3加入了土地依赖变量后,多维贫困对农户复耕意愿的作用并没有产生较大变化,但是,土地依赖在复耕程度模型中作用不显著。复耕决策模型4加入了土地依赖的控制变量后,收入贫困对农户复耕的影响有显著变化,原来复耕意愿模型中显著的负向作用变得不再显著,而复耕程度模型中的作用强度加大,土地依赖的作用在各模型中的显著性不变,但作用强度减小。可见,收入贫困对农户复耕意愿的作用,会受到农户土地依赖程度的影响。

第四节 本章小结

本章基于安康地区和延安地区两个调查区域、退耕成果巩固期和退耕补偿末期两个调查时点的农户数据,对退耕户管护行为和复耕决策进行了深入分析,探究了维持退耕还林工程运行及成果可持续性的关键因素。从退耕户参与政策的情况出发,分析退耕政策中期和退耕政策末期退耕农户的土地利用情况和土地依赖情况,建立实证模型,评估多维贫困和土地依赖对农户管护行为和复耕决策的影响,并探讨不同政策阶段和不同区域退耕还林工程维持机制的差异,为退耕还林工程的可持续性和生态补偿政策长效减贫机制的建立提供实证依据和政策建议,主要得出以下四个结论。

第一,两个调查地区在退耕程度、补偿情况和制度约束方面有诸多差异。延安地区农户的退耕程度更高,退耕年限、退耕规模和退耕比例均高于安康地区。同时,延安地区农户样本和地块样本补偿减半和补偿到期的情况占大多数。此外，延安地区签订退耕合同的比例更高，补偿末期对退耕农户的约束相对更强。农户对政策的态度和主观评价也发生了变化，如对政策满意的比例减少，认为退耕后收入增加的比例也有所减少，延安地区对退耕还林政策满意的比例相对较低，农户的补偿期望高于现行补偿标准。

第二，退耕农户对土地的利用及依赖随着政策的推进而有明显变化，如政策中期成果巩固阶段到政策末期，退耕农户对土地资源的收入依赖降低，农业依赖型农户比例减少，兼业比例大幅度提高，打工和非农依赖型农户比例增多，但补偿依赖型农户并未减少，林业和养殖业也未能形成有效的生计替代。此外，两个调查地区在自然资源禀赋和生计依赖方面也存在差异，延安地区退耕农户人均耕地面积和林地面积均相对较多，且补贴依赖型、农业依赖型的农户相对更高。此外，参与退耕的程度、农业补贴和移民搬迁工程等，对减缓农户的土地依赖程度有积极作用。但在政策末期，这些政策因素的影响减弱，对农林业收入占比起关键作用的是家庭劳动力和土地两个要素。

第三，退耕还林政策末期对退耕林地进行过管护的农户占较高比例，退耕林地的管护能力包括经济、技术、权利等。一方面，多维贫困对退耕林地管护有重要作用，但在两个调查地区存在差异。安康地区收入贫困、健康贫困、住房贫困不是阻碍农户管护的原因，但教育贫困、食物贫困和权利贫困以及多维贫困程度成为农户管护行为的阻碍；而延安地区资产贫困和收入贫困等多维贫困对管护的劳动投入有显著的负向影响。另一方面，退耕林地管护的成本、收益对管护行为影响显著，主要体现在地块的位置、质量以及收益能力或收益潜力。此外，还有环境因素，如村级退耕政策执行情况、农业补贴、搬迁政策等间接作用，同时，多维贫困对农户退耕林地管护行为的作用，会受到农户对土地资源依赖程度的影响。

第四，安康地区不同政策阶段有复耕意愿农户比例变化（由高到低）的原因，可以归因于政策变化和农户变化两个方面；而补偿末期复耕意愿的区域差异（安康地区低，延安地区高）可以归因于两个调查地区退耕程度、退耕林地类型及收益、农户多维贫困状况、退耕农户的资源依赖型、农户意愿与退耕政策变化等的差异。实证研究表明，农户的复耕意愿受其对土地的依赖程度和多维贫困情况的影响，政策中期安康地区贫困农户参与退耕还林工程非但不会削弱工程效益，反而有助于工程实施的可持续性，但农户在政策实施过程中掌握的自主权越小，农户补偿期满复耕的可能性就越大。同样，政策末期延安地区收入贫困和资产贫困的农户复耕意愿显著更弱，而健康贫困、食物贫困和权利贫困农户的复耕意愿较强。农户对土地收入的依赖程度会显著降低其复耕意愿，农户对土地资源的依赖性不仅不会增加农户复耕的风险，反而会促进贫困因素对生态成果保持的积极作用。

综上所述，本章最重要的贡献在于，从退耕农户角度剖析了退耕政策实施中期、末期不同区域的退耕林地管护行为和复耕意愿。实证研究表明，农户的多维贫困情况对政策可持续性有重要影响，如退耕还林工程瞄准经济贫困的农户有利于其成果的可持续性，而阻碍因素主要有农户决策自主权不足、缺乏技术支持、家庭粮食不安全等。此外，政策环境和区域发展环境，也对农户生态保护行为的可持续性有重要影响。

第七章 结论与展望

第一节 主要结论

本书在相关研究和分析框架的基础上,构建了生态脆弱区退耕还林工程减贫机制的分析框架,提出了本书研究的关键问题和研究思路,利用陕西省南部的安康地区和北部的延安地区调查农户和地块的调查数据,从瞄准机制、作用机制和维持机制三个方面,系统、全面地对退耕还林工程的减贫机制进行研究,主要得出以下四个结论。

第一,构建了退耕还林工程减贫机制的分析框架,从内容和结构上综合了生态服务与人类福祉、生态补偿政策与减贫等相关研究和分析框架。该分析框架以生态补偿机制的基本逻辑为核心,以退耕还林等生态补偿政策建立起生计系统和生态系统之间的桥梁,不仅反映了政策分别对两个系统内部的作用及可能的减贫路径,还展现了系统间的相互作用和对减贫的可能影响,如生态服务对生计系统的支持和农户福祉的改善。

同时,该分析框架结合了生态脆弱区的具体现实,如生态系统的复杂性、资源的稀缺性、贫困的区域性,以及贫困群体对外部冲击抵抗力较弱、对政策变动更为敏感、适应能力弱等特征。因此,分析框架涵盖了退耕还林工程对减贫的瞄准机制、作用机制和维持机制三个重要环节和每个环节的关键问题,以及影响效应在政策发展过程中的动态变化和区域间的差异。退耕还林工程对减贫的瞄准机制、作用机制和维持机制共同体现了政策发挥减贫效应的三个递进环节,也代表了退耕还林工程减贫机制研究的三个重要机制。其中,瞄准机制是减贫机制的前提和基础,作用机制是减贫机制的核心,维持机制是减贫机制长效、可持续的保障。

第二,关于退耕还林工程瞄准机制的实证分析表明,在地块层面退耕瞄准基本实现了生态、成本有效性等目标,但瞄准的益贫性不明显。新一轮退耕还林工程的瞄准方案虽然强调了瞄准方案的益贫性设计,但对于多维贫困的农户而言,即使他们的土地条件更具参与资质,其参与新一轮退耕还林工程仍面临诸多障碍。尤其是在农户缺乏决策自主权的情况下,反而更倾向于瞄准家庭经济条件较好农户的地块,经济贫困对参与新一轮退耕还林有负向影响。食物贫困和教育贫困等多维贫困,对农户参与新一轮退耕也起到了阻碍作用。

此外,在政策参与过程中,贫困农户的决策自主权较为欠缺,比如,缺乏对政策实施前设计层面的参与。政策瞄准的成效在很大程度上取决于瞄准主体利益和偏好。实证结果表明,虽然农户自主瞄准和非自主瞄准都以生态效益为重要的衡量指标,但由地方政府规划的退耕瞄准有着更为一致的环境效益偏好,而由农户自主瞄准的方案更具成本有效性、公平性和益贫性。

同时,陕西省安康地区和延安地区的退耕瞄准成效和瞄准机制,与地区的环境以及地方政府的具体政策实践有关。鉴于安康地区较良好的生态资源和林木生长环境,以及强烈的扶贫发展需求,地方政府在实施新一轮退耕的过程中更多地考虑退耕后农户的生计,期望以退耕为契机促进农户生计结构调整以及林业产业和林下经济的发展,退耕瞄准的益贫性也更为明显。

第三,关于退耕还林工程作用机制的实证分析表明,退耕还林工程对收入增长及公平分配有重要作用,其中,拉动增收的主要动力是农林业生产。但退耕对非农劳动力供给和农林业生产技术效率提升并未起到显著的促进作用。一方面,退耕还林工程对农户的非农劳动力供给、非农收入的作用均不显著,经济贫困以及多维贫困是退耕促进非农劳动力转移的阻碍因素;另一方面,农户退耕后的资源利用、生态服务供给、生态服务依赖及农林业生产，均发生了较为显著的变化。

尽管退耕还林工程减少了耕地面积和薪柴采集行为，但增加了养殖活动以及单位耕地面积劳动投入、化肥和农药投入，可能会造成新的资源压力和面源污染。同时，退耕也增加了生态服务供给，农户能更多地从供给服务、调节服务和文化服务中获益，尤其是关系到微观农户生产生活的农林业、养殖业和能源利用等方面的供给服务。然而，退耕显著降低了农户对生态服务的依赖，高收入农户在供给服务、调节服务和文化服务三种生态服务中获得的收益显著更高，低收入农户对各项生态服务的依赖性较强。此外，退耕对农林业生产也起到积极作用，坡耕地退耕和退耕补偿收入有利于提高技术效率水平。但是，退耕农户并没有很好地化解退耕政策对农林业生产的冲击，农林业生产技术效率降低。退耕规模越大，冲击越强；农户收入水平越低，应对冲击的能力越弱。

第四，关于退耕还林工程维持机制的实证研究表明，退耕农户对土地的利用及对土地的依赖随着政策的推进而有明显变化。2015年，是退耕还林工程的政策交替期，面临来自首轮退耕补偿到期、退耕成果巩固、专项建设项目收官检验、新一轮退耕还林启动等多重挑战。该时期，农户对退耕林地的管护行为主要取决于其能力，多维贫困对退耕林地管护有重要作用。安康地区收入贫困、健康贫困和住房贫困等不是阻碍，但教育贫困、食物贫困和权利贫困以及多维贫困程度可能成为农户退耕林地管护行为的阻碍；而延安地区资产贫困和收入贫困等多维贫困对退耕林地管护的劳动投入有显著、负向的影响。同时，多维贫困对农户退耕林地管护行为的作用，会受到农户土地依赖程度的影响。

不同政策阶段农户复耕意愿的变化，可归结于政策变化和农户变化两方面；而补偿末期复耕意愿的区域差异，可归结于两个调查区域退耕程度、退耕农林地类型及收益、农户多维贫困状况、退耕农户的资源依赖类型、农户意愿与退耕政策变化等的不同。实证研究表明，农户的复耕决策受多维贫困和土地依赖的影响，如政策中期安康地区贫困程度、多维贫困程度客观上有助于退耕还林工程实施的可持续性；而政策末期延安地区健康贫困、食物贫困和权利贫困对农户退耕行为的可持续性有显著的负向影响。农户对土地的依赖，不仅不会增加农户复耕的风险，反而会缓解贫困因素对维持退耕行为及生态成果的约束。

第二节 主要创新点

目前，生态补偿政策减少农村贫困的机制尚不明确，在生态补偿政策与农村扶贫政策发展、融合的过程中，目标瞄准机制仍存在较大不确定性。探究如何将生态补偿机制与当前中国农村扶贫政策创新的要求相结合，发挥生态补偿政策的长效性及其在扶贫方面的独特优势尤为关键。本书对退耕还林工程的减贫路径进行了系统性研究，分析退耕还林工程对农户减贫作用的内在机理。创新之处主要体现在以下四个方面。

第一，基于既有生态补偿与减贫的相关研究和框架，结合生态脆弱区的具体情境，提出了退耕还林工程减贫机制的分析框架。既有研究和分析框架较为分散，缺乏系统性、动态性以及不同时空尺度的融合研究。该分析框架突出了退耕还林工程作为生态补偿机制对生态服务和人类福祉的连接和保障，不仅体现在每个系统内部的变动和可能的减贫路径，还体现在两个系统之间的相互作用。同时，该分析框架较为系统地呈现了退耕还林工程实施各个阶段的减贫机制及亟待分析的关键问题，为丰富生态补偿相关理论研究，促进生态补偿机制在当前中国农村扶贫发展过程中的政策创新，发挥生态补偿政策长效性及为其在扶贫方面的独特优势提供新的思路。

第二，剖析了退耕还林工程在多元目标之间的瞄准机制，如退耕还林工程对地块和农户的瞄准过程中，在生态目标、成本目标和益贫目标之间权衡的规律，尤其是多维贫困对农户参与新一轮退耕还林工程的作用效果和内在机理，以及不同决策自主权分配下瞄准过程及瞄准结果的差异，弥补了既有研究对作用机理、农户异质性等方面探讨的不足。研究表明，贫困农户参与新一轮退耕还林工程，仍面临来自经济、技术、农户家庭粮食安全等方面的诸多障碍。农户决策自主权对退耕还林工程的瞄准效果和多元目标的实现有着重要作用。生态补偿对象瞄准机制及优化机制的研究在实践中处于起步阶段，生态补偿目标瞄准的理论研究、方法研究是未来重要的创新内容，随着退耕还林工程的推进和发展，还将继续对政策的设计与实施进行反思。本书融入了新一轮退耕还林工程的瞄准实践与经验，更新了以退耕还林工程为例的生态补偿政策的研究进程。

第三，深入研究了退耕还林工程对减贫的作用机制，包括对收入减贫的直接作用，以及通过影响非农劳动力供给和农林业生产的间接作用机制，弥补了既有实证研究对农产品、劳动力市场、生态服务等间接减贫路径分析的不足，更加深入地探究了生态服务与人类多维福祉之间的关系。研究发现，退耕还林工程对收入增长及分配公平有重要作用，但对非农劳动力供给和农林业生产技术效率提升的作用存在诸多阻碍，尤其是经济贫困、多维贫困的农户。此外，从退耕还林工程的本质出发，在农林业生产研究中融入了对农户生态服务供给以及生态服务依赖的探讨，为生计系统与生态系统之间相互作用的跨学科研究提供了实证基础。

第四，发现了影响退耕还林工程实施及效果可持续的关键因素，尤其是多维贫困、土地依赖对农户退耕林地管护行为和复耕决策的重要作用。收入贫困或资产贫困有利于退耕还林工程成果的可持续性，而阻碍因素主要有农户决策自主权不足、缺乏技术支持、粮食安全无保障等。同时，从区域尺度和时间尺度上对农户生态保护行为的可持续性进行比较，为相关理论的丰富与完善，以及生态补偿政策与扶贫政策的有效融合提供了有价值的参考。

第三节 政策建议

本书对退耕还林工程的减贫机制进行了系统研究，分析了退耕还林工程对减贫的瞄准机制、作用机制以及维持机制，揭示了多维贫困与退耕还林工程参与、作用和可持续发展之间的内在规律，发现了阻碍退耕还林工程减贫机制有效运行的关键因素，以及不同政策阶段和不同调查地区的差异。基于本书的研究结论，围绕贫困农户如何克服阻碍、可持续地参与并且受益于退耕还林工程等生态补偿政策，提出以下五个政策建议。

1. 健全与多元目标相一致的瞄准机制和考核指标体系，建立多元化、差异化的补偿方案，削弱贫困农户参与退耕和维持生态保护所面临的经济约束

新一轮退耕还林工程的瞄准结果与政策目标之间仍存在一些偏差，尤其是在瞄准的益贫性、瞄准精度等方面有较大的改进空间。目前，新一轮退耕瞄准的设计虽与我国"十三五"期间扶贫攻坚的目标相结合，但缺乏与减贫目标相一致的瞄准机制和考核指标体系。因此，在精准扶贫方法论的指导下，应注重建立与生态、减贫等多元目标相一致的瞄准标准和考核指标，改善瞄准技术与瞄准效果。如更新、融合并匹配农户经济数据与土地空间数据，识别贫困、生态脆弱、生产力低下的耦合区域和农户，提高工程对多元目标瞄准的精准性，为工程瞄准方案的优化和落实提供依据和支持（李棉管等，2017）。

同时，为发挥生态补偿机制在扶贫发展方面的作用，单纯地鼓励贫困农户参与积极性、提高对贫困农户的瞄准率是不够的，需通过调整补偿方案、完善配套支持等手段降低农户的参与成本，有效地缓解经济约束。新一轮退耕还林工程的补偿方案虽有所改进，但补偿标准和补偿方式更为单一。而单一的补偿标准既不能弥补农户差异化的机会成本，产生激励过度或激励不足的问题，又不能激励环境改善增量，是造成已有退耕政策实践中瞄准效率低的重要原因。因此，需加强地块质量、机会成本、生态效益等方面的科学评估和技术支持，在此基础上，建立动态的、差异化的补偿机制，设计多样化的补偿方案，降低退耕还林工程实施成本，提高瞄准效率。同时，还应注重补偿方式多元化，除了补贴之外，还应结合退耕农户实际需求和意愿创新其他补偿机制或配套支持措施，激发退耕农户的后续发展动力和能力。

2. 改善退耕政策高质量执行的制度环境，注重退耕农户在退耕还林政策执行过程中的决策自主权

政策执行力度和质量，会影响农户对地方政府和退耕还林政策的满意度和信心。如农户生态保护过程中土地产权受限会导致土地利益失衡等严重问题，而稳定的产权及收益政策更能有效、长效地激励农户对资源的保护行为。缓解政策执行过程中的制度约束，是保障政策顺利开展、政策成果可持续的关键。因此，应将制度创新运用到退耕还林政策中，一方面，从土地确权、过程监管以及政策执行的公平性等方面改善政策执行的制度环境，建立农户对政策的信心，增强政策的凝聚力，激励农户保障退耕成果的可持续性；另一方面，还应以村或社区为单位，建立政策信息交流平台，确保政策制定者、执行者与农户之间信息沟通互动的有效性，信息不对称会增加农户参与政策的交易成本，从而影响农户的参与意愿及政策实施效果。

政府主导模式下的环境服务交易较少考虑农民作为交易主体的平等地位，缺乏自主权易使交易主体产生不满或对抗情绪。因此，除了规范地方政府在政策执行过程中的行为之外，还应增加基层社区在政策设计和实施过程中的话语权、增加农户在政策参与中的决策自主权。作为生态补偿政策的直接参与者，农户是否有决策自主权对政策瞄准成效以及多元目标的实现有重要作用。虽然新一轮退耕还林工程强调赋予农户更多决策自主权，但在政策实践中仍有一半左右的农户未能自主瞄准退耕。因此，基层政府应更加重视和保障农户参与政策的权力，在政策前期退耕规模、退耕补偿等方案的设计过程中，更多地听取、吸纳基层农户的意见；在政策实施过程中，应充分尊重农户在政策参与、地块瞄准、树种选择等方面的意愿，充分了解当地农户生产的实际需求以及完善生产所需的配套服务，赋予其管理土地和合理利用土地的自主权，有效地激发农户参与政策的积极性和主人翁意识，确保后续政策执行的有效性。

3. 加强各项技术支持与技术推广，提升退耕农户人力资本，助力其转移就业和后续生产发展

教育贫困不仅是影响农户参与新一轮退耕的重要约束因素，也是农户从退耕还林工程中受益的阻碍。因此，为充分发挥退耕对非农劳动力转移的促进作用，应注重提高退耕农户农村劳动力的受教育水平，引导农户转变"重资金、轻技术"的补偿偏好，改善退耕农户转移就业的能力和环境，优化退耕还林地区的农村劳动力配置。如充分发挥基层治理优势，以村或社区为单位构建全方位的就业信息与服务平台，激发农户自我发展的内生动力，拓展就业渠道，从多方面促进退耕家庭生计稳定转型。同时，结合农户发展需求和发展意愿，有针对性地进行专业技能培训，提高农村外出务工者在劳动力市场的竞争力和职业选择的自主性，促进农民增收。

此外，为了使退耕带来的生态改善能够有效地提高生产效率，充分发挥退耕还林工程对减贫的作用，应注重农林业科技信息的传播与科技成果的推广，提高退耕农户的土地利用效率。农村地区大多数贫困农户仍主要以种植业为主，缺乏通过增加生产要素投入提升效率的能力，因此，通过开发一些成本较低或公益性较强的农业技术，不仅有助于贫困农户参与退耕并尽快应对政策冲击，提高农业生产效率，维持收益水平的稳定性，而且，有利于缓解退耕后化肥、农药在农林业生产中的集中使用所造成的面源污染问题，创造生态宜居的生产环境、生活环境。

4. 以退耕还林为契机，促进土地流转与规模经营，提升农林业生产效率，发展现代农业

土地依赖和食物贫困不仅是农户参与退耕的阻碍，而且，不利于退耕行为的维持和退耕成果的可持续性。消除阻碍的关键在于，改善退耕农户对土地的依赖。一方面，促进农户生态保护行为可持续的关键并非在于单纯地追求降低农户对土地的收入依赖，而应重点提高农户土地利用效率或农林生产效率，发展劳动集约型土地生产。退耕还林工程区大多处于生态问题和贫困问题交织的农村山区，更应积极响应乡村振兴战略总要求的号召与引导，以退耕还林为契机，改善农户对土地的依赖，通过土地流转将一些农户发展为新型的现代农林业经营主体，如大户、家庭林场、合作社等，坚持"宜林则林、宜耕则耕"，提高农林业生产效率，推进农业现代化发展。另一方面，在精准扶贫思想的指引下，除了经济激励，基层政府还应结合复耕风险较大农户的实际困难与实际需求，引导农户逐步脱离对耕地和退耕补偿的过分依赖。在探索农林产品、生态产品与服务的市场化途径、激励农户林业长期投入的同时，丰富农民的增收渠道。针对生存环境相对恶劣的农户，应充分发挥土地对农户的保障功能，重点降低其生计安全风险和粮食安全风险，增强农户参与退耕的积极性和可持续性。虽然在实践中机会成本不可观测，准确辨识复耕潜在人群较为困难，[1] 但仍可以结合实践调查做一些有针对性的探索。

5. 基于本土资源优势发展退耕后续产业，延长产业链，以县域发展带动退耕农户生计转型与可持续发展

结合退耕地区的特点以及退耕还林工程的规模，退耕农户生计发展的可持续性直接关系到扶贫攻坚和乡村振兴的重点和难点。因此，退耕还林工程减贫效应的发挥仅依靠退耕补偿是远远不够的，在新型城镇化、农村精准扶贫和乡村振兴战略的宏观背景下，还需要与产业扶贫、农业现代化、乡村旅游、易地扶贫搬迁等农村扶贫与发展措施相结合、相协调，以实现贫困山区生态保护与发展的双赢目标。退耕农户所在的县域条件是其生存和发展的重要基础，应充分发挥县域产业发展对当地农户

---

[1] Ferraro P. J. Asymmetric information and contract design for payments for environmental services [J]. Ecological Economics, 2008, 65 (4): 810–821.

生产的带动作用。基层政府应结合退耕地区本土资源优势探索符合退耕农户发展转型的主导产业，基于生态服务的功能与价值拓展山林经济、林下经济、农旅结合等多种业态，促进一二三产业融合，更好地实现退耕后农户生计多样化和可持续性，降低农户复耕意愿。同时，需注重退耕农户前期技术和能力的培育、资金的扶持，以及退耕农户与各类新型经营主体之间的利益联结。

第四节 研究展望

本书的研究对象主要集中在生态服务的供给者及当地农户，没有涉及退耕还林工程对其他受益区域享受生态服务农户的影响分析，但退耕还林工程等生态补偿政策的受益人还有很多在受偿区域之外，他们作为生态补偿项目理论上的购买者，对政策的可持续性，以及政策对各个维度的减贫作用也很关键。因此，下一步可以考虑在更广范围内探讨退耕还林工程的减贫作用与减贫机制，同时，加强对这些区域的生态服务变化及影响的分析。

本书系统地研究了减贫机制从瞄准机制、作用机制到维持机制的全过程，重点集中在各阶段机制内政策、生态系统与农户生计系统之间的作用研究，但仍需进一步开展各减贫机制间的相互作用和联动的研究。

本书的研究数据综合了多政策时点、多区域的截面数据，比较研究也是基于两个截面数据的分析结果，下一步应考虑获取面板数据进行分析，更准确而充分地反映政策变动及对农户影响变动的动态过程。同时，本书虽然融入了农户数据、地块数据以及位置信息，但地块数据和位置信息均来自农户调研，下一步研究应考虑收集并融合更为精确、客观的空间数据，开展退耕瞄准及效应研究。本书数据均来自陕西省，虽具有一定代表性和典型性，但进一步收集其他省区市退耕还林工程区的数据，考察和比较退耕还林工程的减贫效果和减贫机制，对于完善、丰富本书的理论框架和结果有重要的意义。

  本书以退耕还林工程为对象探究生态补偿政策的减贫机制，而退耕还林工程等生态补偿政策与生态保护与建设项目在核心目标、本质以及与人类之间的关系等方面有较强的一致性，本书的框架在一定程度上可以反映后者与减贫之间的关系。具体地，在瞄准机制中更强调生态功能、生态脆弱与贫困在地理上的高度重合；在作用机制中，强调生态保护与建设项目同样通过调节农户与自然之间的关系，转变农户的资源利用方式、生计方式，从生态功能、生态服务等方面对减贫和福祉产生影响；在维持机制中，相比于经济激励型政策工具或补偿型政策工具，规制型的生态保护与建设项目或面临更大挑战，应注重从微观角度考察农户与自然资源、环境之间的依赖关系，及对其生态保护行为可持续性的影响。因此，未来还需进一步对比考察同类或者其他类型的生态补偿政策、生态保护与建设项目与本书研究对象之间的共性与特性，以完善本书提出的理论框架和结论，挖掘出更为普适的生态减贫规律。

参考文献

[1] [印] 阿玛蒂亚·森. 贫困与饥饿 [M]. 王宇, 王文玉, 译. 北京: 商务印书馆, 2004.

[2] 白雪梅, 段志民. 非农产业对农村内部收入不均等的异质性影响 [J]. 统计研究, 2013, 30 (8): 69-76.

[3] 陈健生. 生态脆弱地区农村慢性贫困研究 [M]. 北京: 经济科学出版社, 2009.

[4] 陈儒, 邓悦, 姜志德等. 中国退耕还林还草地区复耕可能性及其影响因素的比较分析 [J]. 资源科学, 2016, 38 (11): 5-10.

[5] 成定平. 退耕还林工程的环境改善功能对种植业的影响分析 [J]. 生态经济, 2011 (5): 105-107.

[6] 程欣. 基于生态环境和地质灾害孕贫模型的三峡库区可持续发展机制研究 [D]. 武汉: 中国地质大学, 2018.

[7] 戴其文. 生态补偿对象的空间选择研究——以甘南藏族自治州草地生态系统的水源涵养服务为例 [J]. 自然资源学报, 2010, 25 (3): 415-425.

[8] 党国英. 贫困类型与减贫战略选择 [J]. 改革, 2016 (8): 68-70.

[9] [澳] 蒂莫西·寇里, 罗·德斯普, 奥唐纳·希杰. 效率和生产率分析导论 [M]. 刘大成, 译. 北京: 清华大学出版社, 2009.

[10] 东梅. 退耕还林对我国宏观粮食安全影响的实证分析 [J]. 中国软科学, 2006 (4): 46-54.

[11] 范明明. 生态补偿理论研究进展及争论——基于生态与社会关系的思考 [J]. 中国人口·资源与环境, 2017, 27 (3): 130-137.

［12］冯伟林，李树茁，李聪．生态系统服务与人类福祉——文献综述与分析框架［J］．资源科学，2013，35（7）：1482-1489.

［13］高健琼．退耕还林与减贫问题研究［D］．西安：陕西师范大学，2011.

［14］高鸣，宋洪远，［美］Carter M．补贴减少了粮食生产效率损失吗？——基于动态资产贫困理论的分析［J］．管理世界，2017（9）：85-100.

［15］巩芳．生态补偿机制对草原生态环境库兹尼茨曲线的优化研究［J］．干旱区资源与环境，2016，30（3）：38-42.

［16］郭燕枝，王秀丽，程广燕等．户主和家庭成员外出务工行为研究——基于河南、四川粮食主产县与非主产县的实证［J］．农业技术经济，2015（9）：99-106.

［17］韩洪云，喻永红．退耕还林的土地生产力改善效果：重庆万州的实证解释［J］．资源科学，2014，36（2）：389-396.

［18］何春，崔万田．城镇化的减贫机制与效应——基于发展中经济体视角的经验研究［J］．财经科学，2017（4）：52-64.

［19］何华征，盛德荣．论农村返贫模式及其阻断机制［J］．现代经济探讨，2017（7）：95-102.

［20］何军．代际差异视角下农民工城市融入的影响因素分析——基于分位数回归方法［J］．中国农村经济，2011（6）：15-25.

［21］胡霞．退耕还林还草政策实施后农村经济结构的变化——对宁夏南部山区的实证分析［J］．中国农村经济，2005（5）：63-70.

［22］黄祖辉，姜霞．以"两山"重要思想引领丘陵山区减贫与发展［J］．农业经济问题，2017（8）：4-10.

［23］孔凡斌．鄱阳湖生态经济区环境保护与生态扶贫问题研究［M］．北京：中国环境科学出版社，2011.

［24］孔凡斌．中国生态补偿机制：理论、实践与政策设计［M］．北京：中国环境科学出版社，2010.

[25] 黎洁，李树茁. 退耕还林工程对西部农户收入的影响：对西安周至县南部山区乡镇农户的实证分析［J］. 中国土地科学，2010，24（2）：57－63.

[26] 黎洁等. 西部重点生态功能区人口资源与环境可持续发展研究［M］. 北京：经济科学出版社，2016.

[27] 李彬彬，吕杰. 辽宁省昌图县退耕还林地区农民收入构成分析［J］. 沈阳农业大学学报（社会科学版），2012，14（2）：136－140.

[28] 李聪，李萍，韩秀华等. 易地移民搬迁对家庭劳动力外出务工活动的影响机制：来自陕南地区的证据［J］. 西安交通大学学报（社会科学版），2017，37（1）：64－71.

[29] 李国平，石涵予. 比较视角下退耕还林补偿的农村经济福利效应——基于陕西省79个退耕还林县的实证研究［J］. 经济地理，2017，37（7）：146－155.

[30] 李国平，石涵予. 退耕还林生态补偿与县域经济增长的关系分析：基于拉姆塞—卡斯—库普曼宏观增长模型［J］. 资源科学，2017，39（9）：1712－1724.

[31] 李桦，姚顺波. 不同退耕规模农户生产技术效率变化差异及其影响因素分析——基于黄土高原农户微观数据［J］. 农业技术经济，2011（12）：51－60.

[32] 李惠梅，张安录. 生态环境保护与福祉［J］. 生态学报，2013，33（3）：825－833.

[33] 李棉管. 技术难题、政治过程与文化结果——"瞄准偏差"的三种研究视角及其对中国"精准扶贫"的启示［J］. 社会学研究，2017（1）：217－241，246.

[34] 李文国，魏玉芝. 生态补偿机制的经济学理论基础及中国的研究现状［J］. 渤海大学学报（哲学社会科学），2008（3）：114－118.

[35] 李宪印，陈万明. 农户人力资本投资与非农收入关系的实证研究［J］. 农业经济问题，2009（5）：94－99.

[36] 李小云,董强,饶小龙等. 农户脆弱性分析方法及其本土化应用 [J]. 中国农村经济, 2007 (4): 32-39.

[37] 李小云,左停,靳乐山等. 环境与贫困: 中国实践与国际经验 [M]. 北京: 社会科学文献出版社, 2005.

[38] 李彧挥,高晓屹,郑风田. 退耕还林工程土地选择指标体系研究——基于西南地区农户调查的实证分析 [J]. 中国软科学, 2007 (10): 155-160.

[39] 梁流涛,许立民. 生计资本与农户的土地利用效率 [J]. 中国人口·资源与环境, 2013, 23 (3): 63-69.

[40] 梁义成,李树苗,李聪. 非农参与对农业技术效率的影响: 农户层面的新解释 [J]. 软科学, 2011, 25 (5): 102-107.

[41] 林德荣,支玲. 退耕还林成果巩固问题研究——基于退耕户机会成本视角的动态博弈模型 [J]. 北京林业大学学报 (社会科学版), 2010, 9 (1): 101-105.

[42] 刘璨,武斌,鹿永华. 中国退耕还林工程及其所产生的影响 [J]. 林业经济, 2009, (10): 41-46.

[43] 刘同山,牛立腾. 农户分化、土地退出意愿与农民的选择偏好 [J]. 中国人口·资源与环境, 2014, 24 (6): 114-120.

[44] 刘宪. 退耕还林中农户经济活动的行为经济学研究 [D]. 北京: 北京林业大学, 2009.

[45] 刘秀丽. 退耕还林对农户福祉的影响——以黄土高原土石山区山西宁武县为例 [M]. 北京: 中国环境出版社, 2014.

[46] 刘越,姚顺波. 不同类型国家林业重点工程实施对劳动力利用与转移的影响 [J]. 资源科学, 2016, 38 (1): 93-98.

[47] 陆文聪,吴连翠. 兼业农民的非农就业行为及其性别差异 [J]. 中国农村经济, 2011 (6): 54-62, 81.

[48] 马比双,张恒,于旭. 贫困问题研究综述 [J]. 经济研究导刊, 2013 (10): 16-17.

[49] 彭代彦,吴翔. 中国农业技术效率与全要素生产率研究——基于农村劳动力结构变化的视角 [J]. 经济学家, 2013 (9): 68-76.

[50] 普蒗喆,郑风田. 初始禀赋、土地依赖与农户土地转出行为分析:基于23省5165个农户样本的实证分析 [J]. 华中科技大学学报(社会科学版), 2016, 30 (1): 42-50.

[51] 钱文荣,郑黎义. 劳动力外出务工对农户农业生产的影响——研究现状与展望 [J]. 中国农村观察, 2011 (1): 31-38, 95.

[52] [印] 让·德雷兹,阿玛蒂亚·森. 饥饿与公共行为 [M]. 苏雷,译. 北京:社会科学文献出版社, 2006.

[53] 任林静,黎洁. 陕西安康山区退耕户的复耕意愿及影响因素分析 [J]]. 资源科学, 2013, 35 (12): 2426-2433.

[54] 邵汉华,王凯月. 普惠金融的减贫效应及作用机制——基于跨国面板数据的实证分析 [J]. 金融经济学研究, 2017, 32 (6): 65-74.

[55] 石春娜,姚顺波. 新一轮退耕还林优先区选择研究:一个文献综述 [J]. 林业经济, 2016 (3): 66-69.

[56] 宋莎. 基于自然资源依赖的秦岭大熊猫栖息地社区发展研究 [D]. 北京:北京林业大学, 2013.

[57] 孙芳,冯开文. 农牧交错带农户继续退耕意愿影响因素的实证分析 [J]. 农业技术经济, 2008 (5): 45-51.

[58] 陶然,徐志刚,徐晋涛. 退耕还林,粮食政策与可持续发展 [J]. 中国社会科学, 2004 (6): 25-38, 204.

[59] 田杰,姚顺波. 退耕还林背景下农业生产技术效率研究——陕西省志丹县退耕户的随机前沿分析 [J]. 统计与信息论坛, 2013, 28 (9): 107-112.

[60] 万海远,李超. 农户退耕还林政策的参与决策研究 [J]. 统计研究, 2013, 30 (10): 83-91.

[61] 汪阳洁,姜志德,王晓兵. 退耕还林(草)对农户种植业生产行为的影响 [J]. 中国农村经济, 2012 (11): 56-68, 77.

[62] 王昌海, 温亚利, 郝春旭等. 大熊猫自然保护区退耕户前期满意度及后续退耕意愿研究——以陕西长青自然保护区周边124退耕户为例[J]. 资源科学, 2010, 32 (10): 2030-2037.

[63] 王昌海, 温亚利, 杨丽菲. 秦岭大熊猫自然保护区周边社区对自然资源经济依赖度研究——以佛坪自然保护区周边社区为例[J]. 资源科学, 2010, 32 (7): 1315-1322.

[64] 王成超. 农户生计行为变迁的生态效应——基于社区增权理论的案例研究[J]. 中国农学通报, 2010, 26 (18): 315-319.

[65] 王厚俊, 李明桥, 徐妍. 政府公信度对农户退耕还林行为影响的实证研究[J]. 农业经济与管理, 2010 (3): 57-65, 81.

[66] 王金南, 刘桂环, 文一惠, 谢婧. 构建中国生态保护补偿制度创新路线图——《关于健全生态保护补偿机制》解读[J]. 环境保护, 2016 (10): 14-18.

[67] 王军, 叶普万. 贫困研究范式的国际转换[J]. 山东社会科学, 2004 (11): 70-73.

[68] 王军英, 朱晶. 基于劳动时间分配视角的外出务工问题研究[J]. 南京农业大学学报 (社会科学版), 2011, 11 (1): 30-36.

[69] 王立安, 钟方雷. 生态补偿与缓解贫困关系的研究进展[J]. 林业经济问题, 2009, 29 (3): 201-205.

[70] 王术华, 支玲, 张媛. 退耕还林后期农户复耕意愿选择研究分析——以甘肃省安定区为例[J]. 林业经济问题, 2010 (6): 11-14.

[71] 王庶, 岳希明. 退耕还林、非农就业与农民增收——基于21省面板数据的双重差分分析[J]. 经济研究, 2017 (4): 106-119.

[72] 王小林, Alkire S. 中国多维贫困测量: 估计和政策含义[J]. 中国农村经济, 2009 (12): 4-10, 23.

[73] 王亚华, 苏毅清. 乡村振兴——中国农村发展新战略[J]. 中央社会主义学院学报, 2017, (6): 49-55.

[74] 吴军民. 农村贫困家庭生计支持政策效用研究[M]. 上海:

复旦大学出版社，2015.

[75] 夏庆利，罗芳．土地利用效率影响因素分析——基于湖北的调查［J］．农业经济问题，2012（5）：15-21.

[76] 谢晨，张坤，彭伟等．退耕还林工程交替期的政策趋势及需求——2014 退耕还林社会经济效益监测主要结果分析［J］．林业经济，2015（6）：16-22.

[77] 邢恩德，郭建英，李锦荣等．退耕还林工程建设对黄土丘陵区县域土壤水力侵蚀的影响——以吴起县为例［J］．内蒙古农业大学学报，2013，34（6）：67-74.

[78] ［英］亚当·斯密．国富论［M］．北京：中央编译出版社，2010.

[79] 阎建忠，卓仁贵，谢德体等．不同生计类型农户的土地利用——三峡库区典型村的实证研究［J］．地理学报，2010，65（11）：1401-1410.

[80] 杨俊，杨钢桥，胡贤辉．农业劳动力年龄对农户耕地利用效率的影响——来自不同经济发展水平地区的实证［J］．资源科学，2011，33（9）：1691-1698.

[81] 杨向阳，赵蕾．公共投资对农业生产率和非农就业的影响研究［J］．农业经济问题，2007（12）：41-49.

[82] 杨云彦，石智雷．家庭禀赋对农民外出务工行为的影响［J］．中国人口科学，2008（5）：66-72，96.

[83] 姚顺波，张晓蕾．退耕还林对农业生产结构影响的实证研究——以陕北吴起县为例［J］．林业经济问题，2008，28（5）：390-394.

[84] 易福金，陈志颖．退耕还林对非农就业的影响分析［J］．中国软科学，2006（8）：31-40.

[85] 俞海，任勇．中国生态补偿：概念、问题类型与政策路径选择［J］．中国软科学，2008（6）：7-15.

[86] 张芳芳, 赵雪雁. 我国农户生计转型的生态效应研究综述 [J]. 生态学报, 2015, 35 (10): 3157-3164.

[87] 张海鑫, 杨钢桥. 耕地细碎化及其对粮食生产技术效率的影响——基于超越对数随机前沿生产函数与农户微观数据 [J]. 资源科学, 2012, 34 (5): 903-910.

[88] 赵冠楠, 金世华, 蒋峰等. 后退耕时代: 成果管护行为、意愿与激励机制研究 [J]. 中国人口·资源与环境, 2011, 21 (12): 143-147.

[89] 赵京, 杨钢桥, 汪文雄. 政府农村公共产品投入对农业生产效率的影响分析——基于 DEA 和协整分析的实证检验 [J]. 经济体制改革, 2013 (3): 76-80.

[90] 赵雪雁. 不同生计方式农户的环境影响——以甘南高原为例 [J]. 地理科学, 2013, 33 (5): 545-552.

[91] 赵雪雁. 地理学视角可持续生计研究: 现状、问题与领域 [J]. 地理研究, 2017, 36 (10): 1859-1872.

[92] 钟兴菊. 地方性知识与政策执行成效——环境政策地方实践的双重话语分析 [J]. 公共管理学报, 2017, 14 (1): 38-48.

[93] 朱建军, 胡继连. 农地流转对我国农民收入分配的影响研究——基于中国健康与养老追踪调查数据 [J]. 南京农业大学学报 (社会科学版), 2015, 15 (3): 75-83.

[94] 朱有志, 刘祚祥. 世界粮食安全: 艰难的理论探索 [N]. 中国社会科学报, 2010-07-27.

[95] Adams W. M., Aveling R. and Brockington D. et al. Biodiversity conservation and the eradication of poverty [J]. Science, 2004, 306 (5699): 1146-1149.

[96] Aigner D., Lovell C. A. K., Schmidt P. Formulation and estimation of stochastic frontier production function models [J]. J Econometrics, 1977, 6 (1): 21-37.

[97] Alix-Garcia J., De Janvry A., Sadoulet E. The role of deforestation risk and calibrated compensation in designing payments for environmental services [J]. Environment and Development Economics, 2008, 13 (3): 375-394.

[98] Alkire S., Foster J. Counting and multidimensional poverty measurement [J]. Journal of Public Economics, 2011, 95 (7-8): 476-487.

[99] Alkire S., Santos M. E. A multidimensional approach: poverty measurement & beyond [J]. Social Indicators Research, 2013, 112 (2): 239-257.

[100] Angelsen A., Wunder S. Exploring the forest—poverty link: key concepts, issues and research implications [J]. Occasional paper No. 40. Centre for International Forestry Research, Jakarta, Indonesia. 2003.

[101] Antle J. M., Stoorvogel J. J. Agricultural carbon sequestration, poverty, and sustainability [J]. Environment and Development Economics, 2008, 13 (3): 327-352.

[102] Barbier E. B. Poverty, development, and environment [J]. Environment and Development Economics, 2010, 15 (6): 635-660.

[103] Baro M. Food insecurity and livelihood systems in northwest Haiti [J]. Journal of Political Ecology, 2002, 9 (1): 1-34.

[104] Barrett C. B., Swallow B. M. Fractal poverty traps [J]. World Development, 2006, 34 (1): 1-15.

[105] Bateman I. J., Mace G. M. and Fezzi C. et al. Economic analysis for ecosystem service assessments [J]. Environmental and Resource Economics, 2010, 48 (2): 177-218.

[106] Benjamin C., Guyomard H. and Caillavet F. et al. Off-farm work decisions of French agricultural households [J]. Developments in Agricultural Economics, 1994, (10): 65-85.

[107] Bremer L. L., Farley K. A. and Lopez-Carr D. What factors influ-

ence participation in payment for ecosystem services programs? An evaluation of Ecuador's SocioPáramo program [J]. Land Use Policy, 2014, 36: 122 – 133.

[108] Bullock A., King B. Evaluating China's slope land conversion program as sustainable management in Tianquan and Wuqi counties [J]. J Environ Manage, 2011, 92 (8): 1916 – 1922.

[109] Bulte E. H., Lipper L. and Stringer R. et al. Payments for ecosystem services and poverty reduction: concepts, issues, and empirical perspectives [J]. Environment and Development Economics, 2008, 13: 245 – 254.

[110] Cao S., Xu C., Chen L. et al. Attitudes of farmersin China's northern Shaanxi Province towards the land – use changes required under the Grain for Green Project, and implications for the project's success [J]. Land Use Policy, 2009, 26 (4): 1182 – 1194.

[111] Carter M. R., Little P. D. and Mogues T. et al. Poverty traps and natural disasters in Ethiopia and Honduras [J]. World Development, 2007, 35 (5): 835 – 856.

[112] Chambers R., Conway G. R. Sustainable rural livelihoods: Practical concepts for the 21st century [R]. IWMI Books, Reports H032823, International Water Management Institute. 1991.

[113] Chen X., Lupi F. and He G. et al. Factors affecting land reconversion plans following a payment for ecosystem service program [J]. Biological Conservation, 2009, 142 (8): 1740 – 1747.

[114] Chen X., Lupi F. and Vina A. et al. Using cost – effective targeting to enhance the efficiency of conservation investments in payments for ecosystem services [J]. Conserv Biol, 2010, 24 (6): 1469 – 1478.

[115] Costanza R., d'Arge R. and de Groot R. et al. The value of the world's ecosystem services and natural capital [J]. Nature, 1997, 387 (6630): 253 – 260.

[116] Daily G. C. , Myers J. P. and Reichert J. Nature's services: societal dependence on natural ecosystems [M]. Washington D C: Island Press, 1997.

[117] Daily G F. C. , Zhiyun O. and Hua Z. et al. Securing Natural Capital and Human Well-Being: Innovation and Impact in China [J]. Acta Ecologica Sinica, 2013, 33 (3): 1 – 10.

[118] DFID. Sustainable Livelihoods Guidance Sheets [R]. UK: Department for International Development, 1999.

[119] Duraiappah A. K. Ecosystem services and human well-being: do global findings make any sense? [J]. BioScience, 2011, 61 (1): 7 – 8.

[120] Ellis F. , Mdoe N. Livelihoods and rural poverty reduction in Tanzania [J]. World Development, 2003, 31 (8): 1367 – 1384.

[121] Engel S. , Pagiola S. and Wunder S. Designing payments for environmental services in theory and practice: An overview of the issues [J]. Ecological Economics, 2008, 65 (4): 663 – 674.

[122] Farrell M. J. The measurement of productive efficiency [J]. Journal of the Royal Statistical Society Series a-General, 1957, 120 (3): 253 – 290.

[123] Feng L. , Xu J. Farmers' Willingness to participate in the next – stage grain – for – green project in the three Gorges reservoir area, China [J]. Environ Manage, 2015, 56 (2): 505 – 518.

[124] Fernandez A. I. , Rodriguez-Poo J. M. and Sperlich S. A note on the parametric three step estimator in structural labor supply models [J]. Economics Letters, 2001, 74 (1): 31 – 41.

[125] Ferraro P. J. , Kiss A. Ecology. Direct payments to conserve biodiversity [J]. Science, 2002, 298 (5599): 1718 – 1719.

[126] Ferraro P. J. Asymmetricinformation and contract design for payments for environmental services [J]. Ecological Economics, 2008, 65 (4): 810 – 821.

[127] Fisher J. A. , Patenaude G. and Giri K. et al. Understanding the

relationships between ecosystem services and poverty alleviation: A conceptual framework [J]. Ecosystem Services, 2014, 7: 34 - 45.

[128] Fraser E. D. G. , Dougill A. J. and Hubacek K. et al. Assessing vulnerability to climate change in dryland livelihood systems: conceptual challenges and interdisciplinary solutions [J]. Ecology and Society, 2011, 16 (3): 3.

[129] Fuchs V. R. Redefining poverty and redistributing income [J]. Public Interest, 1967, (8): 88 - 95.

[130] Gauvin C. , Uchida E. and Rozelle S. et al. Cost-effectiveness of payments for ecosystem services with dual goals of environment and poverty alleviation [J]. Environ Manage, 2010, 45 (3): 488 - 501.

[131] Graff-Zivin J. , Lipper L. Poverty, risk and the supply of soil carbon sequestration [J]. Environment and Development Economics, 2008, 13: 353 - 373.

[132] Groom B. , Grosjean P. and Kontoleon A. et al. Relaxing rural constraints: a 'win - win' policy for poverty and environment in China? [J]. Oxford Economic Papers, 2010, 62 (1): 132 - 156.

[133] Grosjean P. , Kontoleon A. How sustainable are sustainable development programs? The case of the sloping land conversion program in China [J]. World Development, 2009, 37 (1): 268 - 285.

[134] Guo H. , Li B. , Hou Y. et al. Rural households willingness to participate in the Grain for Green program again: a case study of Zhungeer, China [J]. Forest Policy and Economics, 2014, 44: 42 - 49.

[135] He J. , Sikor T. Notions of justice in payments for ecosystem services: Insights from China's Sloping Land Conversion Program in Yunnan Province [J]. Land Use Policy, 2015, 43: 207 - 216.

[136] Holling C. S. Resilience and stability of ecosystems [J]. Annual Review of Ecological System, 1973, 4 (1): 23 - 45.

[137] Jalan J., Ravallion M. Is transient poverty different? Evidence for rural China [J]. Journal of Development Studies, 2000, 36 (6): 82 - 99.

[138] Jumbe C. B. L., Angelsen A. Forest dependence and participation in CPR management: Empirical evidence from forest co - management in Malawi [J]. Ecological Economics, 2007, 62 (3 -4): 661 -672.

[139] Kelly P., Huo X. Do farmers or governments make better land conservation choices? Evidence from China's Sloping Land Conversion Program [J]. Journal of Forest Economics, 2013, 19 (1): 32 -60.

[140] Kerr J. Watershed development, environmental services, and poverty alleviation in India [J]. World Development, 2002, 30 (8): 1387 - 1400.

[141] Khayyati M., Aazami M. Drought impact assessment on rural livelihood systems in Iran [J]. Ecological Indicators, 2016, 69: 850 -858.

[142] Kolinjivadi V., Gamboa G. and Adamowski J. et al. Capabilities as justice: Analysing the acceptability of payments for ecosystem services (PES) through 'social multi-criteria evaluation' [J]. Ecological Economics, 2015, 118: 99 - 113.

[143] Komarek A. M., Shi X. and Heerink N. Household - level effects of China's Sloping Land Conversion Program under price and policy shifts [J]. Land Use Policy, 2014, 40: 36 -44.

[144] Kraay A., McKenzie D. Do poverty traps exist? Assessing the evidence [J]. Journal of Economic Perspectives, 2014, 28 (3): 127 - 148.

[145] Lade S. J., Haider L. J. and Engstrom G. et al. Resilience offers escape from trapped thinking on poverty alleviation [J]. Sci Adv, 2017, 3 (5): e1603043.

[146] Landell-Mills N., Porras I. T. Silver bullet or fools' gold? A global review of markets for forest environmental services and their impact on the poor [R]. London: International Institute for Environment and Development, 2002.

［147］Li C., Zheng H. and Li S. et al. Impacts of conservation and human development policy across stakeholders and scales［J］. Proc Natl Acad Sci U S A, 2015, 112（24）: 7396 - 7401.

［148］Li H., Yao S. and Yin R. et al. Assessing the decadal impact of China's sloping land conversion program on household income under enrollment and earning differentiation［J］. Forest Policy and Economics, 2015, 61: 95 - 103.

［149］Li J., Feldman M. W. and Li S. et al. Rural householdincome and inequality under the Sloping Land Conversion Program in western China［J］. Proc Natl Acad Sci U S A, 2011, 108（19）: 7721 - 7726.

［150］Lipper L., Cavatassi R. Land - use change, carbon sequestration and poverty alleviation［J］. Environ Manage, 2004, 33: S374 - S387.

［151］Liu C., Lu J. and Yin R. An estimation of the effects of China's Priority Forestry Programs on farmers' income［J］. Environ Manage, 2010, 45（3）: 526 - 540.

［152］Liu C., Mullan K. and Liu H. et al. The estimation of long term impacts of China's key priority forestry programs on rural household incomes［J］. Journal of Forest Economics, 2014, 20（3）: 267 - 285.

［153］Liu J., Dietz T., Carpenter S. R. et al. Complexity of coupled human and natural systems［J］. Science, 2007, 317（5844）: 1513 - 1516.

［154］Liu J., Hull V., Batistella M. et al. Framing sustainability in a telecoupled world［J］. Ecology and Society, 2013, 18（2）: 26.

［155］Liu W., Vogt C. and Luo J. et al. Drivers and socioeconomic impacts of tourism participation in protected areas［J］. PLoS One, 2012, 7（4）: e35420.

［156］Liu Z., Gong Y., Kontoleon A. How do payments for environmental services affect land tenure? Theory and evidence from China［J］. Ecological Economics, 2018, 144: 195 - 213.

[157] Liu Z., Lan J. The Sloping Land Conversion Program in China: Effect on the livelihood diversification of rural households [J]. World Development, 2015, 70: 147 - 161.

[158] Locatelli B., Rojas V., Salinas Z. Impacts of payments for environmental services on local development in northern Costa Rica: a fuzzy multi-criteria analysis [J]. Forest Policy and Economics, 2008, 10 (5): 275 - 285.

[159] Ma B., Ding H., Wen Y. Impacts of biodiversity on multi-dimensional poverty [J]. Journal of Agrotechnical, 2017, (4): 116 - 128.

[160] MA. Ecosystems and human well-being: synthesis [M]. Washington DC: Island Press, 2005.

[161] Meeusen W., Vandenbroeck J. efficiency estimation from Cobb - Douglas production Functions with composed error [J]. International Economic Review, 1977, 18 (2): 435 - 445.

[162] Mullan K., Kontoleon A. Participation in payments for ecosystem services programs: accounting for participant heterogeneity [J]. Journal of Environmental Economics and Policy, 2012, 1 (3): 235 - 254.

[163] Nelson E., Mendoza G., Regetz J. et al. Modeling multiple ecosystem services, biodiversity conservation, commodity production, and tradeoffs at landscape scales [J]. Frontiers in Ecology and the Environment, 2009, 7 (1): 4 - 11.

[164] Newton P., Miller D. C, Byenkya M. A. A. et al. Who are forest-dependent people? A taxonomy to aid livelihood and land use decision-making in forested regions [J]. Land Use Policy, 2016, 57: 388 - 395.

[165] Niehof A., Price L. L. Rural livelihood systems: A conceptual framework [R]. Wageningen: Upward, 2001.

[166] Onyekuru A. N., Marchant R. Climate change impact and adaptation pathways for forest dependent livelihood systems in Nigeria [J]. African

Journal of Agricultural Research, 2014, 9 (24): 1819 – 1832.

[167] Ouyang Z., Zheng H., Xiao Y. et al. Improvements in ecosystem services from investments in natural capital [J]. Science, 2016, 352 (6292): 1455 – 1459.

[168] Pagiola S., Arcenas A., Platais G. Can Payments for environmental services help reduce poverty? An exploration of the issues and the evidence to date from Latin America [J]. World Development, 2005, 33 (2): 237 – 253.

[169] Pagiola S., Rios A. R., Arcenas A. Can the poor participate in payments for environmental services? Lessons from the Silvopastoral Project in Nicaragua [J]. Environment and Development Economics, 2008, 13 (3): 299 – 325.

[170] Pascual U., Muradian R., Rodríguez L. C. et al. Exploring the links between equity and efficiency in payments for environmental services: a conceptual approach [J]. Ecological Economics, 2010, 69 (6): 1237 – 1244.

[171] Rowntree B. S. Poverty: a study of town life [M]. London: Macmillan, 1901.

[172] Schreckenberg K., Corrigan C., Franks P. et al. Social assessment of conservation. Initiatives: a review of rapid methodologies [R]. London: International Institute for Environment and Development, 2010.

[173] Scoones I. Sustainable rural livelihoods: A framework for analysis [M]. Institute of Development Studies, 1998.

[174] Sen A. Development as freedom [M]. Oxford: Oxford University Press, 1999.

[175] Stark O. The migration of labor. Cambridge [M]. Cambridge: Basil Blackwell, 1991.

[176] Steele M. Z., Shackleton C. M., Shaanker R. U. et al. The influ-

ence of livelihood dependency, local ecological knowledge and market proximity on the ecological impacts of harvesting non-timber forest products [J]. Forest Policy and Economics, 2015, 50: 285-291.

[177] Summers J. K., Smith L. M., Case J. L. et al. A review of the elements of human well-being with an emphasis on the contribution of ecosystem services [J]. Ambio, 2012, 41 (4): 327-340.

[178] Tansley A. G. The early history of modern plant ecology in Britain [J]. Journal of Ecology, 1947, 35 (1-2): 130-137.

[179] Townsend P. Povertyin the United Kingdom: A survey of household resources and standards of living [M]. Berkeley: University of California Press, 1979.

[180] Uchida E., Rozelle S., Xu J. Conservation payments, liquidity constraints, and off-farm labor: Impact of the Grain-for-Green Program on rural households in China [J]. American Journal of Agricultural Economics, 2009, 91 (1): 70-86.

[181] Uchida E., Xu J., Xu Z. et al. Are the poor benefiting from China's land conservation program? [J]. Environment and Development Economics, 2007, 12 (4): 593-620.

[182] Vedeld P., Angelsen A., Bojö J. et al. Forest environmental incomes and the rural poor [J]. Forest Policy and Economics, 2007, 9 (7): 869-879.

[183] Wang X., Lu C., Fang J. et al. Implications for development of Grain-for-Green policy based on cropland suitability evaluation in desertification-affected north China [J]. Land Use Policy, 2007, 24 (2): 417-424.

[184] Wilsey D. S., Hildebrand P. E. Chamaedorea palm frond commercialization and certification considered from a smallholder livelihood system perspective [J]. Small-scale Forestry, 2011, 10 (1): 67-81.

[185] Wu J., Zilberman D., Babcock B. A. Environmental and distri-

butional impacts of conservation targeting strategies [J]. Journal of Environmental Economics and Management, 2001, 41 (3): 333 -350.

[186] Wunder S. Payments for environmental services and the poor: concepts and preliminary evidence [J]. Environment and Development Economics, 2008, 13 (3): 279 -297.

[187] Wunder S. Revisiting the concept of payments for environmental services [J]. Ecological Economics, 2015, 117: 234 -243.

[188] Xu J., Tao R., Xu Z. G. et al. China's Sloping Land Conversion Program: Does expansion equal success? [J]. Land Economics, 2010, 86 (2): 219 -244.

[189] Yang H., Yang W., Zhang J., Connor T., Liu J. Revealing pathways from payments for ecosystem services to socioeconomic outcomes. Science advances, 2018, 4: eaao6652.

[190] Yang W., Dietz T., Liu W. et al. Going beyond the millennium ecosystem assessment: an index system of human dependence on ecosystem services [J]. PLoS One, 2013, 8 (5): e64581.

[191] Yang X., Xu J. Program sustainability and the determinants of farmers' self - predicted post-program land use decisions: evidence from the Sloping Land Conversion Program (SLCP) in China [J]. Environment and Development Economics, 2013, 19 (1): 30 -47.

[192] Yao S., Guo Y., Huo X. An empirical analysis of the effects of China's Land Conversion Program on farmers' income growth and labor transfer [J]. Environ Manage, 2010, 45 (3): 502 -512.

[193] Yin R., Liu C., Zhao M. et al. The implementation and impacts of China's largest payment for ecosystem services program as revealed by longitudinal household data [J]. Land Use Policy, 2014, 40: 45 -55.

[194] Zanella M. A., Schleyer C., Speelman S. Why do farmers join Payments for Ecosystem Services (PES) schemes? An assessment of PES water

scheme participation in Brazil [J]. Ecological Economics, 2014, 105: 166 - 176.

[195] Zbinden S., Lee D. R. Paying for Environmental Services: An analysis of participation in Costa Rica's PSA Program [J]. World Development, 2005, 33 (2): 255 - 272.

[196] Zhang W., Ricketts T. H., Kremen C. et al. Ecosystem services and dis - services to agriculture [J]. Ecological Economics, 2007, 64 (2): 253 - 260.

[197] Zhao M., Yin R., Yao L. et al. Assessing the impact of China's sloping land conversion program on household production efficiency under spatial heterogeneity and output diversification [J]. China Agricultural Economic Review, 2015, 7 (2): 221 - 239.

[198] Zheng H., Robinson B. E., Liang Y. C. et al. Benefits, costs, and livelihood implications of a regional payment for ecosystem service program [J]. Proc Natl Acad Sci USA, 2013, 110 (41): 16681 - 16686.

[199] Zilberman D., Lipper L., McCarthy N. When could payments for environmental services benefit the poor? [J]. Environment and Development Economics, 2008, 13 (3): 255 - 278.